Elke Schweer

# Das Gift der Väter

Ein Blick auf mein Früher

FSC
www.fsc.org
MIX
Papier aus ver-
antwortungsvollen
Quellen
Paper from
responsible sources
FSC® C105338

Die Deutsche Nationalbibliothek verzeichnet
diese Publikation in der Deutschen
Nationalbibliografie; detaillierte bibliografische
Daten sind im Internet über http://dnb.dnb.de
abrufbar.

© 2016 Elke Schweer
Herstellung und Verlag:
BoD – Books on Demand, Norderstedt

ISBN: 978-3-7431-1456-2

*Das Kind hat von tausend Waffen, die wir Erwachsene in Kunst, Wissenschaft, Erfahrung usw. finden, keine einzige. Es hat nichts als sein kleines, unbeschütztes, nacktes Herz, das wir ebenso leicht erheben, als zu Boden schlagen können.*

Franz Horn

Für Helga

Heute ist ein ganz besonderer Tag. Heute traut er sich.
Fest entschlossen legt er seinem alten Lehrmeister das schwere Schlosser-Werkzeug auf den Tisch und verabschiedet sich auf Nimmerwiedersehen.
Das kurze Stück zur Dorfkneipe gegenüber, die neuerdings als Rekrutierungsbüro dient, rennt der Sechzehnjährige. So aufgewühlt ist er. Stellt sich, um seine noch kindliche Statur zu verbergen, übertrieben aufrecht vor einen der Tische und meldet sich beim örtlichen Kassenwart zum freiwilligen Kriegsdienst. Endlich ist es soweit, endlich ist er alt genug.
Mein Vater.
Sein Vater hat nichts dagegen, dass er in den Krieg zieht, dann gibt es einen Esser weniger. Seine Mutter weint.
Seitdem mein Vater denken kann, träumt er davon, Soldat zu sein. So heldenhaft und mutig wie der eine Onkel väterlicherseits. Der dient dem Führer und Vaterland schon einige Jahre und wird im Dorf und Umgebung gemocht und bewundert. Ja, sogar verehrt.
Der Onkel trägt eine schnieke Uniform mit Abzeichen und

durfte diesem elenden Nest den Rücken kehren. Jedes Mal, wenn dieser starke Onkel zu Besuch ist, erzählt er vom herrlich aufregenden Soldatenleben. Mein Vater wünscht sich auch nichts sehnlicher, als weit weg zu sein. Weg von diesem Ort, wo jeder jeden kennt, wo die Leute nur hinterm Rücken reden und sich selbstverständlich und schnell ein Urteil bilden. Über jeden. Auch über ihn. Gleichaltrige hänseln und verspotten ihn. Meist wegen seiner vielen Geschwister, die immer mehr werden und alle in dem kleinen, schäbigen Häuschen Platz finden müssen. „Wie die Karnickel."
Selbst seine Stärken im Sport helfen da nicht viel, Selbstwertgefühl und Ansehen zu erlangen.

Doch der schlimmste aller Demütiger und Peiniger ist immer noch sein eigener Vater. Der schlägt und beschimpft ihn aus Frust am eigenen Leben anlässlich jeder kleinsten Kleinigkeit.
Auch mit seiner kleinwüchsigen Mutter hat er Probleme. Sie schaut vor lauter Angst und Unterwürfigkeit ihrem Ehemann und Fremden gegenüber ständig auf den Boden, als gäbe es dort eine bessere Welt.
Sie liebt ihren Sohn über alles; darf es nur nicht zeigen, um die Eifersucht ihres jähzornigen Mannes nicht zu wecken. Der kocht jedes Mal vor Wut beim Anblick mütterlicher Liebe gegenüber dem Sohn, nennt beide dann verächtlich „elende Memmen".
Die Spatzen pfeifen es von den Dächern. Seine unglückliche

Mutter wurde einst als uneheliches Kind geboren und stammt dazu noch von einem Juden. Der Erzeuger musste damals für das Kind zwanzig Reichsmark Alimente im Quartal zahlen. Mehr konnte er nicht leisten, denn es waren noch drei eigene Kinder zu versorgen. Außerdem musste er der minderjährigen Mutter versprechen, das kleine Mädchen zu sich zu nehmen, sobald es das vierte Lebensjahr erreicht haben würde. Das erübrigte sich Gott sei Dank, denn meine Uroma fand, trotz Kind, einen Mann, dem sie noch neun weitere Kinder schenkte.

Diese außerehelich geborene Mutter wirft einen Schatten auf die ganze Familie und auf die Zukunft meines Vaters. Zum Glück konvertierte ihr leiblicher Vater noch rechtzeitig, vor der Machtergreifung der NSDAP, zum Katholizismus. Deswegen steht in der Geburtsurkunde der Mutter nichts vom Juden-Kind.
Er findet es besonders schlimm, ihre dunklen Haare geerbt zu haben. Auf seine grünen Augen ist er eigentlich stolz, obwohl er lieber blaue hätte.
Sein O-beiniger und unheimlich weißhäutiger Vater pfeift in seltenen Momenten guter Laune durch seine fehlenden Schneidezähne: „Wir wollen unseren alten Kaiser Wilhelm wiederhaben", und würde am liebsten selbst in den Krieg ziehen. Wären da nicht die vielen Kinder …

So ein Leben wie der Alte will mein Vater auf keinen Fall. Der verdient doch nichts, obwohl er früher einmal einen anständigen Beruf erlernt hat. Jetzt marschiert er Tag für Tag in den Steinbruch und kann sehen, wie er die Juden und andere Zwangsarbeiter an die Arbeit kriegt. Die stille Mutter schmiert jeden Morgen extra Butterbrote, die der Vater mit zur Arbeit nimmt und angeblich an ausgemergelte Seelen verteilt, selbst aber immer dicker wird. Seine Kinder müssen jeden geschenkten oder hart verdienten Groschen abliefern. Wird auch nur ein Pfennig unterschlagen, gibt es Hiebe.

Nein, mein Vater will Soldat werden. Nur weg. Einen gerechten Sold verdienen und ihn für sich behalten. Eines Tages würde er zurückkommen und alle würden an ihm hochschauen und Respekt haben. Die Formalitäten sind einfacher und schneller erledigt als er denken kann. Der Abschied von der Familie ist kurz und für ihn schmerzlos.

Die einjährige Grundausbildung in Süddeutschland erweist sich als hart, ist aber wegen der Vorfreude auf den großen Einsatz durchaus erträglich. So manche Hänseleien und Erniedrigungen seitens der Vorgesetzten und Kameraden lässt er sich gefallen. Zeigt keine Träne, schöpft eher Mut und Kraft daraus, es ihnen gleich zu tun, sobald sich eine Gelegenheit bietet.
Endlich wird er mit einigen anderen Kameraden nach Norddeutschland abkommandiert, und nach einer langen Zugfahrt und einem endlosen Marsch in einer kleinen Dorfschule einquartiert. Die Gegend rechts und links eines sich bis zum Horizont erstreckenden Kanals ist so einsam und

öde, dass es deprimierend ist. Er hat sich den Krieg aufregender vorgestellt. Die Männer aus dem Dorf befinden sich fast alle an der Front. Frauen, Kinder und Alte müssen sehen, wie sie die viele Arbeit alleine bewerkstelligen.
Um selbst nicht vor lauter Langeweile umzukommen, hilft mein junger Vater in seiner Freizeit einem kranken Bauern in der Nähe der Schule bei dessen Feldarbeiten. Eines Tages lädt der große, gebrechliche Mann ihn zu sich nach Hause ein. Dort begegnet mein Vater meiner Mutter. Sie ist die einzige Tochter des Bauern und zwei Jahre älter als er. Sie wirkt mit ihren blonden, stramm geflochtenen Zöpfen aber jünger. Ihm gefallen ihre nebelblauen Augen, die, wenn er sie anschaut, schüchtern den Boden suchen. Vielleicht erinnert sie ihn an seine eigene Mutter?
Ihr kleiner Bruder, der noch nicht im Krieg ist, mag den jungen Burschen mit dem komischen Dialekt überhaupt nicht, meint: „Der Kerl hilft dem schwachen Vater doch nur, damit er an unsere Schwester kommt."

Meine Mutter besucht die Hauswirtschaftsschule in der nächstliegenden Stadt. Wenn sie frei hat, geht sie mit großer Begeisterung zum „Bund Deutscher Mädel". Diese Aktivität bietet ihr ein Entkommen von der schweren und stupiden Hausarbeit auf dem Hof.

Einmal holt mein Vater meine Mutter einfach aus dem Kochunterricht. Klopft an die Klassenzimmertür und bittet den Lehrer um Erlaubnis, das Mädchen kurz und allein sprechen zu dürfen. Draußen küsst er sie ungefragt auf den Mund und gesteht ihr seine Liebe.

Das junge Paar hat keine Zeit sich richtig kennenzulernen, denn der Marschbefehl für den Trupp aus der kleinen Dorfschule kommt. Wo die Soldaten hingehen, erfährt die Familie nicht. Was alles passiert, auch nicht. Nach Kriegsende wird mein Vater von den Engländern zu drei Jahren Kriegsgefangenschaft verurteilt. Ein Jahr davon verbringt er in Kanada, den Rest in Schottland. Angeblich die schönste Zeit seines Lebens.

1948 kommt ein völlig veränderter Mann in das kleine Dorf am Kanal zurück. Meine Mutter hat wegen der vielen Liebesbriefe aus Schottland auf ihn gewartet. Auf seinem muskulösen Oberarm spannt ein großer Adler seine Flügel, darunter, auf einer wehenden Schleife, schimmert ein fast unleserlicher Satz. Nur das Wort „Frei" ist zu entziffern. Seine einst hübsch geformte Nase ist hässlich krumm geschlagen.
In den Osten zurück, in seine alte Heimat, will der gereizte, nervöse Mann nicht. Da hat der Russe das Sagen. „Ich krieche doch lieber einem Kapitalisten in den Arsch, als einem Kommunisten zu dienen!" Das sagt er oft.

Meine Mutter verliert ihren zweitältesten Bruder im Krieg. Er war gerade mal siebzehn. Ihren Vater sperren die Alliierten ein, weil er ein überzeugter Nazi war. Die Familie darf den magenkranken Mann noch wochenlang besuchen und ihm das mitgebrachte Essen durch eine kleine Luke schieben, bis er, wenige Tage nach seiner Entlassung, auf dem Acker neben seinen geliebten Pferden zusammenbricht und stirbt.

Seine Frau, also meine Großmutter, muss Flüchtlinge aus Ostpreußen und Schlesien aufnehmen, die gezwungen sind, sich ihren Lebensunterhalt mit harter Feldarbeit zu verdienen. Ihr ältester Sohn bringt Frau und Kind aus dem Krieg mit und erbt, nach dem Erbfolgegesetz, den Hof. Alle leben auf engstem Raum zusammen. Die Lebensumstände sind sehr schwierig, aber auch aufregend und schön. Bei meiner Mutter dauert es nicht lange, bis mein großer Bruder unter ihrem Herzen strampelt. Das junge Paar muss unbedingt heiraten, bevor es das ganze Dorf weiß.

Die beiden prächtigen Ackergäule meines gerade verstorbenen Großvaters ziehen die Kutsche des Brautpaars, samt Zeugen, zur Kirche. Auf der Hochzeitsfeier spielt der Bräutigam Mundharmonika und Mandoline, was die Herzen der jungen Frauen höher schlagen lässt. Auch das seiner Schwägerin.

Meine Eltern wohnen immer noch in der kleinen Dachkammer auf dem Hof, als Mutter ihren zweiten Sohn bekommt. Vater arbeitet als Tagelöhner bei verschiedenen Bauern in der Umgebung. Allerdings nie lange, weil er „die Arbeit nicht erfunden hat", wie die Leute sagen. Sein

Schwager, der Hoferbe, hat auch längst genug von ihm, er kann es nicht mehr länger mit ansehen, wie der „Schürzenjäger" sich in seinem Haus breitmacht. Meine Eltern sind gezwungen, sich etwas anderes zu suchen.
Das dritte Kind kommt in einer neuen Bleibe zur Welt. Dieser Junge schielt leider fürchterlich, weswegen mein Vater ihn nicht mag. Später kann er zum Glück operiert werden, muss aber immer eine Brille tragen, was ihm den Name „Brillenschlange" einhandelt.

Obwohl sich das kriegsgebeutelte Land im Aufschwung befindet, hat mein Vater immer noch keine feste Arbeit. Er selbst macht die trostlose Gegend und die selbstsüchtigen Bewohner dafür verantwortlich, dass aus ihm noch nichts Gescheites geworden ist.

Als das vierte Kind, meine Schwester, zur Welt kommt, wird es wieder zu eng. Nachts muss die Kleine im Kinderwagen in die angrenzende, nachbarliche Schlachterei geschoben werden und tagsüber nach draußen unter einen Apfelbaum. Der Rest der Familie schläft in einem Bett, in das man nur gelangen kann, wenn man ein kleines Schränkchen übersteigt.
Von einem Bekannten bekommt mein Vater den Tipp, sich doch beim Bundesgrenzschutz zu bewerben. Die suchen angeblich Leute, auch ehemalige Soldaten. Er wird genommen.
Jetzt ist endlich mehr Geld und Selbstwertgefühl vorhanden.

Die sechsköpfige Familie zieht in eine kleine Zwei-Zimmer-Wohnung, in die obere Etage eines Vier-Familienhauses. Sogar ein Stückchen Garten, in dem meine Mutter, hochschwanger mit mir, eigene Kartoffeln erntet, ist im Mietpreis enthalten.

Mein Vater ist aufgrund seiner neuen beruflichen Tätigkeit seltener zu Hause und deswegen das erste Mal bei der Niederkunft eines seiner Kinder nicht anwesend. Meine Großmutter vom Hof kommt und quartiert sich für ein paar Tage zu meinen Geschwistern in der Stube ein. Als es soweit ist, geht sie der Hebamme zur Hand. Ich erblicke, ohne dass meine Mutter sich groß quälen muss, um genau eine Minute nach halb zehn abends das Licht der Welt. So komplikationslos wie ich zur Welt komme, braucht sich keiner die Nacht um die Ohren zu schlagen. Nur der älteste Bruder hat etwas vernommen, schleicht sich in das Schlafzimmer und darf mich kurz in seinen Armen halten. Die anderen schlafen fest.

Die Oma ruft am nächsten Morgen von einem Nachbarn aus den frisch gebackenen Vater an. Der freut sich, so wie es sich gehört, mit Bier und Schnaps und beantragt tags darauf seinen ihm zustehenden Sonderurlaub. Dann kommt er, um mir einen Namen zu geben.

Vielleicht, weil er bei meiner Geburt nicht dabei sein konnte, liebt er mich mehr als seine übrigen Kinder. Er erzählt mir oft und auch den anderen, die Zigeuner hätten mich im Galopp verloren. Lange glaube ich diese Geschichte wirklich,

wünsche mir sogar, dass sie wahr ist.
Ich stelle mir vor, wie eine farbenfroh gekleidete, grölende Reiterschar über einen matschigen Acker galoppiert und sich eine schöne, wilde Amazone aus der Gruppe löst, akrobatisch über den Sattel lehnt und ein kleines, schreiendes Bündel einfach auf die feuchte Erde legt, um anschließend mit den anderen johlend davonzupreschen, ohne auch nur das geringste schlechte Gewissen zu haben.

Wie meine anderen Geschwister auch werde ich voll gestillt, was nicht verhindert, dass meine Mutter erneut schwanger wird. Sie kann dieses Kind „nicht halten", wie sie sich im Kreise ihrer Nächsten ausdrückt. Sie wird im fünften Monat von meinem Vater per Eisenbahn in das nächste Krankenhaus gebracht. Danach kommen keine Kinder mehr.
Auf dem Weg in die Klinik wollen die mit Milch zum Bersten prall gefüllten Brüste meiner Mutter fast platzen. Und während ich, zu Hause bei der Großmutter, erbärmlich nach der Brust schreie, werden diese von meinem Vater im Eisenbahnwagon genüsslich leer getrunken. Auf diese heldenhafte Tat ist er so stolz, dass er sie bei jeder Gelegenheit erzählt.
Vier Wochen ist die fünffache Mutter dann nicht daheim. Ich habe in der Zeit gelernt, aus der Flasche zu trinken, und meine Geschwister, das ohne zu murren ganz aufzuessen, was der Vater ihnen vorsetzt, damit er nicht böse wird und sie bloß nicht schlägt.

Unser Vater bleibt aus unbekannten Gründen nicht beim Bundesgrenzschutz. Vielleicht, weil er sich seinen Traum ein zweites Mal erfüllen will. 1958 geht er zur Bundeswehr, schwört den Eid und steckt fortan in einer schicken Uniform. Mit vor Stolz geschwellter Brust zeigt er unserer Mutter das große Haus mit Garten, das unser neues Zuhause werden soll. Es liegt ganz nah an einem Fliegerhorst. Die startenden und landenden Flugzeuge erfüllen die ansonsten ländlich duftende Luft mit Lärm und abgelassenem Kerosin. Der Vater organisiert auch einen kleinen Gemüseacker direkt an der Landebahn. Wir Kinder müssen dort spielen, solange die Mutter hackt und erntet. Hinterher sind wir ganz klebrig und stinken nach Treibstoff.

In unserer Siedlung leben, bis auf einige Familien mit holländischer Nationalität, nur Angehörige der Deutschen Bundeswehr. Auf dem Flugplatz sieht man die Zeltreihen der englischen Besatzer. Die gelangweilten Soldaten haben immer ein Stückchen Schokolade für die am Zaun stehenden, neugierigen Kinder. Unser Vater spaziert oft sonntags -damit unsere Mutter ungestört kochen kann - mit meiner Schwester und mir auf das Gelände. Wir sind noch klein, tragen lange, fest geflochtene Zöpfe und gleiche Kleidung, wie Zwillinge. Einmal gehen wir drei in eines dieser großen Zelte zu einem bestimmten Soldaten. Seine Kameraden lungern auf ihren Betten herum, spielen Karten oder hören englische Radiosender. Die kümmern sich nicht um uns oder um das, was zwischen meinem Vater und diesem einen Soldaten ausgehandelt wird. Der bietet beiläufig unserem Vater eine

Zigarette an.

Erst ist es meine Schwester, die auf Wunsch des Fremden und auf Geheiß meines Vaters ganz nah an den nach Schweiß und Tabak riechenden, unrasierten Mann herantreten soll, um sich von ihm befühlen zu lassen, bevor ich, nach langem Palaver meines Vaters, dass ich nicht käuflich sei und mehr wert sei als die ältere, mich vor ihn hinstellen muss. Er wandert mit seiner kalten, rauen Hand unter mein von der Mutter genähtes Kleid, streichelt meinen flachen Bauch und tastet sich weiter nach unten. Mit der anderen Hand raucht er genüsslich weiter. Danach besuchen wir noch die auf dem Weg liegende Standortsverwaltung und den kleinen Vogelpark daneben. Mit etwas Glück finden wir eine schöne Pfauenfeder, die wir behalten dürfen und begeistert der Mutter zeigen, die mit dem Essen schon auf uns wartet.

Wenn es zu Hause wieder einmal laut ist, weil alle streiten, der Vater brüllt, und die Situation zu eskalieren droht, habe ich, und das schon ganz früh, eine Methode gefunden, oder sich eine Fähigkeit in mir entwickelt, die hilft, mich weit weg von diesen realen Geschehnissen zu bringen. Ich brauche nur meine Handflächen ganz fest aufeinander zu pressen, zu reiben, bis sie heiß werden und schon ist es mir, als läge ich mit dem Bauch auf einem samtig weichen, mollig warmen Tuch und schwebe über Gegenden, die ich nicht kenne und nicht beschreiben kann, die sich aber vertraulich und schön anfühlen. Nach Berichten meiner Geschwister verdrehe ich dabei die Augen; sehe wie eine Irre aus.

Später, so mit vier Jahren, als mein Vater mir das erste Mal ein großes, schweres Arbeitspferd eines Bauern zeigt und dieser mich auch noch hinaufhebt und mich in die Runde führt, liege ich fortan bei meinen Ausflügen nicht mehr auf dem zauberhaften Tuch, sondern galoppiere auf dem Rücken eines herrlichen Pferdes davon. Erst ist es ein weißes Pony mit schöner langer Mähne, dann ein großes Pferd, wild und nur von mir zu bändigen. Diese Ausflüge klappen fast immer und überall, wenn ich sie brauche. Doch allein, auf der kleinen Gästetoilette, funktioniert das noch am besten. Anfangs kommen noch die Geschwister oder der Vater selbst in die Toilette, - abschließen können und dürfen wir nicht - um mich zurückzuholen, indem sie mich grob schütteln. Mein Bruder mit der Brille versucht manchmal, mich an die Eltern zu verpetzen. Die wissen mit meinem „Getue", wie sie es nennen, nichts anzufangen und lassen mich „machen".

Wenn der Sohn mit den schlechten Augen wieder einmal den Zorn des Vaters auf sich lenkt, sei es nur, weil er sich vor dem Essen die Hände nicht gewaschen, oder mit schlechter Körperhaltung verträumt schielend geglotzt hat, bekomme meist ich vom Vater den Befehl, dem Kind die Brille abzunehmen, damit sie bei der nun anstehenden Züchtigung nicht zu Bruch geht. Der Rest der Familie steht daneben und muss zuschauen, wie der Vater mit seinem Gürtel den sich durch den Flur wälzenden Jungen „windelweich" schlägt. Unsere Mutter geht selten dazwischen. Ich erinnere mich nur an ein einziges Mal; wie sie sich hysterisch schreiend zwischen den von Sinnen Dreschenden und dem am Boden

liegenden, aus seinen Striemen an Beinen und Rücken blutenden Jungen stellt und schreit: „jetzt ist genug!"
Wir anderen dürfen nicht weinen. Wenn gar nichts hilft und ich nicht mehr hinsehen kann, schlage ich meine Stirn so heftig an den Küchentürrahmen, bis alle Aufmerksamkeit auf mich gelenkt ist und meine Mutter vom Vater angepfiffen wird, das verrückte Mädchen gefälligst hinauszuschaffen. Nach solchen Exzessen, nass geschwitzt und außer Atem, lehnt sich der Vater erschöpft in seine Sessellehne zurück und stöhnt: „Ihr bringt mich noch alle ins Grab." Die älteren Brüder hieven den schlaffen, schlanken Kinderkörper in sein Bett und die Mutter kehrt die Scherben eines zerschlagenen Spiegels zusammen. „Wieder sieben Jahre Unglück", zischt der Vater prustend durch seine schmalen Lippen. Auch für dieses schlechte Omen trägt der unartige Sohn die Verantwortung.

Der mit der Brille ist und bleibt ein Pechvogel. Wenn er nicht gerade seine Wunden leckt, die der Vater ihm beigebracht hat, kuriert er sein kaputtes Knie, das er sich in regelmäßigen Abständen beim Hinstürzen mit seinem Fahrrad aufschlägt. So schlimm, dass es nicht heilen will. Oder er hat irgendwelche Knochenbrüche, die ihm dann auch Vorteile verschaffen, wie, nicht in die Schule zu müssen, oder seine Aufgaben im Haus nicht erledigen zu müssen.
Jedes Kind unserer Familie hat mindestens eine feste Aufgabe, die es täglich zu erledigen hat. Der große Bruder holt die Milch vom Bauern. Der zweite füllt den

Kohlenkasten auf. Der dritte schafft die Asche raus und fegt die Diele. Meine Schwester deckt den Tisch, wenn vorher der große Bruder ihr das Geschirr aus dem Schrank gereicht hat. Und ich bekomme auch meine Aufgabe. Weil ich meine schönen, neuen, roten Schuhe mit schwarzer Schuhcreme geputzt und dadurch ruiniert habe, droht die Mutter: „Warte nur, bis Papa nach Hause kommt!" Woraufhin ich vor lauter Angst stundenlang auf der kleinen Fußbank sitze und mir die Hände reibe. Die verfärbten Schuhe vor mir. Meine Mutter vergisst es dann doch, es dem Vater zu erzählen. Erst als am Abendbrot-Tisch mein Platz leer bleibt, fällt es ihr wieder ein. Zur Strafe darf ich, obwohl meine Arme noch nicht stark genug sind und in den riesigen Schiffen förmlich verschwinden, die Dienstschuhe meines Vaters putzen, zwei Paar am Tag und später noch die meiner Brüder.

In meinen ersten Lebensjahren werde ich wegen Ungehorsams oder Fehlverhaltens vom Familienoberhaupt selten geschlagen, dafür aber fürchterlich angebrüllt. Mein Vater hat eine sehr starke und laute Stimme. Die braucht er auch, damit die jungen Rekruten auf dem Kasernenhof ihn hören, wenn er seine Kommandos gibt. Er setzt diese Donnerstimme ebenfalls ein, wenn ich etwas „verbrochen" habe, damit meine Mutter glaubt, dass die Jüngste nicht ungestraft davon kommt.

Sie droht uns Kindern immer mit dem Vater, und das, so oft und so lange am Tag, bis dieser vom Dienst kommt. Während sie ihm seinen Tee serviert, hört er ihr zu, rührt dabei den

Kluntje in seiner kleinen Tasse herum und wird langsam immer wütender auf das Kind, das ihm den Tee vermiest. Mit vor Zorn immer dünner werdenden Lippen schlürft er den zuckrigen Rest aus, und beim Absetzen der Tasse brüllt er nach dem Übeltäter und meist auch nach mir, die ihm das Prügelwerkzeug anreichen soll.
Unsere Mutter dagegen erhebt nie die Hand gegen uns, berührt uns nicht einmal. Im guten, wie im schlechten Sinne. Ich kann mich kaum erinnern, dass sie mich oder eins meiner Geschwister je gestreichelt oder länger als eine Minute im Arm gehalten hat.

Dass ich meines Vaters Liebling bin und von Prügel verschont werde, nehmen meine Geschwister mir übel. Dabei würde ich viel lieber Dresche bekommen oder die ganze Hausarbeit allein machen. Stattdessen muss ich mit ihm seinen sonntäglichen Mittagsschlaf abhalten. Meine Mutter hat nie etwas dagegen, selbst wenn ich sie anflehe, doch bei ihr bleiben zu dürfen, um mit ihr in der Stube zu handarbeiten.

Mein Vater fühlt sich erst richtig zufrieden und glücklich, wenn er seine beiden Töchter in seinen behaarten Achselhöhlen liegen hat. Wir müssen ihn, mit einer Hand, nach seinen Anweisungen streicheln und kraulen. Von unserer anderen, freien Hand, nimmt er den kleinen Daumen und drückt dessen Nagel im Rhythmus seiner Atmung schmerzhaft nach hinten, bis wir es nicht mehr aushalten und anfangen zu jammern. Er hört erst damit auf, wenn seine

Atmung ruhiger wird und er endlich einschläft. Wir mögen uns nicht rühren, solche Angst haben wir, er könne vielleicht wieder aufwachen.

Meine Schwester kränkelt oft, fühlt sich schlecht und schlapp, was auch ihre dunklen Augenringe sagen. Sie ist „zu nichts zu gebrauchen", wie mein Vater meint. Deswegen lässt er sie häufiger in Ruhe und kümmert sich mehr um mich.

Es ist Sommer, die frühe Morgensonne scheint durch die weit geöffneten Sprossenfenster ins elterliche Schlafzimmer. Mein Vater trägt seinen dunklen Anzug noch vom Vortag. Mit am Hals geöffnetem, weißem Hemd und gelockerter, schwarzer Krawatte marschiert er im Zimmer unruhig hin und her. An seinem Gesichtsausdruck, den dünnen Lippen, kann ich erkennen, dass er furchtbar wütend ist. Meine Mutter ist gerade gegangen, ohne ein Wort zu sagen. Wahrscheinlich wieder auf den Friedhof. Obwohl da keiner von unserer Familie liegt, macht sie das oft. Mein Vater, der mich in der Tür stehen sieht, setzt sich aufs Bett, ruft mich zu sich und meint, indem er gleichzeitig mit seiner flachen Hand auf das weiße Laken klopft: „Setz dich zu mir und tröste deinen Vater."

Er ist just dabei, meinen Daumennagel zu verbiegen und sich mit meiner ungewollten Mithilfe Trost zu verschaffen, als ein kleines Käuzchen oder ein junger Uhu durch das offene Fenster geflattert kommt. Ich springe sofort aus dem Bett, fange es ein und will es beruhigen. Da entreißt mein Vater es mir grob und jetzt noch ärgerlicher, schleudert er es zurück durchs Fenster und befielt mir, schleunigst wieder ins Bett zu kommen. „Sei schön lieb zu deinem Vater."

Unsere Bundeswehrsiedlung mit ihren vielen verwinkelten Straßen und schönen, großen Gärten ist das reinste Paradies für die kinderreichen Familien. Das wilde, mit hohen Kiefern und Birken bewaldete Gelände gleicht aber einem Ghetto, denn nur wenige aus der eigentlichen Ortschaft verirren sich hinein und kaum einer hinaus.
In dem alten Spielkasino der englischen Besatzer ist ein Lebensmittelladen eingerichtet, den meine Mutter aber nur mit Bedacht aufsucht, weil er, nach Meinung unseres Vaters, viel zu teuer ist. Da lassen sich mehr die reichen Offiziersfrauen blicken. Und wir Kinder, wenn wir heimlich unser spärliches Taschengeld gegen Bonbons und Kaugummi eintauschen.
Dort kaufe ich mir, ohne nachzudenken, für 21 Pfennig meinen ersten Joghurt, einen mit Blaubeeren. Das Schlimme daran ist, dass der von unserer Mutter selbst hergestellt werden kann, oder für 17 Pfennig anderswo zu bekommen ist. Also eine unnütze Geldausgabe. Das findet auch mein Bruder mit der Brille, der sofort einen reellen Grund sieht, das beim Vater anzuzeigen. Als ich mir einen Löffel aus der Küche hole, um diesen mitgebrachten Joghurt draußen hinter den Büschen zu verspeisen, gerade den metallischen Deckel vom Plastik ziehe, werde ich von der Brillenschlange verpetzt. Die Folge ist, dass der kleine Plastikbecher, samt Inhalt, in Begleitung fürchterlichen Gebrülls, an der verklinkerten

Hauswand landet.

Jeden Abend Punkt zehn ertönt über Lautsprecher vom Fliegerhorst her eine melancholische Trompetenmusik. Der Zapfenstreich. Spätestens dann müssen die jungen Soldaten in der Kaserne auf ihren Stuben sein. Und für uns Kinder zu Hause bedeutet diese Melodie, dass es schon sehr spät ist.
Manchmal kommt unser Vater abends, nach dem Zapfenstreich, mit fremdem Besuch in unser Zimmer und krabbelt mit seiner Hand unter unsere Bettdecken, kitzelt und zwickt uns, bis wir beiden Mädchen jaulend, weil hundemüde, aufwachen. Er stellt uns stolz diesen Leuten vor, meist Männern, und wir müssen uns von denen „drücken" und ein „Gute-Nacht Küsschen" gefallen lassen. Dann dürfen wir weiterschlafen.

Tagsüber, wenn es nicht gerade stürmt oder schneit, wird draußen gespielt. Das müssen wir, damit unsere Mutter mit ihren Freundinnen in aller Ruhe „kaffeesieren" oder allein stricken kann.
In unserem schönen Ghetto gibt es Kinder in allen Altersgruppen. Ich habe eine Menge gleichaltriger Freunde. Da ist das blonde Mädchen von schräg gegenüber, das ich sehr mag. Es hat keinen richtigen Vater, weil dieser Frau und fünf Kinder verlassen hat und anscheinend spurlos verschwunden ist. Die Mutter sitzt immer in der Küche, trinkt Kaffee aus hellblauen Camping-Plastiktassen und raucht eine Zigarette nach der anderen. Manchmal schläft sie mit der

Kippe in der Hand am Tisch ein und versengt sich die ungekämmten, schwarz gefärbten Haare. Man kann es im ganzen Haus riechen und wir Kinder rütteln sie dann wach. Die ständige Abwesenheit ihres Ehemannes ist für uns Kleinen eine geheimnisvolle Sache. Unser Vater meint: „Der ist schlau, hat sich ins Ausland versetzen lassen, nach Amerika, damit die Blagen ihm nicht die Haare vom Kopf fressen."
Jedes Mal, wenn wir drüben spielen, zeigt die Freundin mir im Kleiderschrank den in einen schwarzen Instrumentenkoffer eingebetteten Kontrabass ihres Vaters und wird dabei tieftraurig. Er hat ihn immer noch nicht abgeholt. Sie glaubt, eines Tages wird er kommen und ihn und sein blondes Mädchen mitnehmen.

Ich habe eine Babypuppe, so groß wie ein echter Säugling, aus hartem Plastik, mit aufgemalten Haaren und hellblauen, gläsernen, starren Augen. Meine blonde Freundin von gegenüber kommt mit ihrer Puppe und deren Anziehsachen oft zu uns. Wir spielen dann Vater, Mutter, Kind. Die Mutter, manchmal sie, manchmal ich, wickelt und füttert die Kleinen und der Vater schlägt sie auf den Hintern, wenn sie böse sind und das sind sie meistens. Dann wollen sie nicht aufhören zu schreien. Wir beiden Freundinnen imitieren das Babygeschrei so laut und lange, bis meine Mutter ins Zimmer kommt und uns ermahnt: „Wenn nicht gleich Ruhe herrscht, schicke ich deine Freundin nach Hause."
An meinem fünften Geburtstag vermisse ich meine blonde

Freundin, da denke ich schon, der Vater ist vielleicht gekommen. Der Grund aber ist, ihre Mutter hat kein Geschenk für mich gekauft. Deswegen traut sie sich nicht zu kommen. Von ihrem Haus aus beobachtet sie, wie wir Topfschlagen spielen und kommt dann doch. In der Hand hält sie, in Zeitungspapier eingewickelt, die alten vergilbten Mullwindeln ihrer Babypuppe. Mein schönstes Geschenk.

Auf der anderen Straßenseite wohnt der süße Junge mit dem Mecki-Haarschnitt, der von seiner Mutter auch in Gegenwart von uns Kindern „mein Scheißerle" genannt wird. Dabei ist er nur ein paar Monate jünger als ich. Seine wesentlich ältere Schwester, ein richtiger Hippie mit schönen, strubbeligen, schwarzen Haaren raucht schon Zigaretten und trägt verwaschene Jeans. Die Kinder aus unserer Familie dürfen keinen Kontakt zu ihr haben, noch nicht einmal in Gegenwart unseres Vaters von ihr reden. Sie ist kein Umgang für uns und ihr Vater ein erbärmlicher Schlappschwanz, weil er sich nicht durchsetzen kann. Mein großer Bruder, der schon gut Gitarre spielt, findet seine Gründe, diesem attraktiven Mädchen das Spielen beizubringen. Unser Vater hat gleich Angst, ihre „schlampige" Art könne auf ihn abfärben oder noch schlimmer, ein „Verhältnis" könne bei diesen Treffen herauskommen und verbietet es ihm ganz einfach. Daraufhin trifft mein Bruder sich heimlich mit ihr. Als mein Vater dahinterkommt, schlägt er ihn und nimmt ihn zur Strafe mit auf den Fliegerhorst, wo ihm der Militärfriseur einen besonders kurzen Pott-Schnitt verpasst. Mein großer Bruder schämt sich so sehr, dass er sich nur mit Mütze nach draußen wagt und vorläufig freiwillig auf das Mädchen verzichtet.

Hinten im Garten, versteckt unter langen Ästen, Gestrüpp und Erde haben die beiden großen Brüder eine etwa zweimal drei Meter große, unterirdische Bude gegraben. Da kommt keiner hin, auch unsere Eltern nicht. Steigt man die sechs bis acht Stufen hinab, riecht es widerlich nach modriger, feuchter Erde. Wir Mädchen vermuten dort jedesmal einen Mörder, der nur auf uns wartet. Selbst am helllichten Tag finde ich es in der Nähe des Eingangs schon unheimlich. Meine Brüder rauchen dort heimlich ihre Zigaretten oder verstecken sich vor dem Vater, wenn der ihnen eine Arbeit auftragen oder sie wegen irgendetwas strafen will. Er selbst steigt nie in die Höhle.
Meine Schwester und ich ahmen den großen Brüdern so ziemlich alles nach. Auch wir paffen schon sehr früh. Einmal sind es selbst gedrehte Zigaretten aus Wellpappe, die von der Verpackung unseres ersten Kühlschranks stammt. Später in Klopapier eingewickelte Kastanienblätter, die eine ähnlich verheerende Wirkung haben.
In dieser Höhle, die mit Brettertisch und Baumstamm-Hockern ausgestattet ist, spielen wir unsere kindlichen Doktorspiele. Wegen der gruseligen Atmosphäre dort kommen uns diese noch verwegener vor. Meine liebe Freundin und ich ziehen dem Jungen mit dem Mecki-Schnitt die Hose herunter und untersuchen sein kleines Genital mit einem Grashalm, indem wir versuchen, das untere, dicke

Ende des Halms in seine Harnröhre zu schieben. Der Junge fängt an zu weinen, und damit er bloß nicht davonläuft und uns womöglich verpetzt, darf er uns auch näher betrachten. Danach fühle ich mich elendig wie eine Schwerverbrecherin.
In diesem Erdloch belehrt mich ein Nachbarjunge auch über den wahren Unterschied zwischen einem Katholiken und einem Protestanten. Er ist selbst Katholik und fühlt sich aus diesem Grunde mir gegenüber haushoch überlegen. Er erklärt mir, dass nur sie, die wahren Katholiken, beim Beten, Handfläche auf Handfläche, den lieben Jesus Christus darin halten, und, dass dies bei Andersgläubigen leider nicht der Fall sei.
Dafür haben die Katholiken es auf dem Schulhof nicht leicht. Deren Revier ist wesentlich kleiner und von dem der evangelischen Schüler durch einen dicken weißen Wandfarbe-Strich, den der (verrückterweise) gemeinsame Hausmeister regelmäßig auffrischt, getrennt. Wehe, es setzt nur ein Katholik seinen Fuß über die Linie, dann gibt es Ärger.
Mein Vater sagt immer „Katholiken stinken".


Jeden Samstagabend werden wir entweder gründlich gewaschen oder gebadet, bekommen frische Wäsche an und wenn wir Glück haben, ein „Betthupferl" vor dem Schlafengehen.
Wenn gebadet wird, muss das Wasser auf dem Küchenherd erhitzt und ins Badezimmer geschleppt werden. Die Wanne

wird nie mehr als ein Viertel voll. Erst darf unser ältester Bruder, der meist nicht so schmutzig ist, in das frische Wasser steigen, bevor die beiden anderen Jungens zusammen dran sind und noch einmal heißes Wasser nachgeschüttet wird. Anfangs steht noch eine mittelgroße Zinkwanne vor der großen Badewanne, in der meine Schwester und ich sitzen. Als wir nicht mehr hineinpassen, müssen wir in das Dreckwasser unserer Brüder, obwohl wir Mädchen genau wissen, dass der Bruder mit der Brille hineingepinkelt hat.
Das ist aber immer noch besser, als sich von unserem Vater mit eiskaltem Wasser vor dem Waschbecken, auf einem Hocker stehend, waschen lassen zu müssen. Der geht, ohne Rücksicht auf irgendwelche Wunden oder Kratzer, die wir tragen, ausgesprochen rabiat vor. Mit dem von Kernseife schäumenden Waschlappen wird jede Körperöffnung so tief wie nur möglich gereinigt, was zur Folge hat, dass uns hinterher alles brennt und wehtut. Nach dieser Prozedur hat das Leiden aber noch kein Ende. Es müssen noch die langen Haare von uns Mädchen gekämmt und zu strammen Zöpfen geflochten werden. Das ist ausschließlich Aufgabe unserer Mutter, die anscheinend nie Lust dazu verspürt, dies eher als Last empfindet. Auch sie nimmt überhaupt keine Rücksicht auf unser Gejammer. „Stellt euch nicht so an!"

Manchmal gehen unsere Eltern Samstagabend, gleich nach der Badeaktion, noch aus und wir Kinder sind allein. Einmal löst der große Bruder mir meine frisch geflochtenen Zöpfe und dreht die noch nassen Haare auf Lockenwickler und föhnt sie trocken.

Voller Vorfreude auf das Ergebnis versuchen wir die stacheligen Rollen aus meinen zerzausten Haaren zu bekommen, was nicht gelingt. Wir müssen sie vorsichtig rausschneiden. Mir sieht man es anderntags sofort an, das etwas mit meiner Frisur nicht stimmt. Nach einem strengen Verhör und unter Androhung einer „gehörigen Tracht Prügel" verrate ich meinen Bruder, der vor meinen Augen eine schallende Ohrfeige bekommt.

Offen tragen dürfen wir Mädchen unsere Haare nie. Das gehört sich nicht. Das machen nur schlechte Mädchen, Schlampen. An den Abenden, an denen die Eltern weg sind, lasse ich meine Haare manchmal wild hängen, weil der große Bruder das so schön findet. Ich selber verspüre keine Freude dabei, nur ein schlechtes Gewissen und furchtbare Angst.

Der acht Jahre ältere Bruder, der meine Locken so liebt, hat mich besonders ins Herz geschlossen. Er verspricht, immer bei mir zu bleiben.

Die beiden älteren Brüder bekommen Musikunterricht auf dem Akkordeon. Sie selbst haben sich das Instrument nicht ausgesucht. Mein Vater mag es. Einmal in der Woche kommt der Musiklehrer mit seiner Isetta vorgefahren, einen kleinen Anhänger hinter sich herziehend, in dem die Noten und sein Instrument liegen. Im ganzen Haus ertönt sein Emta, Emta, Emta im Takt und wir anderen müssen mucksmäuschenstill sein.

Der Bruder mit der Brille soll kein Instrument lernen. „Das

ist rausgeschmissenes Geld. Der hat doch keine Ausdauer."
So bleibt dem Jungen vorerst nur die Rolle des Zuhörers.
Doch der schaut sich das Grundwissen bei den anderen ab
und bringt sich den Rest des Akkordeonspielens selbst bei.
Bald überbietet er die beiden großen Brüder mit seinem
Können. Der Ältere, der „darf", findet das Akkordeon bald
langweilig und denkt immer häufiger an seine Gitarre. Der
Vater steht diesem „rebellischen" Instrument anfänglich
äußerst skeptisch gegenüber, ist dann aber doch mächtig stolz
auf ihn, als dieser damit beginnt richtig loszulegen und noch
dazu schön singt. Wenn Besuch kommt, zu Weihnachten oder
an Geburtstagen, wird musiziert und der Vater wünscht sich
endlos die Polka „Die tanzenden Finger" oder den
„Schneewalzer". Der große Bruder gibt dem kleinen mit der
Brille sein Akkordeon, damit dieser mitspielen kann.

Unser Vater betont immer: „Ich mache noch anständige
Menschen aus euch!" Unter anderem legt er sehr viel Wert
auf gute Essmanieren. Früh schon müssen wir mit Messer und
Gabel essen, am Tisch kerzengerade sitzen, beim Kauen den
Mund geschlossen halten und den Teller stets ratzekahl
leeressen. Ich kann mich erinnern, dass ich den riesigen
Haufen Steckrüben-Eintopf mit Speck vor mir nicht
runterbekomme und mein Vater bis zum Zapfenstreich
versucht, mir den kalten Brei einzuflößen. Vergebens.
Mein geliebter großer Bruder ist Linkshänder und hat so seine
Schwierigkeiten, mit Messer und Gabel zu hantieren. Er
wechselt sofort die Hand, wenn er sich unbeobachtet fühlt.

Auch bei ihm muss der Vater letztendlich passen, trotz Nackenschlägen, Gebrüll und Geheul.

Für ein gut erzogenes Kind gehört es sich auch, andere Leute höflich zu grüßen.
Bei uns in der Nachbarschaft wohnt ein alleinstehender, älterer Herr, der einen hohen Posten bei der Standortverwaltung inne hat. Er geht jeden Tag an unserem Haus vorbei. Wenn wir Kinder draußen spielen, bleibt er immer stehen und schaut uns eine Weile zu. Einmal bin ich so in Gedanken versunken, dass ich diesen Mann nicht sehe und nicht grüße. Am nächsten Tag spricht er meinen Vater an und beschwert sich. Er will, dass ich mich bei ihm entschuldige. Mein Vater pfeift mich auf zwei Fingern herbei, nimmt mich auf seinen Arm und reicht mich an den ekeligen Mann weiter. Ich soll ihn umarmen und ganz lieb um Entschuldigung bitten und ihm auch ein Küsschen geben. Der widerliche Mann drückt mich ganz fest an sich, dass ich kaum Luft bekomme. Dabei kneift er mich fürchterlich in den Po, dass ich zu schreien anfange. Während ich heule, küsst der Mann mich einmal, zweimal und noch einmal, dann lässt er mich endlich runter. Auf dem Heimweg schimpft mein Vater mit mir. „Was für ein unartiges Kind du doch bist!"

Auf dem großen Wendehammer vor unserem Haus haben sich die Kinder der deutschen Soldaten versammelt, um die Kinder der Holländer mit Steinen zu attackieren. Die Geschosse fliegen hin und her. Mein Bruder mit der Brille

traut sich nicht, die großen ausländischen Jungen zu bewerfen, und sucht sich in der allgemeinen Raserei ein unproblematischeres Ziel, nämlich uns Mädchen. Aus ziemlich großer Entfernung holt er zum Wurf aus und schleudert mir einen kinderfaustgroßen Stein an den Kopf. Er trifft mich haarscharf über dem Auge. Ich falle um und komme kurze Zeit später blutüberströmt wieder zu mir. Der mit der Brille schreit, „das war ich nicht, das war ich nicht", aber alle wissen genau, dass er es war, verpfeifen ihn aber nicht, weil sie wissen, was ihm blüht. Ich laufe allein zu meiner Mutter ins Haus. Sie sieht mich und fängt fürchterlich an zu schimpfen. Sie weiß überhaupt nicht, was sie mit mir machen soll und kocht erst einmal den Tee für den Vater zu Ende. Das Blut tropft auf meine Bluse und sammelte sich auf meinem Rock. Sie schreit mich an, ich soll aufhören zu heulen. Als der Vater endlich kommt, bin ich völlig blass. Ohne vorher seinen Tee zu trinken, nimmt er mich auf den Arm und rennt mit mir zum Doktor, der auch in unserer Siedlung wohnt. Der versorgt die klaffende Wunde mit fünf Klammern und einem dicken Verband. Ich bekomme die erste Spritze in meinem Leben.
Mein Vater will immer wieder wissen, wer das getan hat. Denjenigen will er „totschlagen". Ich sage nichts. Für einige Zeit bin ich das Zentrum der Anteilnahme in meiner Familie, ja, der ganzen Siedlung, weil jeder mit mir Mitleid hat.

Vater wird bei der Bundeswehr befördert und hat jetzt seine eigene Sekretärin. Eine blonde, vornehme junge Dame, auf

die meine Mutter mit einigem Recht eifersüchtig ist. Sie kommt auch zu uns nach Hause, dann ist unser Vater mit ihr allein im Wohnzimmer. Mutter sitzt währenddessen mit uns Kindern zusammen und handarbeitet, oder sie geht, wenn es tagsüber ist, ein paar Häuser weiter zu ihrer Freundin und, wenn die nicht zu Hause ist, auf den Friedhof.
Einmal sitzen wir wieder in der Küche beisammen, als das Fräulein da ist. Ich muss auf die Toilette und finde die Toilettentür verschlossen. Seltsame Geräusche dringen da aus dem Klo. Mein Vater ist gar nicht in der Stube, so warte ich im Flur. Dann kommen beide zusammen aus dem kleinen Raum. Ich kann das nicht verstehen und schaue ganz verdutzt. Die hübsche Dame wirkt verstört und will sofort gehen. Vorher öffnet sie ihre Handtasche, nimmt ihr Portemonnaies heraus und gibt mir ein Fünfmarkstück. Mein Vater meint: „Da hast du aber Glück gehabt." Als ich das große Geldstück, es füllt meinen kompletten Handteller aus, der Mutter zeige, wird sie wütend und weint den ganzen Abend.
Immer wenn die Sekretärin zu unserem Vater kommt, bringt sie nur mir etwas mit. Einmal ist es ein kleines schwarzes Babypüppchen aus Plastik, mit einer weißen Perlenkette und einem kurzen Baströckchen. Ich zeige es meinen Geschwistern in der Küche, die ganz neugierig und neidisch sind. Da nimmt mein zweitältester Bruder, der mich sonst nie ärgert, das Köpfchen der Puppe und zerquetscht es vor meinen Augen zwischen seinen Fingern. Ich bin so traurig, dass ich mich gar nicht mehr beruhigen kann. Um es wieder gutzumachen, versucht der Bruder, das Köpfchen mit einer

Nadel auszubeulen, aber es gelingt ihm nicht. Meine Mutter probiert es dann mit kochendem Wasser, aber auch das geht nicht. Ganz im Gegenteil: das dunkle Köpfchen mit den Kulleraugen wird ganz weich und immer unförmiger. Der Bruder mit der Brille jauchzt nur so vor Schadenfreude. Ich trauere noch tagelang dem kleinen Püppchen hinterher.

Mein Vater kann seine Eltern und Geschwister nach dem Krieg nur noch wenige Male, unter widrigen Umständen, im Osten besuchen. Als Angehöriger der Bundeswehr darf er gar nicht mehr hin, weil er ein Geheimnisträger ist. Wir Kinder fragen uns, was das wohl für Geheimnisse sind, woraufhin unser großer Bruder meint: „Das sind die vielen versteckten Waffen auf dem Fliegerhorst, von denen die „da drüben" nichts wissen dürfen."

Die Mauer wird gebaut. Als die älteste, in der „Zone" lebende, sehr geliebte Schwester meines Vaters unerwartet früh an Asthma stirbt und auch noch unserer Mutter die Einreise in die DDR, zwecks Teilnahme an der Beerdigung, verweigert wird, schreit der Vater vor Zorn, weint herzzerreißend und randaliert in der Küche. Wir alle bekommen fürchterliche Angst. „Ja, das ist der Iwan! Unmenschlich! Barbarisch! Alle gängeln und unterdrücken!"

Eines Tages kommt er mit einer Bauanleitung für

Sportarmbrüste nach Hause. Er will zwei davon bauen. Man muss auf alles gefasst sein, damit man sich und seine Familie verteidigen kann, wenn der Russe erst einmal vor der Tür steht. Nächtelang sitzt er in der Küche und werkelt. Mit welcher Inbrunst, Hingabe und Ausdauer er bei der Sache ist! Als die Waffen und Pfeile mit den kleinen Widerhaken fertiggestellt sind, zimmert er aus einer Spanplatte eine Zielscheibe. Die stellt er an einer alten Birke zum Nachbargrundstück hin auf. An einem Sonntag, in aller Herrgottsfrühe, weckt er seine beiden älteren Söhne, um ihnen draußen im Garten Schießunterricht zu erteilen. Das geht nicht ohne Geschrei und Nackenschläge vom Vater und ohne Gejammer der Kinder ab. Die erst Zwölf - und Dreizehnjährigen schaffen es bei bestem Willen nicht, den Bogen zu spannen. Der jüngere hat sich die Finger geklemmt und weint, woraufhin der Vater ihn einen Idioten schimpft. Der große Bruder verfehlt die Schießscheibe so weit, dass der Pfeil beim Nachbarn landet und er sich hinüberschleichen muss, um ihn vergeblich zu suchen. Die katholische Familie, mit der der Vater immer mal wieder irgendwelche Wortgeplänkel über den Zaun hat, bringt den Pfeil erst Wochen später herüber, mit dem Hinweis, dass man bei weiteren Grenzverletzungen mit der Polizei aufmarschieren würde.

Die Familie meines Vaters ist durch den Krieg zerrissen. Ein jüngerer Bruder wandert mit seiner Frau nach Amerika aus, wo er es auch zu „etwas bringt", wie mein Vater stolz meint.

Seine kleine Schwester, die er kaum kennt, setzt sich kurz vor dem Mauerbau noch schnell in den Westen ab und landet in Düsseldorf bei Henkel, der großen Waschmittelfabrik. Sie muss mit siebzehn Jahren heiraten, weil Nachwuchs unterwegs ist. Ihr kaum älterer Ehemann, der sich eine Zigarette an der anderen ansteckt, fährt mit seinem ersten Auto ein Kind tot und kann nicht mehr fröhlich sein. Meine junge, hübsche Tante ist das reinste Nervenbündel. Der schreiende Säugling, ihr unglücklicher Ehemann und die eintönige Fabrikarbeit, alles zerrt an ihrem Gemüt. Sie wollen in die USA auswandern, neu anfangen.
Sie liefern ihren sechs Monate alten Jungen einfach bei uns ab, um ungestört das Geld für die Überfahrt in die Staaten zu verdienen. Das bedeutet, dass ich mit vier Jahren mein Gitterbettchen hergeben muss. Meine Schwester und ich sollen von nun an zusammen in einem Bett schlafen. Sie in Richtung Kopfende, ich Richtung Fußende. Anfangs gibt es noch viel Gezanke, weil wir uns mit den Beinen immer in die Quere kommen. Nach einer kurzen Eingewöhnungszeit ist es nur noch schön. Wir haben ein wunderbares Spiel erfunden. Dabei nimmt jeder den Fuß des anderen in die Hände und wiegt ihn wie ein kleines Baby. Derjenige, dem das Baby gehört, macht passende Geräusche zu den Bewegungen, wie albernes Sprechen, Lachen oder Weinen und der andere liebkost und streichelt den kleinen Fuß so, wie unsere Mutter es nie mit uns macht. Aber der Clou ist, dass beide Füße gleich heißen, nämlich „Guy". Jeder von uns hat seinen kleinen Guy. Wir binden ihm Kopftücher um, wickeln ihn

liebevoll ein und haben ihn irre lieb. Jahrelang spielen wir mit unserem „Guy". Auch noch, als ich mein eigenes großes Bett habe.

Meist bin ich es, die zur Schwester ans Fußende krabbelt und sich den kleinen „Guy" schnappt. Eines Tages ist meine Schwester der Spielerei überdrüssig, fühlt sich zu alt für solche Kinderspiele und entreißt mir ihren lieben, kleinen Guy mit einem Ruck und betont nochmals, dass es jetzt genug sei. Ich bin sehr bedrückt und traurig über ihren Entschluss und mache voller Hoffnung den Vorschlag, doch wenigstens hin und wieder dieses Spiel noch zu spielen. Es ist vorbei. Was bleibt, ist, dass wir uns für immer und ewig gegenseitig „Guy" nennen.

Unseren kleinen, neuen Mitbewohner aus Düsseldorf schieben wir in meinem alten Kinderwagen durch die Siedlung und erzählen allen Leuten, dass es unser neuer Bruder ist. Es dauert nicht lange, da sagt er auch „Mama" zu unserer Mutter. Als meine nervöse Tante aus Düsseldorf kommt, um ihn abzuholen, will der Kleine gar nicht mit. Wir weinen herzzerreißend mit ihm, als er in das große Auto gepackt wird und die für uns fremden Leute mit ihm davonfahren.

Unsere Großeltern aus der „Ostzone" schicken jedes Jahr zu Weihnachten ein großes Paket, in dem unter anderem immer ein Hefestollen, ein sogenanntes „Schittchen", liegt. Da unsere „Oma Thüringen" gut häkeln kann, schickt sie auch jedes Mal selbstgehäkelte Topflappen und Untersetzer mit, von denen noch heute welche vorhanden sind. Für uns Mädchen gibt es einmal eine Porzellanpuppe, die so künstlich-strohiges Haar hat, dass ich mit ihr nicht schmusen mag, sie aber aus Ehrfurcht vor der unbekannten Oma zu meiner geliebten Babypuppe geselle. Für die Brüder gibt es Gesellschaftsspiele und Bücher, die sie kaum anrühren.

Mir schicken die Großeltern zum Geburtstag ein eigenes Paket. Der kleine Karton liegt schon Wochen vorher im Kleiderschrank meiner Eltern. Als es endlich soweit ist, meine Geschwister auf dem Weg zur Schule und der Vater zum Dienst sind, setze ich mich auf den Küchentisch und warte auf eine liebevolle Gratulation meiner Mutter. Stattdessen schreit sie mich an: „Was treibst du dich in aller Herrgottsfrühe schon in der Küche rum, Mädchen, sieh zu, dass du fix wieder ins Bett kommst!" Dabei tritt ihr linkes Auge hervor und schaut ganz böse, wie es das immer tut, wenn sie ungeduldig oder verärgert ist. Da erinnere ich sie leise weinend: „Aber Mama, ich habe heute Geburtstag und da ist doch das Päckchen von Oma und Opa!" „Hör auf zu heulen!" Sie läuft hastig in ihre Schlafkammer und bringt das Paket, ohne ihre Arbeit wirklich zu unterbrechen. Es sind kleine braune Cowboystiefelchen drin, so klein und zierlich, dass ich überlege, wem die wohl passen könnten, bis meine Mutter keift: „Kuck sich das einer an! Die in der Zone haben wohl keine Ahnung, was für ein großes Mädchen du schon bist. Mein Gott!" Sie nimmt die Stiefelchen und wirft sie in die Ecke. Dann schickt sie mich zurück ins Bett, damit sie endlich ihre Arbeit machen kann.

Ein anderes Mal schicken die Großeltern uns zu Weihnachten einen dreiteiligen Holzdackel, dessen Glieder mit Eisenscharnieren verbunden sind, sodass er schlangenförmig wackelt, wenn man ihn hinter sich herzieht. Mein Vater, der seine Neugier nicht länger im Zaum halten kann, packt das Paket aus der Zone schon zwei Tage vor dem Fest aus und zieht mit uns Kindern samt Wackeldackel lachend durch die Siedlung. Als meine Mutter uns und ihren Mann mit dem hinter ihm ratternden Holzdackel auf der Straße erblickt, gerät sie richtig in Hysterie und keift, dass ihre Stimme sich überschlägt: „Der kann auch gar nichts für sich behalten! Und? Was wollen wir jetzt zu Weihnachten schenken? Dann gibt es halt nix!"
Am Heiligabend ist die Stimmung immer noch getrübt und es gibt wirklich wenig.

Meine Schwester und ich schauen vor einem Weihnachten - ich mag wohl fünf gewesen sein - in den Kleiderschrank unserer Eltern und entdecken zwei Puppenbettchen aus Apfelsinenkisten. Unsere Mutter hat die ovalen Kisten mit gelbem Stoff bespannt und auch passende Kissen und Decken dazu genäht. Bis zum Fest schleichen wir Mädchen bei jeder Gelegenheit ins elterliche Schlafzimmer und schauen nach den kleinen Bettchen und, ob vielleicht noch ein Geschenk hinzugekommen ist.

Das Wissen um die Puppenbettchen verdirbt uns langsam die Vorfreude und bereitet zudem ein fürchterlich schlechtes Gewissen. Wir schämen uns unserer Neugierde wegen und glauben, dass die Eltern bereits Bescheid wissen, es uns an der Nasenspitze ansehen können. Die fragen auch öfter: „Habt ihr vielleicht etwas zu verheimlichen?"

Dann, als es endlich soweit ist und wir Kinder unsere Geschenke auspacken dürfen, fällt uns „das Freuen" wirklich schwer.

Mein Vater nimmt mich später, nach dem Essen und dem Ständchen der Brüder, auf den Schoß.

„Kraule deinen Papa. Du machst das so gut."

Er verbiegt mir den Daumennagel. Das ist unangenehm. Trotzdem fühle ich mich erleichtert, mit meinem Dienst, dem artigen Stillhalten, die Schuld begleichen zu können. Damit alles wieder gut ist.


Mein zweitältester Bruder darf, mit Genehmigung des Vaters, zwei Hauskaninchen halten, die er hinter dem Haus, in einem großen, selbstgezimmerten Stall unterbringt.

Eines Tages gelingt es dem Bruder, ein Wildkaninchen, das sich in die unterirdische Bude verirrt hat, einzufangen und er sperrt es zu den anderen beiden in den Stall. Einige Wochen später kommen die ersten Jungen zur Welt. Mit einem Freund tauscht er einige Exemplare aus und schon bald sind es an die siebzig Tiere im Stall. Trotz Anbau fallen immer wieder welche durch die Lücken der Bodenbretter, weil die hoppelnde Menge keinen Platz hat.

Alleine vermag der Bruder die Nager nicht einzufangen, also müssen wir Geschwister mithelfen. Unser Vater schmeißt uns eine zeitlang jeden Morgen, in aller Herrgottsfrühe, aus dem Bett, damit wir die Tiere noch vor der Schule einsammeln. Die zwei, drei dicksten Exemplare wandern gleich, ausgeblutet und abgezogen, bei unserer Mutter in der Küche. Bis irgendwann keines mehr da ist.

Meine Eltern kommen auf die Idee, sich Entenküken anzuschaffen. Die wolligen, gelben Geschöpfe sind anfangs wirklich süß. Später scheißen sie den ganzen Garten voll, sodass Barfußlaufen unmöglich ist. Anfassen lassen sie sich auch nicht, bis auf eines. Dieser kleine Enterich hat gar keine Angst vor uns Menschen, er tippelt hinter uns her, bis ins Haus hinein, lässt sich streicheln und frisst uns aus der Hand. Die Zeit ist gekommen. Eines Morgens geht unser Vater mit dem Beil in den Garten und hiebt den jetzt fetten, feisten Enten einer nach der anderen den Kopf ab.

Den zahmen Enterich erreicht dieses Schicksal allerdings noch nicht, der ist verschwunden. Wir Mädchen müssen die schlaffen, leblosen Körper der anderen, nachdem sie mit kochendem Wasser überbrüht sind, von den feinen Federn befreien. Die großen, festen rupft unsere Mutter. Dann zeigt sie uns das Ausnehmen, schneidet den Tieren mit dem großen, scharfen Messer, dessen Klinge vom ewigen Schleifen nur noch papierdünn ist, die Bäuche auf und

befördert, untermalt von Schmatz- und Glitschgeräuschen Magen, Herz, Lunge und andere Innereien hervor, die auf einen bunten Teller ausgebreitet werden. Dann müssen wir es ihr nachmachen und sie lobt uns unserer schmalen Hände wegen, die einen großen Vorteil bei dieser Arbeit bieten.
Der zahme Enterich ist auf das Wohnhaus geflüchtet und hat sich die Hinrichtungen seiner Artgenossen vom Dachgiebel aus angeschaut. Als alle Enten eingepökelt und eingeweckt sind, holt mein Vater fluchend die Leiter hervor, um ihn einzufangen. Das Schauspiel soll Stunden dauern. Jedes Mal, wenn Vater in Richtung des Giebels balanciert, flattert der Enterich hinunter. Von uns Kindern will keiner den zahmen Freund einfangen. Das macht unseren Vater furchtbar wütend. Er brüllt uns an: „Ihr helft mir gefälligst, damit die liebe Seele endlich Ruh hat!"
Mich macht diese Aktion so fertig, dass ich in Anwesenheit aller die Augen verdrehe und davongleite. Das gelingt mir diesmal mittels einer völlig neuen Technik. Ich stehe auf einem Bein, das andere winkele ich an und ziehe es am Fuß hoch, an meinen Hintern. In dieser neuen Stellung verharrend, sehe ich dann auch den Mann im Himmel ganz deutlich. Er läuft, eingehüllt von einer dicken, dunklen Wolke, auf einem Wanderstab gestützt, am ansonsten wolkenlosem Himmel entlang und schaut auf mich. Ich zeige mit der freien Hand dahin, aber die anderen sehen ihn nicht und glauben mir auch nicht. Immerhin brauche ich mich nicht mehr um den Enterich zu kümmern, dem es letztendlich doch noch an den Kragen geht.

Ich bin krank, huste einige Nächte hindurch, sodass keiner im Haus Schlaf finden kann. Die Eltern rufen jenen Doktor, der auch meine Platzwunde genäht hat. Er diagnostiziert eine beginnende Lungenentzündung und meint, es wäre besser, man brächte mich in ein Krankenhaus.
Dieser Arzt wird von meinem Vater sehr geschätzt, geradezu verehrt, weil er eine Menge Alkohol und Tabletten verträgt und trotzdem noch Auto fahren kann und seine Patienten „anständig" versorgt.
Am nächsten Morgen leiht mein Vater sich einen weinroten DKW von einem seiner Vorgesetzten aus. Meine Mutter streift mir mein Sonntagskleid über und weist mich an, meine hohen Schnürschuhe anzuziehen, um der Gefahr des Umknickens zu begegnen und kämmt mir einen festen Pferdeschwanz. Mein Vater setzt mich auf die Rückbank des Autos. Meine Schuhsohlen berühren fast die Rückenlehne des Vordersitzes und Vater gibt mir zu verstehen, dass ich diese nicht beschmutzen darf, allerdings meine Beine stramm durchdrücken soll, falls er einmal plötzlich bremsen muss. Er selbst ist in Zivil gekleidet, trägt seinen Sonntagsanzug und Hut, was selten mitten in der Woche vorkommt. Beim Starten des Motors schaut seine Zungenspitze etwas hervor, wie sie es immer tut, wenn er hochkonzentriert ist. Er will mich jetzt schnell wegbringen, weil er das schöne Auto bald wieder zurückgeben muss. Ich schaue aus dem Fenster. Bald rauscht die Welt an mir vorbei, Baumwipfel, Felder, und ich meine, als ich den Kopf an das Fenster lehne, eine leise, schöne

Melodie zu hören.
Es ist das erste Mal, dass ich in einem Auto sitze. Mein Vater versucht die ganze Zeit mir klar zu machen, dass das etwas Besonderes ist. Fragt mich, wie ich das denn finde. Doch ich bin erst so mit der Melodie beschäftigt und dann mit der Angst, was mich wohl in einem Kinderkrankenhaus erwartet. Die Angst bleibt und die Melodie verstummt. Die Fahrt will kein Ende nehmen.
Endlich in der Klinik angekommen, laufen wir orientierungslos durch lange, kahle Kellerflure. Der Vater fragt nach dem Weg und wir landen in der Essenküche und dann in der Wäscherei. Er fragt wieder nach und endlich ist da der Gang zu meinem Zimmer. Über uns verlaufen weiß gestrichene Rohre, wie lange, fette Würmer.
Mein Zimmer teile ich mit drei anderen Kindern. Vater geht. Bis auf eine Menge Tabletten, die ein Doktor mir gibt, stellen sie nichts mit mir an. Ich kann vor lauter Heimweh nicht schlafen. Am nächsten Morgen bekommt das kleine Kind neben mir eine dicke Spritze. Die Schwester mit der riesigen weißen Haube auf dem Kopf fragt mich, ob ich auch eine möchte. „Du schaust so bettelnd!"
Nachmittags kommen mein lieber, großer Bruder und sein Freund mich besuchen. Sie sind mit dem Bus in die Stadt gefahren und haben mir vom Jahrmarkt eine kleine, bunte Drehscheibe, bestückt mit vielen Feuersteinen mitgebracht, die ich später zu Hause meinem Bruder mit der Brille ausleihe, mit dem Ergebnis, dass er sie im Nu kaputtgespielt hat. Tags darauf holt mich die ganze Familie vom

Krankenhaus ab. Vater hat sich noch einmal das Auto ausgeliehen. Dieses Mal müssen meine Schwester und ich hinten im Kofferraum sitzen, welcher über die Rückbank zu erreichen ist. Die ganze Familie tut so, als wäre es ihr eigenes Auto.
Zusammen laufen wir noch einmal über diesen großen, lauten Jahrmarkt. Ich kippe vor lauter Müdigkeit und Schlappheit fast um. Wir sollen uns alle an die Hand nehmen. Ich bin das letzte Glied in der Schlange von Kindern. Jedes Mal, wenn ein Auto vorbeiflitzt oder ein Bus uns scheucht, müssen wir auf den Bürgersteig springen. Diese hohen Steine muss ich regelrecht erklimmen. Endlich meint unser Vater, dass wir nach Hause müssten, meinetwegen. Meine Geschwister sind sauer auf mich und nörgeln im Auto herum, sodass der Vater laut schreien muss, damit Ruhe einkehrt.

1962 bekommt unser Vater „die Gelegenheit", beruflich für drei Jahre ins Ausland zu gehen, und zwar nach Nigeria, Afrika. Er soll dort mit anderen deutschen Soldaten die Einheimischen militärisch ausbilden. Meine Eltern wollen nach Vaters Auslandseinsatz ein eigenes Haus bauen und dieser entfernte Aufenthalt ist die Chance, viel Geld zu verdienen.
Wir Kinder atmen auf, als der Vater seinen Abflugtermin verkündet.
Bevor er fährt, werden noch einmal alle Kameraden, nebst Ehefrauen zu uns nach Hause eingeladen, um groß Abschied zu feiern. Meine Mutter präsentiert sich an diesem Abend

mächtig stolz, denn sie weiß bereits, dass sie ihren Mann mit uns beiden Töchtern für ganze sechs Monate besuchen wird. Meine Schwester und ich sind auch völlig aus dem Häuschen vor lauter Aufregung. Wir erzählen überall herum, dass wir bald eine große Reise machen werden. Im Haus wird von nichts anderem mehr gesprochen. Die beiden großen Brüder sind einfach nur froh, dass der Tyrann von Vater vorhat, für sage und schreibe drei Jahre von der Bildfläche zu verschwinden. Für den Bruder mit der Brille kommt die Abwesenheit des Vaters einem Freibrief gleich, uns noch mehr und erst recht zu ärgern und zu schikanieren.

Der Vater ist weg. Es stellt sich eine Harmonie und Ruhe im Hause ein, wie wir sie selten zuvor erlebt haben. Meine Schwester und ich schlafen von nun an auf Vaters Seite im Ehebett und meine Brüder lassen die Haare wachsen. Sie wollen sie so haben, wie es Mode unter den Jugendlichen ist. Meine Schwester und ich dürfen länger vor dem neuen Fernseher sitzen und auch schon mal Sendungen anschauen, die nicht ganz jugendfrei sind und von denen ich die ganze Nacht üble Träume habe. Unsere Mutter sitzt abends mit ihren Freundinnen zusammen und kommt oft erst heim, wenn es schon dunkel ist.

Wegen der bevorstehenden Reise hat meine Mutter einen Termin beim Militärarzt in unserer Siedlung. Da keines meiner Geschwister zu Hause ist, um auf mich aufzupassen, nimmt sie mich mit. Die Unterredung dauert länger. Deswegen schickt die Frau des Arztes mich zu ihren Kindern ins Spielzimmer. Als diese Frau ihre Kinder ins Bett bringen will, stellt sie verdutzt fest, dass ich immer noch da bin. Meine Mutter hat mich vergessen. Da wir kein Telefon haben, bleibt der Arztfrau nichts anderes übrig, als mich alleine nach Hause zu schicken. Es ist stockfinster draußen, und ich habe fürchterliche Angst. Meine Ankunft daheim bietet unserer Mutter eine regelrechte Überraschung; sie hat überhaupt noch nicht bemerkt, dass ich fehle.

Regelmäßig schreibt der Vater lange Briefe auf hellblauem und hauchdünnem Luftpostpapier, die mit „Liebe Mama, liebe Kinder" beginnen. Er hat Heimweh, besonders nach uns Mädchen. Das Essen schmeckt ihm auch nicht. Er freut sich auf Mama, die den Schwarzen das Kochen schon noch beibringen wird.

Er fragt auch in jedem Brief: „Sind die Kinder lieb und artig? Spuren die Jungs? Wenn nicht, können die sich bei meinem nächsten Heimaturlaub einer nach dem anderen eine Tracht Prügel abholen!"

Alle sechs Monate kommt der Vater für eine Woche. Wir Kinder wissen vorher nicht, ob wir uns freuen dürfen oder Angst haben müssen. Er bringt jedes Mal schöne und interessante Geschenke mit: Mit buntem Leder beklebte Straußeneier, einen Kuhschwanz mit Ledergriff, um Fliegen totzuschlagen, Brieföffner aus Elfenbein und Ebenholz und eine kleine, schwere Messingklingel, die er später lustvoll bedient, um uns anzuzeigen, dass wir springen sollen, um einen seiner Wünsche zu erfüllen.

Und dann ist da noch eine hölzerne Reitpeitsche, mit

dunkelrotem Leder überzogen. Mit dem letztgenannten Mitbringsel vollführt er zu Hause die Bestrafungen, die er auf seinen Briefbögen im fernen Afrika bereits angekündigt hat. Es haben sich in der Zeit seiner Abwesenheit jedes Mal eine Menge Klagen seitens der Mutter über ihre Kinder angesammelt, die er sich nach Eintreffen und Auspacken der Geschenke beim Tee geduldig anhört.

Meine Mutter fühlt sich als Alleinerziehende überfordert und muss den angestauten Ärger über die Kinder erst einmal loswerden. So passiert es auch mir einmal, dass meine Mutter schimpft: „Warte nur, bis Papa kommt!" Mir ist die Milchkanne aus den Händen gerutscht. Der Gehweg und mein Kleid sind voller Milch. Es dauert noch Tage bis zur Heimkehr des Vaters und der Bruder mit der Brille macht sich einen Spaß daraus, indem er mich ständig dran erinnert.

Mein Glück ist aber dann doch des anderen Pech. Es ist, wie üblich, der Bruder mit der Brille, an dem der Vater sich am ersten Tag austobt. Für meine Bestrafung fehlt ihm dann die Kraft. Bei „schlimmen Delikten" wird die Prügel auf den nächsten Tag verschoben, was uns in ständiger Angst verharren lässt.

Ist der Vater für ein paar Tage aus Afrika zurück, geht er, alter Tradition folgend, mit meinen Brüdern zum Militärfriseur. Für meinen ältesten Bruder ist das am schlimmsten. Gerade hänseln ihn seine Klassenkameraden nicht mehr wegen seiner kurzen Haare, da kommt der „Alte" und sorgt dafür, dass sie wieder Grund dazu haben. Der Arme wehrt sich jedes Mal mit Händen und Füßen und weint, aber der Vater zeigt sich

nur belustigt über sein Strampeln und Bocken.
Meine Schwester und ich brauchen kein Haareschneiden zu fürchten. Unsere Ängste sind anderer Art. „Was ist das doch für ein herrliches Leben, seine beiden hübschen Töchter wieder vor sich stehen zu sehen! Was sich euer Papa freut!"
Ich kann mich nie so richtig mitfreuen. Nach dem Essen muss ich meist bei ihm bleiben und ihm Gesellschaft leisten. Er erzählt mir dann, wie groß seine Liebe zu mir ist. Dass er mich heiraten will, sobald ich erwachsen bin. Es juckt ihm der ganze Körper. Das kommt von der afrikanischen Hitze. Ich soll ihn kratzen, auf der Brust und überall. Meine Schwester hilft unserer Mutter in der Küche, zum Kratzen ist sie nicht geeignet, ihre Nägel sind zu kurz.
Während ich meinen Vater überall kraule und kratze, erzählt er, dass er bereits ein herrliches Reitpferd für mich gekauft hat. Es heißt „Dicker" und kann über hohe Sandsäcke springen. Wenn ich mit Mama komme, will er mir als erstes das Reiten beibringen. Um die Vorfreude auf diese sagenhafte Zukunft noch zu steigern, reibe ich mir immerzu die Hände oder stehe auf einem Bein. Ich träume von diesem Pferd, galoppiere über rote afrikanische Erde und springe über gewaltige Sandsäcke.

Allabendlich näht unsere Mutter sommerliche Kleidung für uns drei Afrika-Urlauber in spe. Aus dem Quelle-Katalog bestellt sie für meine Schwester und mich gelbe Strohhüte mit bunten Federn. Alle Sachen werden im elterlichen Schlafzimmer deponiert. Wenn mich keiner beobachtet, stelle ich mich mit meinem schicken Hut vor den dreifachen Kommodenspiegel, nehme meinen Koffer in die Hand und betrachte mich von allen Seiten.

Zu der Zeit werde ich eingeschult. Ich erwische leider den Klassenlehrer, unter dem mein Bruder mit der Brille das Jahr zuvor schon gelitten hat. Er ist bekannt für seine Tobsuchtsanfälle und Handgreiflichkeiten. Einmal saß mein Bruder beim Schreiben nicht gerade, da hat dieser Lehrer ihm angeblich von hinten sein Knie in den Rücken gerammt. Und, weil mein Bruder im Unterricht dann nicht mehr zu gebrauchen war, ihn nach Hause geschickt. Unser Vater sagt nicht viel dazu. Er erlaubt den Lehrern grundsätzlich, uns Kinder zu schlagen, wenn wir nicht „spuren". Allerdings muss die Bestrafung mit „fairen" Mitteln erfolgen, unter Verwendung der flachen Hand und seinetwegen auch mit einem Stock. „Das sind Züchtigungsinstrumente, auf die sich der Übeltäter irgendwie einstellen kann. Da überrumpelt man ihn nicht. Das ist etwas anderes als das hinterhältige Knie."

Dieser Lehrer besitzt ein großes Herz für die armen Heimkinder aus unserem Dorf. Einige von denen stammen aus arabischen Ländern, in denen Krieg herrscht. Weil diese Kinder seiner Meinung nach alle unterernährt sind, schickt er jeden Morgen zwei Einheimische aus der Klasse zum Einkaufsladen gegenüber der Schule, um Blockschokolade zu holen und verteilt sie an diese Ärmsten. Die beiden Kinder, die die Schokolade besorgt haben, bekommen dann auch ein Stück ab. Ein einziges Mal habe ich das Glück. Bei uns zu Hause gibt es nur alle Jubeljahre einmal Schokolade. Für die männlichen Familienmitglieder eine halbe Tafel, für die weiblichen zwei Riegel.

Ich erinnere mich, dass wir an einem heißen Sommermorgen mit diesem Lehrer baden gehen. Wir planschen in einem ruhigen, kalten Bächlein aus dem wir die Knochen irgendwelcher Tiere herausfischen und im Nu ist da die Idee, unsere gerade erworbenen Schreibkünste anhand dieser bleichen Relikte zum Besten zu geben. Im Gras ordentlich angeordnet ergeben sie kurze Wörter, über die wir uns freuen. Mittags brennt meine Haut und ich fühle mich krank. Der Lehrer schickt mich früher nach Hause. Meine Mutter hat noch nicht mit mir gerechnet und muss noch einmal weg, um etwas zu erledigen. Sie gibt mich für die Zeit in die Obhut zweier alter Damen von schräg gegenüber. Die wollen sich so lange um mich kümmern. Die beiden immerzu kichernden Omas stecken mich auch gleich in ein riesiges Bett mit muffigem Bettzeug und befehlen mir einstimmig, die Hose herunter zu lassen, um Fieber zu messen. Beide stehen vor mir, eine davon mit dem Thermometer in der Faust, um es anzuwärmen. Die andere redet auf mich ein: „Sei doch ein liebes Mädchen und stell dich nicht so dumm an! Ist denn bei dir noch nie ordentlich Fieber gemessen worden? Ich springe vor Schreck aus dem Bett und verkrieche mich in die hinterste Ecke des Zimmers. Dort lassen die Tanten mich ausharren, bis meine Mutter kommt. Aber das dauert eine Ewigkeit. In meinen Winkel gepresst kann ich beobachten, wie irgendwann die Tür sich eine Handbreit öffnet und wie in diesem Spalt zwei schattige Profile hin und her, auf und ab tanzen. Meine Mutter entschuldigt sich bei den hilfsbereiten Damen, nimmt mich an die Hand und, kaum das wir draußen sind, schimpft sie mich ein undankbares Kind.

Der Tag der großen Reise rückt immer näher. Mutter soll sich mit uns Mädchen noch einmal im Krankenhaus auf Tropentauglichkeit untersuchen lassen. Ein Soldat bringt uns in einem Bundeswehrfahrzeug in die Klinik. Eine Krankenschwester gibt uns dreien einen großen Messbecher aus Metall, wie man ihn zum Abmessen von Mehl oder Zucker in der Küche benutzt, in die Hände und schickt uns zur Urinprobe in eine riesige Toilette. Ich kann nicht richtig zielen, es geht so ziemlich alles daneben. Meine Mutter hingegen hat ihren bis zum Rand gefüllt. Meine Schwester „Guy" schafft nur einen Fingerbreit. Anschließend sollen wir zur Röntgenuntersuchung. Die Metallplatte ist eiskalt und lässt mich frösteln. Es heißt, die Aufnahme ist leider nichts geworden und ich soll noch einmal antreten. Dann noch einmal. Als wir fertig sind, sollen „Guy" und ich draußen auf der Holzbank warten. Der Doktor redet lange auf meine Mutter ein. Auf der Heimfahrt spricht sie kaum ein Wort mit uns. Zu Hause angekommen, läuft sie gleich zum Nachbarn, um mit unserem Vater nach Afrika zu telefonieren.
Am nächsten Tag fahren meine Mutter und ich mit dem Zug in die nächste Kleinstadt, zu einem Lungenfacharzt. Das ist ein großer, alter Mann mit weißem Kittel, der ihm fast bis auf den Boden reicht. Seine Sprechstundenhilfe erscheint mir

auch uralt. In ihrem Büro steht ein Weckglas auf dem Tresen, indem kleine, grüne Plastikfrösche stecken. Der Doktor will mir als erstes Blut abnehmen. Immer wieder setzt er die dicke Nadel an und sticht zu, aber meine Venen sind nicht zu finden. Die alte Arzthelferin lässt heißes Wasser in ein Waschbecken laufen, in dem ich meine Arme baden soll, damit die Adern sichtbar werden. Im Wasser bilden sich in kürzester Zeit hellrote Fäden, deren Anfangspunkte die blinden Einstichstellen auf meinen Armen sind. In dieser Zeit des Einweichens fragt der Doktor meine Mutter über mich aus: „Die Kleine ist doch eine gute Esserin und normal belastbar?" „Nein, Herr Doktor, da macht sie einem keine Sorgen". Der Doktor sticht noch einmal zu und die dicke Glasspritze saugt sich voll Blut. Dann schraubt er die Spritze von der Nadel ab und setzt eine zweite und eine dritte darauf, die er, prall gefüllt, der alten Schwester reicht. Anschließend werden die vielen Einstiche mit Pflaster verklebt. Ich soll mich oben herum freimachen. Am ganzen Körper bekomme ich eine Gänsehaut, vor Kälte und vor Angst. Wieder soll ich mich an so eine eisige Platte stellen, nur dass dieses Mal der Doktor sich breitbeinig vor mich setzt und meine Unterarme in seine Hände nimmt und meinen Oberkörper an dem Apparat hin und her führt. „Durchleuchten" nennt er das. Danach spricht auch dieser Arzt lange mit meiner Mutter und wieder soll ich draußen warten. Die Helferin reicht mir das Weckglas, damit ich mir einen kleinen Frosch aussuchen kann. Die sehen alle gleich aus, nur einige haben kleine Plastiknasen am Hintern und so einen will ich nicht.

Nach der ganzen Prozedur geht meine Mutter gedankenversunken mit mir in ein großes Kaufhaus, wo sie sich noch fehlende Sachen für Afrika und mir einen kleinen, gelben Ball mit roten Marienkäfern kauft. Als wir in unserem Ort angekommen sind und über den Bahnübergang gehen, bricht es aus ihr heraus: „Du, hör mal, du kannst nicht mit nach Afrika, wegen deiner Lunge, die ist nicht in Ordnung. Die Hitze in Afrika tut dir nicht gut. Papa hat auch schon ganz tüchtig geweint gestern!" Nun soll anstatt meiner der Bruder mit der Brille mit, das passt ihr auch nicht, das kann ich ihr ansehen. „Jetzt hör endlich auf zu heulen! Du hast dafür einen schönen Ball bekommen. So einen haben deine Geschwister nicht." Ich will den Ball nicht. Ich will auch meinen schönen Strohhut nicht mehr.

Ich stehe vor dem Spiegel und setze den exotischen Hut auf, ganz bedächtig, heißt es doch: „Pass auf, wenn du den anfasst, dass er nicht kaputt geht vor Afrika." In diesem Augenblick wird mir klar, was es bedeutet, nicht mit nach Afrika zu dürfen: Kein Reiten lernen, wie versprochen und „Dicker" niemals sehen! Mir laufen die Tränen über mein pausbackiges Gesicht und es packt mich eine entsetzliche Wut. Ich reiße mir das Gebilde vom Kopf und versuche es mit bloßen Händen zu zerstören, aber es gelingt mir nicht. Auf meinen Händen kreuzen sich Schnittwunden vom scharfen Stroh und ich blute, was ich im Zorn nicht wahrnehme, weil es nicht schmerzt. Im Nachttisch meiner Mutter liegt eine Nagelschere. Mit der kann ich das Material durchtrennen. Je mehr ich das Ding kaputt mache, desto ruhiger werde ich.

Als meine Mutter mich mit dem klein geschnippelten Hut so auf ihrem Bett sitzen sieht, schimpft sie hysterisch: „Du hast wohl keine Ahnung, was so ein Hut kostet. Den hättest du hier zu Hause auch noch schön tragen können." Beim Abendessen heißt es: „Die tickt doch nicht sauber! Die hat doch nicht alle Tassen im Schrank!" Einzig mein großer Bruder will sich dieser Einschätzung nicht anschließen. Vor dem Schlafengehen nimmt er mich in seine Arme und wiegt mich hin und her, verspricht mir, dass wir uns auch ohne Mama und den beiden Geschwistern eine schöne Zeit machen werden.

Dass ich krank sein soll, kann ich nicht begreifen, weil ich mich nicht krank fühle. Meine Mutter verspricht mir, dass ich die nächsten Abende, bis sie abgereist sind, so lange aufbleiben und fernsehen darf, wie ich will, was bewirkt, dass sich mein Rätseln über meinen ominösen Zustand noch verstärkt.

Dann ist es soweit. Die Großmutter vom Land ist gekommen, um auf uns Zurückgebliebene aufzupassen. Die Koffer werden aus dem elterlichen Schlafzimmer getragen und in einem Militärfahrzeug verstaut. Der Bruder mit der Brille trägt stolz den Koffer, der eigentlich für mich gedacht war. Alle drei sind schick angezogen. Meine Mutter hat ihre Freundinnen um sich versammelt, die sie mit viel „Ach, wenn ich auch …" und „Da würde ich aber ..." beneiden. Auch meine Schwester ist umringt von schnatternden Freundinnen.

Ich stehe neben meiner Oma in der Haustür und beobachte dieses Abschiedszeremoniell.

„Dass du mir Oma keinen Kummer machst und immer schön artig bist und alles tust, was man dir sagt", kommt noch von meiner Mutter, bevor sie ins Auto steigt. Im Nu sind die Afrika-Reisenden um die Ecke verschwunden. Die Frauen und Mädchen winken unnötigerweise noch eine Weile weiter. Wir stehen noch immer in der Tür. Der kleine Junge mit dem Mecki - Schnitt ruft mir zu: „Wollen wir spielen? Komm!", aber Oma meint, dass es damit vorerst vorbei ist. Wir gehen schweigend hinein. Das Haus kommt mir gespenstisch still vor.

Ich soll mich gründlich waschen, meinen Schlafanzug anziehen und bis zum Mittagessen schlafen. Dann will sie wieder bei mir reinschauen, heißt es von Oma.

Ich klettere, gar nicht gründlich gewaschen, in den oberen Schlafplatz des Etagenbetts, das ich mit meiner Schwester teile. Sie durfte bestimmen, wer wo schläft. Infrage kam für sie nur das untere Bett. Oben wird ihr schlecht.

Obwohl die Oma sich erst nach langem Betteln meiner Mutter und auch nur zähneknirschend dazu bereit fand, den Hüter-Dienst zu übernehmen, gibt es nun kein Wenn und Aber mehr für sie. Jedenfalls ist sie jetzt ganz die Verantwortliche. Die Schotten zur Außenwelt werden heruntergelassen.

Anfangs klingeln noch Freunde und fragen, ob ich raus darf, zum Spielen. Oma erzählt denen, dass ich „schlimm krank"

bin und dass sie sich bei mir anstecken könnten. Fazit, dass diese „Störungen" mit der Zeit aufhören. Der Junge mit dem Mecki lungert in der ersten Zeit noch in großem Abstand vor meinem Schlafzimmerfenster herum. Einmal fragt er, ob ich etwas zum Spielen haben will, aber dann sagt er auch gleich hinterher: „Ich darf dir ja nichts geben, weil das Spielzeug dann auch krank macht!"
Ich habe eine Hillus-Lymphdrüsen-Tuberkulose, die nicht ansteckend ist.

Zu den Mahlzeiten hievt Oma das Tablett stöhnend auf mein hohes Bett und ihr Gesicht erscheint oben nur, wenn sie auf Zehenspitzen steht. Sie geht dann gleich wieder raus.
Einmal die Woche, dann alle vierzehn Tage, werde ich aus meinem trostlosen Verlies geholt und in mein Sonntagskleid gesteckt. Dann werden Oma und ich von einem alten Bauern mit seinem Goggomobil abgeholt und zu dem Lungenarzt gebracht. Der Bauer entpuppt sich bald als Omas neuer Freund. In die Rückbank des kleinen Autos gepfropft lege ich während der Fahrt mein Ohr auf den Metallrahmen des Fensters und lausche wieder jener schönen Musik, die Motor und Wind zaubern und die sich immerfort in eine neue, wunderbare Melodie verwandelt, die ich auszuschmücken vermag, wie es mir gerade in den Sinn kommt.

Und wieder: heiße Wasserbäder der Arme, Blut abnehmen, bis auf den Schlüpfer alles ausziehen und auf die Waage, herantreten an die kalte Platte, Röntgenaufnahme, durchleuchten. Die Plastikfrösche, die ich „tapferes Mädchen" aus dem Weckglas fischen darf, bilden bereits eine langweilige grüne Kompanie auf meinem Bettlaken. Die Pillen, die der Doktor Oma mitgibt, kann ich nur ungefähr zählen.

Regelmäßig besucht mich eine liebe Freundin meiner Mutter. Lieb, weil sie keine sichtbare Angst vor einer Ansteckung hat und länger als zwei Minuten bleibt. Sie bringt jedesmal etwas für mich mit, meistens ein kleines Pixi - Büchlein, aus dem sie mir stehend vorliest. Auf mein Betteln hin muss der große Bruder mir die Heftchen abends nochmals vortragen. Zu dieser Gelegenheit klettert er die quietschende Bettleiter hoch und legt sich neben mich. Er hat auch keine Angst sich anzustecken. „Und wenn schon! Dann fahren wir zusammen zu diesem Lungenarzt!"
Zu meiner großen Freude bringt die Freundin meiner Mutter mir eines Tages ein kleines Gummimännchen mit. Es ist an Armen und Beinen beweglich und ich kann es an meinem Bett oder an meinen Fingern festklammern. Es sieht aus wie ein kleiner frecher Landstreicher mit seinem kecken Hütchen. Ich nenne es Max. Fortan habe ich einen Freund, mit dem ich mich unterhalten kann und den ich in meinen Träumen mit auf die Reise nehme, denn der ist mutig genug, auf dem weißen Pony mit mir davonzustürmen. Er erleichtert mir mein Dasein im Hochbett sehr und wenn ich morgens aufwache, habe ich ihn meist noch in der Hand. Wenn das nicht der Fall ist, werde ich panisch und beruhige mich erst,

wenn ich ihn gefunden habe. Dann schimpfe ich ihn aus, wie eine Mutter ihr unartiges Kind. Ich passe jedoch auf, dass meine Schimpfe nie zu lange andauert, denn noch während ich meine strengen Worte an ihn richte, freue ich mich schon darauf, ihn gleich beruhigen zu können. Ich lege ihn dann auf meine Lippen, küsse ihn innig und lasse mich so gut es geht von seinem Gummikörperchen zur Versöhnung umarmen.

Auf Anweisung meiner Eltern überreicht der liebe große Bruder mir jede Woche 50 Pfennige Taschengeld. Das besteht zumeist aus den allerkleinsten Münzen. Dieses Kleingeld ordne ich auf meiner Bettdecke immer wieder zu einer Art Medaillenlandschaft und wenn meine Ersparnisse sich zu einer großen Silbermünze addiert haben, glänzt diese im Zentrum wie eine Sonne. Auch meine Tabletten ordne ich in dieser Weise, bevor ich sie würgend hinunterschlucke. Zur Ausstattung meines kleinen Reiches in der ersten Etage meines Bettes gehört ein alter Schuhkarton, am Fußende untergebracht, in dem ich meine Schätze aufbewahre. Nebst den Pixi - Büchlein sind dies ein schwarzer Plastik-Kugelschreiber und ein kleines Heft zum Schreiben.
Da ich nur sechs Monate die erste Klasse besucht habe und daher nicht in der Lage bin, vollständige Wörter zu schreiben, sieht niemand einen Sinn darin, mein dürftiges Schulwissen mittels irgendwelcher Übungen wachzuhalten. Meine Eltern schicken mir einmal in einem Brief ein kleines Lexikon über die afrikanische Sprache Hausa. Mein großer Bruder liest mir die Zahlen von Eins bis Zwanzig immer wieder vor, bis ich

sie auswendig kann. „Daia, biu, uku, hudu, bias, zida, tara, takwa" oder so ähnlich hört sich das an. Solche brüderlichen Nettigkeiten kommen leider nur vom lieben großen Bruder. Einmal leiht sich der jüngere Bruder meinen Kugelschreiber zusammen mit meinem Taschengeld aus. Den Kugelschreiber bekomme ich erst nach mehrmaligem Bitten, mit defektem Druckknopf und völlig zerkaut zurück - das Taschengeld gar nicht. „Wofür brauchst du denn Geld? Wo willst du dir denn was kaufen? Was brauchst du denn schon, wenn du nur im Bett bist!" Ein paar Groschen bekomme ich von Oma zurück, aber wohl nur, weil sie mein Geheule nicht mehr ertragen kann.

Nicht nur ich, auch meine Oma leidet unter der Selbstherrlichkeit der pubertierenden Jungs. Der Große schwänzt ständig den Schulunterricht und besucht das wild gelockte Mädchen von nebenan bis weit nach Mitternacht. Der Zweite setzt auch ganz andere Prioritäten als „tüchtig" zu lernen oder im Haushalt zu helfen. Er verbringt den ganzen Tag auf dem Bauernhof und gibt freche Antworten. Ich kann Oma manchmal vor Verzweiflung weinen hören.
Eines Abends kommt sie in mein Zimmer und meint: „Die Jungs sollen sehen, wie sie klarkommen. Du ziehst dich jetzt an, den Koffer packt Oma gleich. Ich will nach Hause!"
Auf dem Weg zum Bahnhof schleppt Oma mich wie einen Handkarren hinter sich her und das endlose Warten auf dem windumtobten Bahnhofsvorplatz versuchen wir zu verkürzen, indem wir hin- und hertippeln und uns im Kreise

drehen. Gern würde ich über die großen Pflastersteine hüpfen, aber dazu fühle ich mich viel zu schlapp. Als wir endlich im Zug sitzen, schlafe ich auf der kalten, klebrigen Kunstleder-Bank sofort ein.

Für mich brechen in Omas „guter Stube" geradezu paradiesische Zeiten an. Ich bin nicht mehr allein, fast ausschließlich liebe Verwandte und deren Bekannte gehen da ein und aus, sprechen, lachen, scherzen und spielen abends, unter dem Lichtkegel der Deckenlampe, Mau-Mau und Mensch-ärgere-dich-nicht mit mir. Und zwischendurch darf ich Bonbons aus der Schale nehmen, während die Großen sich ein oder mehrere Gläschen Schnaps gönnen.
Nur meine Tante, Omas Schwiegertochter, fühlt sich mit einer Kranken, neben der vielen Hof - und Hausarbeit, überfordert. Ich scheine geradezu ihre persönliche Hauptlast zu sein. Das lässt sie nicht nur mich, sondern jeden spüren, indem sie eine üble Laune zeigt.
Wenn sie mir mit den gerade erfundenen Wattestäbchen die Ohren saubermacht, stochert sie in meinen Gehörgängen gnadenlos herum, dass ich vor lauter Schmerzen aufschreie, was sie aber mit der von mir schon so oft gehörten Bemerkung abtut: „Stell dich nicht so an!"

Ich schlafe zusammen mit Oma in deren Bett. Sobald sie ihren Dutt geöffnet hat, holt sie aus der untersten Schublade des Nachtschränkchens ein Buch hervor, und das ist Adolf Hitlers „Mein Kampf", aus dem sie mir sodann einen Absatz vorliest. Nach dem Löschen der Lampe erzählt sie mir, dass der „Führer" viel Gutes für sie und die Familie getan hat. Ich kenne diesen Mann nicht.

Nachts plagen mich Träume. Kreaturen hecheln hinter mir her, wollen mich greifen, anfassen, doch mein Körper gehorcht mir nicht beim Abwehrkampf, er ist weich wie Wachs. Oma weckt mich manchmal, weil ich zittere oder eigenartige Geräusche von mir gebe. In anderen Nächten werde ich von samtigen Winden davongetragen, schwebe durch die Luft und durch die Welt.
Oma fährt mit mir zurück in die „Hölle", wie sie es nennt. Nachdem sie mit Afrika telefoniert hat, werden die beiden Brüder kurzerhand bei den Bauern der Nachbarschaft einquartiert. Die meiste Zeit verbringen sie ja ohnehin da. Diese Maßnahme ist vom Vater angeordnet.
Von dieser erzieherischen Schwerstarbeit befreit, weiß Oma ihre neuen Freiräume gut zu nutzen. Der gemütliche Goggo-Opa kommt jetzt öfter zu Besuch und sie ist viel glücklicher. Zum Ostfriesentee in der Küche wird nur noch Plattdeutsch gesprochen, was ich hinten in meiner kleinen Kammer, oben im Bett, nicht verstehen kann.

Mein Lungenarzt beklagt sich beim nächsten Besuch über meine gewaltige Gewichtszunahme, die sicher vom „guten Essen auf dem Lande", aber auch von der mangelnden Bewegung und den vielen Tabletten herrührt. Von da an darf ich offiziell für zwei Stunden am Tag das Bett verlassen.

Ein dickes Kind veranlasst meine Oma jedoch noch lange nicht, es turnen oder spielen zu lassen. Schließlich bin ich ja krank. Dafür darf ich mit sechseinhalb Jahren neben ihr die Acht-Uhr-Abendnachrichten sehen und auch den Film danach, in dem Erwachsene schlimme Sachen machen und ich danach nicht einschlafen kann. So kommt es auch, dass ich den Mord an J. F. Kennedy im Fernsehen verfolge, und sehe, wie die Frau des Präsidenten aus dem fahrenden Auto krabbeln will, was ich sehr gefährlich finde.

Der kleine Junge mit dem Mecki-Schnitt ist eine treue Seele. Er steht oft einfach nur so, natürlich mit Abstand, vor meinem Fenster, ohne etwas zu sagen. Ich kann es ihm ansehen, dass es ihm streng verboten ist zu kommen und auch, dass er schreckliche Angst hat sich anzustecken.
Einmal rufe ich zu ihm hinüber: „Bring mir mal eine Schachtel Streichhölzer!"
Aus purer Langeweile entsteht in mir der Gedanke, ein kleines Feuer zu machen, um mir selbst eine Abwechslung zu verschaffen. Die Oma ist wieder einmal bei ihrem Goggo-Opa und die Brüder sind auf dem Bauernhof. Der Junge hat es wirklich geschafft, in kürzester Zeit Streichhölzer aufzutreiben und versucht dann die Schachtel Richtung meines Fensters zu schmeißen, doch sie prallt an der Hauswand ab. „Los, noch mal!" Der Junge ist so aufgeregt, fragt: „Was willst du denn damit?" Nach etlichen Versuchen liegt das Päckchen endlich vor mir auf der Fensterbank. Es ist von seinen verschwitzten Händen richtig feucht.

Bei dem Jungen scheint die Neugierde plötzlich größer als die Angst vor einer Ansteckung zu sein. Er steht jetzt ganz nah am Fenster und beobachtet, wie ich Seite für Seite aus meinem kleinen Heftchen reiße, in das ich immer die gleiche Szene gemalt habe. Einen blauen See, rechts und links Palmen und in der Mitte ein Boot mit einer Gestalt darin, die in den Händen eine Angel hält, oder auch nicht. Am Himmel strahlt entweder eine gelbe Sonne oder ein Mond, umgeben von vielen Sternen. Keines der Bilder habe ich zu Ende gemalt, weil mir die Buntstifte fehlen. Ich forme aus jeder Afrika-Landschaft eine lockere Papierkugel und reihe sie auf der Fensterbank auf. Das erste Streichholz will nicht gleich zünden, weil die Packung so klebt, doch dann brennt es. Mein Herz schlägt bis zum Hals. Auf einmal bin ich so froh und glücklich, allein zu Hause zu sein. Ganz aufgeregt lasse ich das Hölzchen bis zu meinen Fingern abbrennen und puste es erst aus, als es gerade noch rechtzeitig ist, um mich nicht zu verbrennen. Das wiederhole ich, bis nur noch ein Zündholz in der Schachtel liegt. Der Junge verbirgt vor lauter Spannung und Angst sein Gesicht hinter den Händen und späht durch zwei gespreizte Finger hindurch. Mit dem letzten Streichholz stecke ich die leere Schachtel an und mit ihr die Papierbälle, einen nach dem anderen. Es wächst sofort eine riesige Flamme, die sich augenblicklich über den ganzen Fensterrahmen ausbreitet. Der Junge mit dem Mecki-Schnitt hält es nicht mehr aus und läuft schreiend davon. Jedes Papierkügelchen verwandelt sich in ein schwarzes Flockenhäufchen, darunter, unter der Farbe des Fensters, bilden sich kleine Bläschen, die langsam, unter einer wohligen Wärme, in herrlichen Regenbogenfarben dahinschmelzen. Instinktiv renne ich zu meinem Nachttisch, dort steht immer ein Becher mit Wasser für meine Tabletten, und schütte es über die schönen Lichter. Weil das nichts hilft, drücke ich noch mein Kopfkissen dagegen. Die einst weiße Fensterbank und der ganze Fensterrahmen sind blau-schwarz verschmiert und im Zimmer steht beißender Qualm. Ich bekomme kaum Luft, trotzdem schließe ich das Fenster und lege mich ins Bett. Dort reibe ich meine Hände wie von Sinnen, nehme den Gummi-Max mit auf die Reise und will mich erst wieder von demjenigen zurückholen lassen, der als Erster mein Zimmer betritt.

Das ist die liebe Freundin meiner Mutter. Mein Zündeln ist ihr nicht verborgen geblieben, denn sie öffnet das Fenster gleich sperrangelweit. Ein Schwall feuchtkalter Luft stürzt herein und ich vergrabe mich in meine Decke, auf lautes Schimpfen gefasst. Da kommt sie an mein Bett, legt mein Gesicht frei, streichelt mir die heiße Wange und zaubert aus dem Nichts das neueste Pixi - Büchlein hervor und hält es mir vor Augen. Noch immer hat sie nicht mit mir geschimpft!

Oma ist, als sie vom Goggo-Opa kommt, auch irgendwie anders. Normalerweise eilt sie immer gleich herbei, wenn ich was ausgefressen habe und lässt mich genau wissen, was mein Vater mit mir anstellen würde. Diesmal aber läuft sie durch alle Zimmer, als wolle sie jemand verfolgen. Dabei wiederholt sie zigmal: „Sie kommen zurück, sie kommen zurück!"

Es ist Nachmittag, ich liege noch ganz verschlafen oben in meinem Hochbett, als die Briefkasten-Klappe scheppert und ich eine Kinderstimme laut schreien höre: „Wir sind wieder daaa!" Sofort bin ich hellwach, rutsche die Bettleiter hinunter, und stürme zur Haustür und reiße sie auf. Doch da steht keiner. Ich sehe, dass meine Mutter hinten auf der Straße schon von den Nachbarn und einigen ihrer Freundinnen umringt wird. Alle reden laut und lachen. Erst traue ich mich nicht rüberzugehen, um sie zu begrüßen, doch dann nehme ich all meinen Mut zusammen und trotte los, auf die Gruppe zu. Doch mich bemerkt gar keiner. Meine Mutter geht dann voran, an mir vorbei, ins Haus, ohne mich zu sehen, gefolgt von schnatternden Damen und meiner Großmutter, die von ihrem Bauern begleitet wird.

Der Bruder mit der Brille kommt als letzter, ganz braun gebrannt und begrüßt mich als erstes mit einem Boxhieb auf den Oberarm und den Worten: „Na fettes Bleichgesicht!" Mir schießen die Tränen in die Augen und sofort hasse ich ihn wieder. Meine Schwester sehe ich nicht, sie ist bereits im Haus ihrer besten Freundin verschwunden. Ich stehe im Garten und bleibe dort stehen, in der Hoffnung, dass noch irgendwann einer an mich denken und mich reinholen wird. So lungere ich eine ganze Ewigkeit draußen herum, ohne dass mich nur einer vermisst. Ich will es nicht, aber dann doch, mit kleinen Schritten und voller Scham, gehe ich zurück ins Haus. Allein im kleinen Flur, meinen schmerzenden Oberarm massierend, beobachte ich, wie meine Mutter geschäftig ihre Gäste bewirtet, Weingläser und Flaschen in die gute Stube trägt und gleichzeitig von ihren Abenteuern in Afrika erzählt. Sie nimmt mich immer noch nicht wahr. Da fühle ich mich so elend einsam, einsamer als je zuvor und wünsche mir, sie wären alle drei nie zurückgekommen, gestorben, mit dem Flugzeug abgestürzt.

Traurig und wütend zugleich mache ich auf den Hacken kehrt und steuere auf die Gästetoilette zu. Drinnen ziehe ich die Schuhe aus und klemme sie unter die Tür, damit keiner rein kann. Dann setze ich mich auf den kalten Klodeckel und liebkose den kleinen Max, bevor ich ihn in meine kleine Häkeltasche stecke, die mir um meinen Hals hängt. Fast gelingt es mir, ohne Händereiben wegzukommen. Dahin, wo es weich und warm ist, wo ich mich hinlegen und einkuscheln kann, wo etwas Liebes und Beruhigendes zu mir spricht, ohne Worte.

Es trommelt einer laut gegen die Klotür und schreit: „Aufmachen, mach endlich auf! Ich habe sie gefunden!" Es ist der Bruder mit der Brille. Doch gleich darauf höre ich die vertraute Stimme meines großen, lieben Bruders: „Willst nicht zur Mama, die hat schon gefragt, wo du bist!" Ich öffne die Tür und klammere mich an den großen Bruder, aber der reicht mich sanft weiter an die Mutter. Endlich nimmt sie mich in die Arme und drückt mich kurz an sich, endlich kann ich sie riechen und fühlen.

In der folgenden Zeit drängt es mich ständig zur Mutter hin. Ich hänge nur so an ihr und bin ihr deswegen eine ziemliche Last neben ihrer Hausarbeit. Unaufhörlich bitte ich sie, auf ihren Schoß zu dürfen, um dort rittlings zu sitzen. Ich will dann mit dem Kopf unter ihre Arme und am liebsten in sie hineinkriechen. „Du bist doch kein Baby mehr! Du bist schon viel zu alt zum Schmusen", sagt sie dann und schiebt meine suchenden und greifenden Arme mit spürbarem Druck zur Seite.

*Liebe Mama, liebe Kinder!*
*Papa hat Sehnsucht nach euch! Aber lange dauert es ja nicht mehr, bis ich wieder zu euch kommen darf. Was meint ihr wohl, was ich mir hier zugelegt habe? Einen schicken, wilden Araberhengst! Den lahmen Dicken bin ich noch für gutes Geld losgeworden. Der Neue heißt Emir. Das Zureiten von dem Burschen war ein ziemlicher Kraftakt. Der hat Stunden gebraucht, bis er klein beigegeben hat. Hab ihn soweit gebracht, dass er mir unterm Arsch zusammengebrochen ist! Der hat fürs erste Mal gelernt, wer hier der Boss ist.*
        *Euer Papa*

Ich kann es kaum fassen, Dicker weg! Ich muss mir für meine Träumereien ein anderes Objekt suchen. Zum Glück schickt unser Vater im nächsten Brief ein Foto von seinem Emir.

Er schreibt auch, dass er ein Problem mit dem Personal

gehabt hätte. Ein Steward habe ihm Geld aus der Haushaltskasse gestohlen, worauf mein Vater sich genötigt sah, ihn hart zu bestrafen. Der Dieb habe sich leider von den Prügeln nicht so schnell erholt, sodass er sich einen neuen Boy suchen musste, was sich als äußerst schwierig erwies. Die anderen Schwarzen seien rebellisch geworden und hätten die Arbeit verweigert.
„Ein unehrliches und undankbares Pack, diese Neger!"
Sie seien erst wieder gefügig geworden, nachdem er ihnen mehr Lohn versprochen habe. Er freue sich jetzt auf das Wochenende in Deutschland.

Von „Freude" ist da keine Spur. Wir können nur das Gegenteil in seinen Gesichtszügen lesen. Er wirkt launisch und gereizt. Die Mutter unterlässt es, sich über uns Kinder zu beklagen und serviert ihm seinen Tee.
Keiner sagt ein Wort. Die Anspannung und Angst, der Vater könne jeden Augenblick aus irgendeinem Grunde explodieren, ist kaum auszuhalten. Da bricht der zweitälteste Bruder das Schweigen und zeigt dem mit der Brille grinsend seinen wackeligen Backenzahn. Das hätte er nicht tun dürfen. Unser Vater reißt seine Augen auf und sagt: „Komm, komm, zeig mal her!" Der Bruder fasst sich vor Angst in den Schritt und stellt sich vor den Vater. „Der muss raus, den hole ich dir erst einmal raus!" Und drückt das Kind beiseite um aufstehen zu können. „Hat hier noch jemand wacklige Zähne? Der sage Bescheid!" Dann geht er in die Abstellkammer und kommt mit einer Kombizange zurück. „Alle mal aufstellen!

Zahnkontrolle!"
Ich habe einen Schneidezahn, der nicht mehr ganz fest ist und bekomme Angst.
Beim Zweitältesten beginnt er, platziert sein großes, graues Bundeswehrtaschentuch zwischen Zahn und Zange und dreht den lose verankerten Zahn, unter heftigstem Gestöhne seines Besitzers, heraus. Dabei stammelt der Vater beruhigende Worte über die Notwendigkeit seines Tuns. Dem Bruder laufen die Tränen über die Wangen, die sich mit dem frischen Blut vermischen, das ihm aus dem Mund fließt.
„Abtreten!"
Dann ist der mit der Brille dran. Der hat gleich zwei Zähne, die nicht ganz in Ordnung sind, die als behandlungswürdig eingestuft und auf gleiche Weise gezogen werden. Der Vater ist hochkonzentriert bei dieser Arbeit, ahmt während seines operativen Eingriffs die Mundbewegungen seines Opfers getreulich nach. Meine Schwester und der große Bruder haben das Glück, tadellose Zähne zu besitzen.
Dann ist die Reihe an mir, ich soll aufhören hier herumzuflennen und „schön weit aufmachen". Vor lauter Angst atme ich wie verrückt. Zuerst kribbelt es in meinen Wangen, dann in den Händen und tausende von Nadeln stechen in meine Arme, bis alles Blut in meinem Körper erstarrt und der sich, wie bei einem epileptischen Anfall, schüttelt.
Ich liege auf dem Boden. Mein Vater lässt mich in Ruhe.

Das Haar meiner älteren Brüder ist in Abwesenheit des Vaters

wieder an den aktuellen Modestand herangewachsen. Der Zweitälteste ist unentwegt damit beschäftigt, seine verwegen lange Haarsträhne aus dem Gesicht zu pusten, eine Angewohnheit, die den Vater schier wütend macht. „Äffisch" ist das. Damit soll sofort Schluss sein. Da der Vater am folgenden Tag, einem Montag, wieder nach Afrika abreisen muss, bestellt er, vom Telefon des Nachbarn gegenüber, den Regimentsfrisör auf den Fliegerhorst, damit der den Jungens den aus der Mode geratenen „Pott - Schnitt" wieder verpassen kann.
Mein lieber, großer Bruder weigert sich am nächsten Tag, in die Schule zu gehen, gerade hat er ein nettes Mädchen kennengelernt.

Um unsere Erinnerungen an den schwarzen Kontinent für alle Zeiten wachzuhalten, schickt der Vater Pakete, in denen ausgestopfte Baby-Krokodile, elfenbeinerne Köpfe von Kriegern und weiblichen Schönheiten, Elefanten aus Ebenholz, Schlangenhäute, bunte Gewänder und Kopfbedeckungen liegen, die wir erst anschauen dürfen, wenn er das nächste Mal kommt.

Ich gehe wieder zur Schule. Ein ganzes Jahr habe ich gefehlt. Meine Klassenkameraden, die ich nicht mehr kenne, gehen mittlerweile in die zweite Klasse, können bereits lesen und schreiben. Dass ich noch einmal von vorne anfange, die erste Klasse wiederhole, kommt für meine Eltern nicht infrage. Die Mutter achtet sehr darauf, dass ich meine Hausaufgaben in

„anständiger" Schönschrift und ordentlich verrichte. Manchmal muss ich die Aufgaben zwei oder dreimal wiederholen, weil sie nicht zufrieden ist. Sie büffelt so lange mit mir, bis die neue Lehrerin in mein Halbjahres- Zeugnis schreibt: „Das Mädchen hat gut aufgeholt." Danach hilft keiner mehr. Das ist schließlich Aufgabe der Lehrer.

Der Vater kommt früher als geplant nach Hause. Es geht ihm nicht gut. Angeblich ist er mit Malaria infiziert, leidet an hohem Fieber und fantasiert wirres Zeug, so schlimm, dass der Militärarzt öfter kommen muss. Die Messingklingel am Bett des unruhigen und unzufriedenen Patienten bimmelt unaufhörlich und alle müssen für ihn springen. Entweder wünscht er etwas anderes zu trinken oder fragt, ob wir dieses oder jenes auch schon erledigt haben. Eines von uns beiden Mädchen muss, wenn es irgendwie geht, immer bei ihm sein, ihm Rücken und Beine mit Franzbrandwein einreiben, oder sich die Daumennägel verbiegen lassen.

Nach seiner langen Krankheit bildet der Vater vorerst keine Rekruten mehr aus, braucht auch nicht mehr auf dem Kasernenhof herumbrüllen, sondern übernimmt die Leitung des Unteroffiziersheims, was einem Kneipenwirt gleichkommt. Er trinkt selbst auch viel und findet erst spät nach Hause. Tagsüber müssen wir Kinder Rücksicht auf ihn nehmen, uns leise verhalten, damit er schlafen kann. Wenn uns das nicht gelingt oder einer auch noch zusätzlich etwas „ausgefressen" hat, holt er uns mitten in der Nacht aus dem

Bett und brüllt: „Was war da wieder los? Was habt ihr wieder gemacht?" Er steigert sich während dieser Fragerei immer mehr in seine Wut, bis er schließlich die mit Leder umspannte Reitpeitsche vom Haken der Garderobe nimmt und auf einen von uns einprügelt, bis die Kräfte ihn verlassen und er sich völlig erschöpft mit einer Flasche Bier in die dunkle Küche setzt und vor sich hin jammert: „Ihr bringt mich noch alle ins Grab!" Wir können ihn dann noch lange bis in unsere Zimmer atmen hören. Die Mutter schläft ruhig im Ehebett.

Einmal, beim Abendbrot, erzählt unser Vater, die Schwarzen, die er in Nigeria ausgebildet hat, kämen bald für einige Zeit auf unseren Fliegerhorst, so eine Art freundschaftlicher Soldatenaustausch, damit sie das Leben der deutschen Soldaten kennenlernen können. Er sagt: „Das kann was geben!" Was er damit meint, wird uns erst klar, als die Sanitäter mit ihm vor der Gartenpforte parken. Zusammengeschlagen, mit losen Zähnen und verbundenen Fäusten liegt er da im hohen Wagen und wartet auf die Sachen, die unsere Mutter gerade für seinen Klinikaufenthalt drinnen im Haus zusammensucht. Wir Kinder, auch die von der Nachbarschaft, stehen neugierig drumherum. Ein Mann in Uniform hebt mich hoch. „Sag deinem Papa „Auf Wiedersehen!" Vorsichtig nähere ich mich meinem Vater, der mit blutverschmiertem und bis zur Unkenntlichkeit geschwollenem Gesicht auf einer Trage liegt. Er drückt mich fest an sich und wisperte mir ins Ohr: „Pass auf dich auf, mein Mädel!" Auch diesen Rat begreife ich erst am nächsten Tag, als wir Kinder nicht mehr allein in die Schule und überhaupt nicht mehr ohne Begleitung aus dem Haus dürfen. Die Nacht über patrouillieren mehrere Militärposten, schwer bewaffnet, um unser Haus. Morgens werden wir Kinder mit einem Jeep oder ähnlichem Militärfahrzeug abgeholt und in die Schule gebracht. Auch in den Pausen lässt man uns nicht aus den Augen. Die Afrikaner haben sich geschworen unsere Familie umzubringen, auszurotten, weil unser Vater sie so ungerecht und brutal behandelt hat. Unsere Mutter wird zum Einkaufen begleitet und wir Kinder müssen sagen, wo wir hinwollen, dann geht einer von denen mit. Anfangs finden wir das aufregend und toll, aber bald ist es selbst uns Kleinen peinlich. Nach drei Monaten werden die afrikanischen Soldaten zurück in ihre Heimat geflogen. So lange ist unser Vater vom Dienst befreit.


Irgendwann, als ich ungefähr acht bin, kommt das erste eigene Auto. Ein Opel Kadett. Die ganze Familie findet darin keinen Platz. Da dürfen die beiden großen Brüder schon mal zu Hause bleiben, wogegen sie absolut nichts einzuwenden haben, sie können dann mal „voll aufdrehen". Müssen alle mit, dann sitze entweder ich vorne bei der Mutter und die Schwester hinten beim großen Bruder auf dem Schoß, oder umgekehrt. Der mit der Brille ärgert dann gern auf engstem Raum und kneift eines von uns Mädchen in den Oberschenkel, sodass der Vater rechts heran fahren muss, um ihm eine gehörige Ohrfeige zu verpassen. Später haben wir ein größeres Auto, einen VW Kombi, dann sitzen wir Mädchen hinten im Gepäckraum auf blauen Luftmatratzen, mit Blick nach hinten durch das Heckfenster. Meine Schwester mit Kotztüte, weil ihr während der Fahrt immer schlecht wird.

Außer in den Ferien bei Oma auf dem Hof, sind wir Kinder noch nie in Urlaub gewesen. Nur einmal fährt die ganze Familie zusammen mit dem ersten, kleinen Auto, für einen Tag an die Nordsee. Die Tour dorthin ist wegen der Enge hinten und der Streitereien unter uns Kindern eine Marter. Der Vater muss öfter laut brüllend um Ruhe bitten und auch einige Male nach hinten langen. Wir kommen wie gerädert an unser Ziel. Mit total steifen Knochen krabbelt ein Kind nach dem anderen aus dem Wagen.

Es ist Flut und ein starker Wind wühlt das herannahende Meer gewaltig auf. Die Sonne hat sich hinter dicken grauen Wolken versteckt. Kein Wetter zum Baden. Weil wir nun schon mal da sind, sollen alle wenigstens ein Mal ins Wasser, es gilt den Tag irgendwie rumzukriegen. Wir beiden Mädchen tippeln ganz vorsichtig am Rande durch die schaumige Gischt und staunen, wie schnell die von anderen Strandgästen liebevoll gebauten Sandburgen dahinschmelzen. Unsere Mutter trägt ihre weiße Badekappe und ist deswegen leicht auszumachen. Sie hält sich an einem Wellenbrecher fest und badet ihre Füße, weil sie so gut wie nicht schwimmen kann. Das Wasser kommt immer näher und kurze Zeit später sehen wir nur noch einen kleinen weißen Punkt von ihr am Horizont auf und ab tanzen. Plötzlich hören wir sie schreien. Den Vater können wir nirgends sehen. Die Brüder hüpfen vergnügt weit hinten über die ankommenden Brecher und können die Mutter anscheinend nicht hören und auch nicht sehen. Meine Schwester und ich rennen über den Steg, der ins Meer führt, in die Nähe unserer Mutter. Sie sieht uns kommen und schreit: „Ich kann mich nicht mehr festhalten! Wo ist denn Papa?" Wir beiden Mädchen zittern vor lauter Angst am ganzen Körper und haben bereits blauschwarze Lippen von der Kälte. Es gibt nur eine Möglichkeit, die Mutter muss sich loslassen und mit drei, vier Schwimmzügen versuchen, zu uns herüberzuschwimmen. Was sie dann auch macht. Sobald sie in unserer Nähe ist, packen wir sie am Träger ihres Badeanzuges, greifen in ihre Badekappe und halten sie zuletzt an ihren Armen, woraufhin ich sie endlich an ihrer Hand zu packen bekomme. Meine Schwester klammert sich an mich fest, damit ich mehr Halt habe. So ziehen wir die völlig erschöpfte Mutter langsam auf dem Steg zurück ans trockene Ufer. Wir drei schmeißen uns in den Sand und wollen am liebsten liegenbleiben. Wir können unsere Decke nicht finden, so orientierungslos sind wir. Unser Vater kommt erst anspaziert, als wir wieder an unserem Platz sind, schon unsere nassen Badeanzüge ausgezogen, uns wieder beruhigt und die Tasche mit den Butterbroten ausgepackt haben. Wir sollen ihm, bitte, bitte, nichts davon erzählen.

Mit den beiden großen Brüdern geht der Vater an schönen Wochenenden paddeln. Er hat ein graues Faltboot gekauft und meinen Namen dick in schwarzen Lettern an die Seite geschrieben. Er erzählt allen Leuten, dass es mein Boot ist, obwohl ich nicht ein einziges Mal darin gesessen habe. Er will mir damit eine Freude machen, weil ich ja nicht mit in Afrika war. Ich genieße sowieso wegen des „nicht mit in Afrika gewesen zu sein" viele Vorteile, sodass es den Geschwistern oft ungerecht vorkommt, wenn der Vater wieder einmal sagt: „Die Kleine kommt mit, die war nicht mit in Afrika." Egal was ist, immer komme ich als erste an die Reihe, immer bekomme ich das zweitgrößte Stück Kuchen oder Fleisch; das größte bekommt natürlich mein Vater. „Sie war nicht mit in Afrika." Ich darf einfach alles. Das halten die anderen mir auch ständig vor. Der mit der Brille rächt sich, indem er mich auf empfindliche Körperteile boxt oder üble Nachrede betreibt, wann immer sich ihm eine Gelegenheit bietet.

In meines Vaters Seele wütet, nach dem Ereignis mit den Nigerianern, ein Verfolgungswahn. Eine der beiden Armbrüste steht immer schussbereit neben seinem Ehebett oder in der Stube. Bedingt durch die gewaltige Angst, es könne unverhofft einer kommen, trifft er noch eine weitere Vorsorge. Wir bekommen einen Hund. Keinen kleinen süßen,

mit dem Kopf wackelnden Dackel, wie manche Leute ihn auf den Ablagen ihrer Limousinen neben der Klopapierrolle stehen haben, so einen, wie ich ihn mir immer gewünscht habe. Nein, einen kräftigen, sehr bissigen, unberechenbaren Deutschen Schäferhund. Die Hündin ist bereits drei Jahre alt und charakterlich verdorben, als der Vater sie uns vorstellt.
Wenn ihr Herr Zeit hat kümmert er sich um sie, indem er draußen im Garten Kommandos brüllt. Auf diese Weise soll die Hündin gefügig gemacht, abgerichtet werden. In einem Notfall soll das Tier den Feind knurrend zwingen, sich auf den Boden zu werfen und die Arme, ein Zeichen der Ergebenheit, nach oben strecken.
Meine großen Brüder müssen sich für diese Übungen zur Verfügung stellen. Mit Beissarm und Stock versehen, soll jeweils einer von ihnen auf den Hund eindreschen, wobei der Vater auch noch den Jungen anbrüllt, damit dieser seinen Job auch richtig macht. Bis dann der völlig verwirrte Hund mit gefletschten Zähnen und gespreizten Beinen an der Kinderkehle hängt und auf ein Lob seines Herrn wartet.

Ansonsten liegt das Tier unten im Heizungskeller an der Kette. Meine Mutter ist die einzige außer mein Vater, die sich der Bestie nähern darf; sie füttert es schließlich. Ist der Hund ausnahmsweise einmal mit im Haus und meine Mutter hält just ihren täglichen Mittagsschlaf ab, liegt er, sie treu beschützend, vor ihrem Sofa und lässt keinen in die Nähe, noch nicht einmal an die Tür des Zimmers.
Oft gehe ich in den Kohlenkeller, setze mich auf die mittlere

Stufe und beobachte das Tier aus dieser sicheren Entfernung. Einmal sieht es irgendwie ganz krank aus, schaut mich mit tränenden, ungewöhnlich bettelnden Augen an und wimmert leise. Es hebt immer wieder seine Pfote zum Maul, als wolle es mir etwas zeigen. Beim genauen Hinsehen erkenne ich, dass es ganz hinten im Hals etwas stecken hat, etwas, was ihm anscheinend Schmerzen bereitet. Es ist von den Essenresten eine Kaninchenrippe, die da festsitzt. Keiner von meiner Familie ist zu Hause, also muss ich dem Tier helfen. Ich nähere mich ihm ganz vorsichtig, es knurrt nicht. Ich streichle seinen Kopf und taste mich ganz vorsichtig mit meiner kleinen Hand in sein Maul, so tief, bis ich den langen spitzen Knochen mit meinen Fingern fühle. Die Hündin hält still, macht ihr Maul freiwillig noch weiter auf, bis ich die Rippe greifen und herausziehen kann. Nach vollbrachter Tat leckt sie mir dankbar die Hände und versucht, noch näher an mich heranzukommen. Ich kraule ihr den Hals, löse die Kette vom Wasserrohr und gehe mit ihr ängstlich, aber auch stolz, nach oben in den Garten. Seitdem liebt das Tier mich abgöttisch und ich es auch. Ich habe einen Beschützer. Von da an darf ich mich um den Hund kümmern und bekomme endlich eine Aufgabe, die mir Freude bereitet und die mich auch von anderen leidlichen Hausarbeiten befreit.

Die Eltern erfüllen sich endlich ihren großen Traum. Das eigene Haus. Der Bauplatz, wo die neue Siedlung entstehen soll, befindet sich weit weg von unserem Soldatenghetto, in

der anderen Ortshälfte. Noch steht dort ein märchenhaft schöner Fichtenwald, allerdings mit einigen schlummernden, wilden, unansehnlichen Müllkippen darin, weshalb die Grundstücke auch nicht so teuer sind.
Der Bauplan ist so gut wie fertig, nur noch kleine Veränderungen müssen vorgenommen werden. Mein Vater nimmt mich an einem Abend mit zum Architekten. „Das soll dir eine Ehre sein, beim zukünftigen Heim mitzuwirken!" Mit hinein ins Büro darf ich dann doch nicht, muss alleine im dunklen, kalten Auto an der Straße warten. Stundenlang.

Unsere Mutter verspricht uns Mädchen: „Ihr braucht nie wieder abwaschen, überhaupt, die Küche nie wieder saubermachen! Wenn wir erst einmal im neuen Haus wohnen, wird alles besser!"

Die Großeltern aus der Ostzone haben mittlerweile das Rentenalter erreicht und dürfen uns im Westen besuchen kommen. Meiner Oma geht es nach der langen Zugreise und von der kurzen Autofahrt vom Bahnhof bis zu unserem Haus so schlecht, dass sie noch eine ganze Woche käseweiß herumläuft. Trotzdem reißt sie sich zusammen, um ihren Mann, unseren Großvater, zu waschen, ihm in die Kleider zu helfen und bei Tisch sein Essen kleinzuschneiden. Er lässt sich von der gebrechlichen Frau von vorne bis hinten bedienen und macht sich auch noch lustig über ihr devotes Verhalten. Nachts braucht die gute Frau kaum Schlaf, angeblich schläft sie so gut wie überhaupt nicht. Nachdem ihr

Wunsch nach dünnem Baumwollgarn erfüllt ist - unser Vater fährt mit unserer Mutter deswegen extra bis in die nächste Stadt - fertigt sie Ausgehgarnituren für unsere Puppen Karin, Jürgen und Hula an. Die letztere gehört Guy und stammt aus Afrika. Sie ist schwarz und hat ein Loch in der Wange, das von unserer umgefallenen, glühend heißen Nachtischlampe herrührt. Wir nennen es Lepra.

Die Oma setzt sich in den frühen Morgenstunden ans Fenster, stellt ihre kurzen Beine auf die kleine Fußbank und wickelt, bevor sie ohne Pause loslegt, das ganze Knäuel Wolle ab. So geht die Arbeit sauberer und noch schneller von der Hand. Häkeln macht sie unsagbar glücklich. In der DDR hat sie dieses Glück zu ihrem Beruf gemacht, häkelt für den Arbeiter- und Bauernstaat Baby-Ausgehgarnituren.

Sie ist ein sehr schüchterner, stiller Mensch und schaut immer traurig zu Boden. Selten lacht sie einmal mit ihrem zahnlosen Mund und schon gar nicht über die schmutzigen Witze und Gesten, die ihr Gatte und ihr Sohn am Essentisch machen. Ihre DDR-Zähne sitzen nicht gut, deswegen trägt sie sie nur zu besonderen Anlässen, nimmt sie so schnell wie möglich wieder heraus und steckt sie in ihre Schürzentasche.

Mein Opa dagegen ist, wie mein Vater, ein herrischer und sehr lauter Typ. Beiden ist es einfach nicht möglich, in Zimmerlautstärke zu sprechen. Nur, dass der Ältere herzlich und lustig ist. Wir Kinder haben keine Angst vor ihm. Das Prügeln hat er ja schon lange aufgegeben. Wenn er lauthals lacht und dabei seinen einsamen gelben Eckzahn zeigt, müssen wir sofort mitlachen, weil das zu komisch aussieht.

Wir Kinder mögen ihn.

Auch auf dem Baugrundstück, beim Bäumefällen, hilft der Opa mit. Als der alte Mann in einer Pause neben mir auf einem Baumstamm sitzt, sich den Schweiß mit seinem riesigen Taschentuch von der Stirn wischt und Thüringer Mettwurst-Stullen isst, sagt er in seinem ausgeprägten thüringischem Dialekt, den ich kaum verstehen kann: „Mädel, haste Haschisch in der Dasche, haste immer was zu nasche." Woraufhin ich ihn frage: „Was ist denn das?" Und er dann meint: „Das is wie Honisch, riescht wie Honisch und macht sieße Träume." Ich verstehe nicht richtig, wovon er da spricht und muss darüber auch nicht lachen, denke eher an eine besondere Marmeladensorte.


Während meine drei Brüder nach der Schule den riesigen Keller für das neue Haus mit bloßen Händen ausschaufeln, leistet der Vater seinen Dienst am Vaterland wieder auf dem Kasernenhof ab. Er erscheint erst am frühen Abend nach seinem Tee, und inspiziert, in Begleitung unseres Schäferhundes, die geleistete Arbeit auf der Baustelle. Wehe, es beklagt sich einer der Jungs über die Faulheit des anderen. Das kann der Bauherr nicht leiden. Überhaupt liegen seine Nerven wegen der Hausbauerei schon blank, was zur Folge hat, dass wir ihn auch ohne schwerwiegende Delikte „ins Grab" bringen können.
Meine Schwester hilft Mutter nach der Schule

Stullenschmieren, für die fleißigen Handwerker, die sie dann später mit Mutters Fahrrad bei den Jungs abliefert. Meine Schulaufgaben, das Schuheputzen und Reinigen des Hundekellers von Kot- und Knochenresten erledige ich schnell und darf anschließend mit den Brüdern auf die Baustelle, damit im Haus „Ruhe" herrscht und unsere Mutter ihre eigene Arbeiten erledigen kann, wie Pullover stricken oder mit der Nähmaschine Knabenhemden zu Mädchenblusen umändern, die wir Schwestern zu tragen hassen.

In dieser aufsichtslosen Zeit freunde ich mich mit einem Jungen aus der Pfalz an, dessen Eltern ebenfalls, gleich in der Nähe, ein Haus bauen. Er ist, wie ich, fast neun und tut, oder ist es auch, wesentlich gebildeter als meine älteren Brüder. Er trägt nicht wie wir abgetragene Klamotten, die für die Baustelle noch allemal gut genug sind, sondern, ob alltags oder sonntags, immer einen dunkelblauen Anzug, samt weißem Hemd und Fliege. Trotz seines arroganten Getues wird er schon bald mein erster und bester Freund in dieser neuen Gegend und auch der erste Junge, dem ich auf zusammengekniffene Lippen küsse.
Stundenlang streifen wir durch unbekannte Gegenden; verirren uns in riesigen Birken- und Fichtenwäldern, durchstöbern wilde Müllhalden nach Brauchbarem und entdecken zwischen all dem Unrat zwei kleine Feldmäuschen, die in braune Medikamentenfläschchen gekrabbelt sind und nicht mehr rauskönnen. Wir verzweifeln

schier an unserer Hilflosigkeit, den armen Geschöpfen nicht helfen zu können. Ein Zerschmettern der Flaschen würde zweifellos auch deren Tod bedeuten, also lassen wir sie einfach da, wo sie sind.

Uns werden die Stunden auf den Bauplätzen unserer Eltern wieder einmal zu lang. Da vertreiben wir die Langeweile damit, ganz unauffällig auf einer Nachbarbaustelle herumzuschnüffeln. Nach Entdecken verschiedener Ölfarbbehälter kommt uns die Idee, die Inhalte zu mischen und diese Mixtur zu einem anderen, weiter entfernten, sehr peniblen und ordentlichen Neubau zu tragen, um damit die dort so schön eingebaute Badewanne, das Waschbecken und Klo zu bepinseln. Den Rest des undefinierbaren Farbtons nehmen wir mit in den Keller meines Freundes. Um ihn zu vernichten, gießen wir die Flüssigkeit auf einen Metalldeckel und zünden sie an. Wir erhoffen uns eigentlich ein kleines, überschaubares Feuer, doch zu unserem Entsetzen bleibt es nicht klein, sondern entwickelt sich in kürzester Zeit zu einem wüst qualmenden und stinkenden Brand, der auch noch droht, außer Kontrolle zu geraten. Vor lauter Panik schleudert mein Freund das flüssige Feuer aus dem Kellerfenster. Wir rennen davon, zu „unserem Baum", eine verschont gebliebenen Fichte, und klettern bis nach hoch oben in die Krone, um das Schauspiel zu beobachten. Mein Freund kichert aus Angst und Schadenfreude nervös in sich hinein. Mir ist mulmig in der Magengegend, von der schwankenden Höhe und vom Brüllen der Männer unten. Die kommen aus allen

Himmelsrichtungen angestürmt, um das sich rasch ausbreitende Geloder in den Griff zu kriegen. Sie versuchen den Brand mit Wasser zu löschen, was nicht gelingt. Erst durch eine schlaue Eingebung eines Nachbarn, es mit Sand zu versuchen, werden die Flammen abgetötet.
Später verlassen wir beiden Freunde die Krone und schlendern davon, als ob nichts gewesen wäre.

Der Vater meines Freundes ist ein gut aussehender Pfeifenraucher. Hat bereits ergrautes Haar und ist von Beruf Architekt. Ich finde ihn sehr sympathisch und nett, weil er mit mir spricht. „Na, wie geht es denn unserer kleinen Nachbarin?" Da werde ich rot und gebe keine Antwort. Er ist zwar selten zu Hause, und wenn, schimpft er nie mit seinen Söhnen, kümmert sich eigentlich überhaupt nicht um sie. Aufsehen erregt auch sein schönes, großes Auto, um das meine Brüder und auch andere Interessierte herumstehen und es bewundern, wenn es mal dasteht. Unser Vater sagt: „Die haben´s ja."
Der ältere Bruder meines Spielkameraden, ein hohlwangiger, mit Pickeln übersäter Teenager, der anscheinend mit seiner Pubertät so gar nicht klarkommt, läuft eine zeitlang mit nur einem Bettlaken bekleidet und barfuss durch unser Dorf. Nach Befragen des jüngeren Bruders erzählt dieser, der Große fühle sich als die Reinkarnation Indira Gandhis. Ich weiß nicht, wer das ist.

Die feuerrothaarige Mutter der beiden sehr gebildeten

Knaben benimmt sich meiner Meinung nach noch auffälliger, zumindest außergewöhnlicher als ihre beiden Kinder. Täglich fährt sie, ziemlich provokativ winkend und laut grüßend, mit ihrem offenen Sportwagen an den schwitzenden Bauarbeitern und Bauherren vorbei und verdreht, laut unserer Mutter, den letzteren gehörig den Kopf. Diese vom Reinlichkeitswahn besessene Frau badet den süßen Familienhund täglich in einer schäumenden Waschpulverlauge, wovon das arme Tier schon so gut wie blind ist.

Sie schrubbt das nagelneue Haus genau so akribisch wie den Hund und das immer so gut wie nackt. Sie trägt über Büstenhalter und Schlüpfer nur ein kleines, schneeweiß gestärktes Servierschürzchen bei der Arbeit. In diesem Outfit bringt sie auch, ohne Hemmungen oder rot zu werden, zwischendurch ihren beiden Söhnen leckere Wurstbrötchen nach draußen, die diese dann vor meinen Augen genüsslich verschlingen, ohne auf den Gedanken zu kommen, dass ich vielleicht auch Hunger haben könnte.

An Wochenenden verkneife ich mir lieber das Hungergefühl, anstatt zurück auf unsere Baustelle zu gehen, weil dort garantiert der Vater mit irgendeiner doofen Arbeit auf mich wartet.

Meistens ist es schon sehr, sehr spät und bereits stockfinster, wenn der grelle Pfiff meines Vaters ertönt. Dann ist es allerdings höchste Zeit und ich muss mich sputen. Nicht nur, weil ich bei nicht sofortigem Erscheinen Ärger bekomme, sonder auch, weil selbst mir, einer Neunjährigen, es ungemein peinlich ist, wie mein alter Herr die Rothaarige im

Beisein aller anbaggert, wenn er mich holen kommt. Mein Vater himmelt diese Frau förmlich an. Wenn sie, was sie gern macht, mit ihm auf der Straße ein paar Takte spricht, schielen seine Augen unentwegt in ihren tiefen Ausschnitt und er findet kaum Worte für eine Unterhaltung. Beim Abendbrot sagt er dann: „Die würde ich nicht von der Bettkante stoßen."

Unser Haus wird zeitgleich mit der Hauptschule fertig. Die modernen, zweistöckigen Flachdach-Gebäude, in denen es, wie es sich herausstellt, ständig hineinregnet, stehen direkt hinter unserem Grundstück. Der Vater fertigt ein kleines Pförtchen im Zaun an, sodass wir in Zukunft auf direktestem Wege zum Unterricht hin- und wieder zurückgelangen können, ohne die Zeit mit anderen Kindern auf der Straße zu „verplempern".

Es ist soweit. Unser Neubau ist fertiggestellt und muss bezogen werden. Obwohl alle Räume noch nach frischer Farbe riechen und der Garten einem wilden Acker gleicht, halten meine Eltern es anscheinend in der alten Wohnung nicht mehr aus. Für den Umzug leiht der Vater sich einen VW-Bus und schafft mit Hilfe meiner großen Brüder die Möbel in mehreren Etappen ins neue Heim.
Im alten Haus, unten im Kohlenkeller, da liegen noch einige Kleidersäcke, die mit Strampelhosen und kleinen Hemdchen vollgestopft sind, noch aus meiner und meiner Schwester Säuglingszeit. Ich wühle darin herum, um vielleicht das eine oder andere für unsere Puppen zu finden. Das sieht meine

Mutter gar nicht gern und kommt daraufhin sofort an. Sie nimmt mir die niedlichen Babysachen aus der Hand: „Was willst du mit dem Plunder? Es kommen nur die schönen Dinge mit ins neue Haus! So einen Müll will ich da nicht haben! Das wird alles weggeschmissen! Da sorge ich schon für!" Mir ist´s, als werfe sie ein Stück von mir weg und ich heule, was nichts hilft.

Spät am Abend, auf der letzten Tour, sitze ich vorn im Bus. Neben mir der große liebe Bruder. Hinten im Laderaum liegen auseinandergeschraubt das Etagenbett, der Kleiderschrank und andere Gegenstände aus unserem Mädchenzimmer. Dazwischen eine Kiste mit den Puppen, auch Max dabei, nur die Bettchen aus Apfelsinenkisten sehe ich nicht; die zählen auch zum überflüssigen Plunder. Wir beiden Geschwister fassen einander an die Hände, während wir wehmütig auf unser schönes, altes Haus in der Bundeswehrsiedlung blicken.


Der Bruder mit der Brille hat mich natürlich gleich an die Mutter verpfiffen und die mich später an den Vater. Und nur, weil ich meine alten Freunde noch einmal sehen wollte und mit dem Fahrrad die Bundesstraße überquert habe, was mir strengstens untersagt ist. Dabei habe ich noch nicht einmal einen von meinen alten Freunden angetroffen. Meine Mutter sagt nur: „Warte bis Vaddern - wie sie ihn immer öfter nennt - von der Arbeit kommt!" Doch bis zum Dienstschluss dauert es noch lange und, um die Strafe schon einmal vorweg zu mildern, trägt sie mir auf, den Sandstreifen unten an der Straße zu harken. Körperliche Arbeit erweist sich als zuverlässiges Mittel gegen Angst. Mit den Händen reiben, mich so aus der Welt stehlen, geht wegen der Harkerei nicht. Der Bruder mit der Brille steht daneben und erinnert mich bei jeder Bahn an die bevorstehende Tracht Prügel, die, seit dem Einzug ins neue Haus, im Keller stattfindet. Doch der Vater kommt nicht pünktlich. Meine Angst steigert sich dermaßen, dass ich mir den Vater förmlich herbeisehne. Als er abends endlich da ist, brüllte er nur: „Wenn ich das noch einmal höre, schlage ich dich windelweich!" Die Brillenschlange zieht enttäuscht ab. Ich bin ja Papas Liebling.

In die schönen Wände des neuen Hauses dürfen keine Nägel geschlagen werden. Deswegen haben wir kaum Bilder oder dergleichen Wandschmuck. Nur im Wohnzimmer, da hängt über dem Sofa, ganz hoch, fast unter der Zimmerdecke, ein alter Druck mit der Stadtmauer und dem Kirchturm der Heimatstadt meines Vaters. Mit Stecknadeln befestigte Poster, zum Beispiel aus der Zeitschrift „Bravo", mit irgendwelchen Sängern drauf, wie andere Kinder sie in unserem Alter an ihren vier Wänden haben, erlauben unsere Eltern nicht. Zum einen, weil wir die Bravo nicht kaufen und erst recht nicht lesen dürfen und zum anderen, weil die kostbare Raufasertapete davon kaputt geht.

Jeden Sonntag, in aller Herrgottsfrühe, bohnert der Vater mit viel Lust und Ausdauer den Linoleum-Belag in Flur und Küche. Die neue elektrische Bohnermaschine macht einen Heidenlärm, besonders wenn ihre Schwingscheiben direkt unsere Schlafzimmertür berühren. Ausschlafen ist deshalb nicht möglich. Später, als wir Mädchen am Samstagabend ausgehen dürfen, bohnert der Vater uns extra früh aus den Betten. Es heißt: „Wer feiern kann, der kann auch früh aufstehen", oder „nur faule Säcke liegen morgens noch im Bett!" Lässt sich ein Kind blicken, sei es vom Bohnerkrach geweckt oder wegen einer vollen Blase, bekommt es garantiert, und das augenblicklich, eine sonntägliche Arbeit aufgebrummt, die es ohne zu murren ausführt, damit der Tag friedlich beginnt. Ich bürste lieber die Teppichfransen mit einer extra dafür vorgesehenen ausrangierten Haarbürste meiner Mutter, anstatt in den Regalen unsichtbaren Staub zu wischen. Der eigentliche Sonntag beginnt für unseren Vater erst nach dem Mittagessen, wenn es ihm geschmeckt hat, im ersten Programm die „Egerländer Blasmusikanten" ertönen und wir Mädchen endlich die Küchentür hinter uns schließen und ohne Radau abwaschen.


Seitdem das neue Haus existiert, ist das Geld knapp in der Familie und die Stimmung des Vaters dementsprechend schlecht. Jede Mark muss drei Mal umgedreht werden und ist sie einmal ausgegeben, wird dies in einem Heftchen notiert und am Monatsende rekonstruiert, wo sie tatsächlich

geblieben ist.
Die zu klein gewordenen Pullover der älteren Brüder werden aufgerippelt und aus der Wolle, plus einem andersfarbigen Streifen auf der Brust, zwei neue für uns Mädchen gestrickt. Damit die Mutter die alte Wolle auch auf ihrer neuen Strickmaschine verarbeiten kann, muss diese geglättet werden, dafür auf hölzerne Servier-Tabletts gewickelt, in der Badewanne angefeuchtet und getrocknet werden. Danach dürfen wir Mädchen sie auf Knäule wickeln, bis uns die Arme nicht mehr gehorchen. Eine neu zugezogene Nachbarin besitzt ein Wollaufwickelgerät. „Für so einen überflüssigen Kram haben wir kein Geld. Kommt Mädchen, noch jeder ein Brett, dann habt ihr es geschafft!"
Auch die Anzugshosen der hinausgewachsenen Brüder werden umgeändert, sodass wir Mädchen sie noch auftragen können. Bis auf Schuhe, Socken und Unterwäsche gibt es jahrelang kein gekauftes Kleidungsstück. Der große Bruder hat fast das alleinige Glück, neu eingekleidet zu werden. Einer muss ja schließlich den Anfang machen.


Unsere Mutter geht gern und oft allein oder mit uns Kindern über den Friedhof. Wegen der „einmaligen Atmosphäre", wie sie sagt. Und wegen der vielen schönen Vornamen und der unzähligen unterschiedlichen Geburts- und Todesdaten auf den Grabsteinen, anhand derer wir das Lebensalter der Verstorbenen ausrechnen müssen. Die Kirche besuchen wir nur ein Mal im Jahr und das am Heiligen Abend. Da nimmt meist der Vater uns jüngere Kinder mit, indes die großen Brüder in ihren Zimmern hocken und die Mutter die Bescherung vorbereitet.

Der Vater glaubt überhaupt nicht an Gott. „Ich glaube nur das, was ich mit eigenen Augen sehen kann", sagt er. Das soll sich irgendwann schon ändern, aber noch ist für ihn alles reiner Humbug. Er schimpft auf die „elenden Pfaffen", die mit ihrem Geschwätz von der Kanzel auch noch Geld verdienen.

Die Mutter hat für den lieben Gott auch nur wenig übrig. Sie wurde streng christlich erzogen, von einem Vater, der neben Landwirt und Kassenwart auch noch Methodisten-Prediger war. Vielleicht müssen wir Mädchen deswegen jeden Abend vor dem Einschlafen „Ich bin klein, mein Herz ist rein", oder „Herr auf meinen Wegen, hab ich Deinen Segen überall verspürt ..." beten, während sie im Türrahmen steht und darauf wartet, endlich das Licht ausmachen zu können. Dieses Bet-Ritual prägt sich bei uns Mädchen so stark ein, dass wir beim Vergessen ein schlechtes Gewissen bekommen und es, welche Urzeit auch immer, schnell nachholen, um uns trotzdem wie Sünderinnen zu fühlen.


Es ist Karneval. Nach der vierten Unterrichtsstunde dürfen wir Kinder aus der sechsten Klasse endlich unseren Klassenraum für die Faschingsfeier schmücken. Einige meiner Freunde und ich albern herum und sind glücklich, weil wir uns so auf das Fest freuen. Es fehlen noch ein paar Wolldecken für das Lehrerpult, worauf der Plattenspieler stehen soll. Da ich ja gleich hinter der Schule wohne, fragen mich meine Klassenkameraden: „Kannst du nicht schnell welche holen?"

Ich gehe über den Schulhof und durch das Pförtchen mit einem Gefühl, dass ich die Decken bestimmt nicht bekomme, wenn der Vater schon vom Dienst da ist. Das mag ich meinen Leuten in der Schule natürlich nicht sagen. Die machen eh schon so ihre Bemerkungen über mein strenges Elternhaus. Ich denke mir, vielleicht hat der Vater ausnahmsweise ja mal gute Laune und gibt mir die Decken auch ohne Kommentar.

Eigentlich müsste meine Mutter in der Küche stehen, aber komischerweise sind beide Eingangstüren verschlossen. Ich gehe zurück in die Schule und lache weiter mit den Klassenkameraden. Zur Essenszeit versuche ich es noch einmal. Da ist die hintere Tür unseres Hauses offen und unser Vater sitzt, leider schlecht gelaunt, in seinem Schaukelstuhl und starrt stumpf vor sich hin. Ich frage ihn vorsichtig, wo denn die Mama ist und, ob ich für die Feier zwei Wolldecken haben darf. Da sagt er, dass er nicht weiß, wo die Mutter steckt und ich gefälligst warten soll, denn sie hat das zu bestimmen. Ich hole die Decken aus dem Wandschrank. Im selben Moment ertönt die Türklingel. Ich soll hingehen und schauen, welcher „Idiot" da zur Mittagszeit die Ruhe stört. Es ist unser Dorfpolizist, er will den Vater sprechen. Von der Küche aus kann ich hören, was gesprochen wird. Unsere Mutter hat mit ihrem Fahrrad einen Unfall gehabt, ist von

einem Auto angefahren und in die nächste Stadt ins Krankenhaus gebracht worden. Was genau passiert ist, kann der Polizist leider nicht sagen. Mein Vater läuft sofort zum Auto, schreit aber noch laut und deutlich über den Hof: „Die Wolldecken bleiben hier!" Dann fährt er los zur Klinik.
Wieder zurück in der Schule bin ich einerseits froh, dass ich jetzt einen guten Grund habe, die Decken nicht dabeizuhaben. Andererseits mache ich mir große Sorgen, was wohl mit unserer Mutter ist. Nach und nach trudeln die Kinder ein, die nach dem Unterricht nicht mit dekoriert haben. Eine Klassenkameradin, deren Vater bei den Johannitern arbeitet, erzählt, ihr Vater hätte mittags noch einen schrecklichen Einsatz gehabt. Während sie das sagt, schaut sie nur mich an. Mit einem komisch mulmigen Gefühl im Bauch und von bösen Vorahnungen geplagt, gehe ich vorsichtshalber wieder nach Hause. Das Haus ist still und leer. Der Hund jault in seinem Zwinger, ich lasse ihn kurz laufen und gehe dann noch einmal zurück in die Schule. Dort hallt aus sämtlichen Klassenzimmern die Discomusik und es herrscht eine ausgelassene Stimmung. Irgendwie kann ich nicht mehr lustig sein, mir wird übel von all den bösen Gedanken, die ich mir mache. Meine Schwester, ein Jahrgang über mir, feiert auch Fasching. Ich gehe zu ihr und erzähle, was ich gehört habe. „Es wird schon nicht so schlimm sein", sagt sie. „Komm, lass uns noch einmal zusammen nachsehen, ich habe einen Schlüssel." Es ist immer noch keiner von den Eltern da. Jetzt kommt es meiner Schwester auch seltsam vor und wir beschließen, nicht zurück zur Schule zu gehen, sondern

gemeinsam zu warten.

Der Nachmittag verstreicht, der Abend kommt und mit ihm unser Bruder mit der Brille, der seit kurzem in die Lehre geht. Durch völlig verstaubte Augengläser blickt er in Richtung Esstisch. „Warum gibt es kein Abendbrot? Wo ist Mama?" Im selben Moment will er den Fernseher einschalten, doch der rote Fernsehschlüssel steckt nicht, den hat der Vater in der Tasche oder irgendwo versteckt. Nur wir Drei wohnen noch zu Hause. Der zweitälteste Bruder fährt zur See und der große macht eine Ausbildung bei der Polizei.

Wir sitzen in der dunklen Stube und wagen nicht, ich weiß nicht warum, Licht zu machen. Nichts passiert, keiner spricht ein Wort. Selbst der mit der Brille hat keine Lust, uns zu ärgern. Eigentlich ist es längst Zeit, zu Bett zu gehen; auch das trauen wir uns nicht. Wir Mädchen schlafen im Sessel ein und der Bruder wartet, kerzengerade sitzend, im Sessel vor dem toten Fernseher. Um Mitternacht kommt dann der große Bruder. Er sieht blass und mitgenommen aus. Tränen laufen ihm durch seinen weichen Bart. Er erzählt, der Vater habe ihn vom Krankenhaus aus angerufen und gesagt, dass es unserer Mutter nicht gut gehe. Sie läge im Koma und hätte einen dreifachen Schädelbasisbruch. Mehr weiß er auch nicht über ihren Zustand. Der Vater hätte den ganzen Nachmittag und Abend an ihrem Bett gesessen und gewacht, in der Hoffnung, sie würde bald aufwachen. Nun sei er müde und wolle von seinem großen Sohn abgelöst werden.

„Geht doch ins Bett!" Dann fährt er mit seinem VW- Käfer weg. Der Bruder mit der Brille will nicht ins Bett gehen, sondern auf den Vater warten. Wir Mädchen sind auch nicht mehr müde. Weil keiner von uns dreien weiß, was ein Schädelbasisbruch ist, suchen wir im Gesundheitslexikon aus dem Regal danach, können und wollen aber nicht verstehen was da steht. Irgendwann schlafen wir auf den Sesseln wieder ein.

Früh morgens nach dem Erwachen schmerzen mir alle Glieder und als erstes denke ich: „Das ist doch nur ein böser Traum!" Der Bruder mit der Brille gähnt neben mir auf dem Sofa; immer noch in Arbeitsklamotten. Meine Schwester werkelt in der Küche herum; macht uns Frühstück. Wir fragen uns, ob wir das Haus wohl verlassen dürfen, ob der Bruder zur Arbeit und wir zur Schule gehen sollen. Der Vater ist immer noch nicht wieder da. Ein Telefon besitzen wir noch nicht und der mit der Brille hat Bedenken, einfach so von der Arbeit wegzubleiben. Er fährt dann.

Meine Schwester und ich gehen nicht in die Schule. Stattdessen hole ich den Hund raus und laufe ein Stück mit ihm. Da sehe ich unseren Vater langsam mit dem Auto heranfahren. Er steigt aus und geht, ohne ein Wort zu sagen, ins Haus. Ich bringe den Hund sofort zurück in den Zwinger. Als unser Vater sich im Schaukelstuhl erschöpft niederlässt, fängt er ganz laut an zu heulen. Wir beiden Mädchen trauen uns nicht in seine Nähe, aus Furcht, er könne sich an uns ausweinen. Dann sprudelt es aus ihm heraus: „Eurer Mama geht es sehr, sehr schlecht. Das Schwein hat sie voll erwischt. Sie hat einen Schädeltrümmerbruch mit Hirnquetschungen und liegt immer noch im Koma. Das Arschloch war besoffen, am helllichten Tag! Die Ärzte und Schwestern haben kaum Hoffnung. Falls sie es doch schafft, kommt sie mit Sicherheit in eine Irrenanstalt, wegen der schlimmen Hirnschäden." Wir Mädchen stellen keine Fragen, sitzen mit weitem Abstand zum Vater da, starr, wie gelähmt und hören seinem Gejammer zu, als ob es uns nichts anginge.

Irgendwann haben wir Hunger. Unser Vater weiß vom Essen-Kochen nichts, geschweige denn, wo was steht an Geschirr. Das brauchte er bis dato auch nicht wissen. Mit Hilfe meiner Schwester bereitet er Spiegeleier auf Brot. Nach dem Essen zieht er seinen Flanell-Schlafanzug mit den Teddybären drauf an und knöpft seine Bettsocken an die Hosensäume. Dann legt er sich schlafen.

Tag für Tag wechseln sich Vater und Sohn ab, wachen am Bett der Mutter. Nach ein paar Tagen erwacht sie aus dem Koma und singt laut: „Er steht im Tor, im Tor, im Tor und ich dahinter, ob es regnet oder schneit, er steht nie im Tor allein." Dann fällt sie wieder zurück ins Koma.

Der Vater bringt eine Plastiktüte mit den Sachen der Mutter, die man ihr nach dem Unfall ausgezogen hat, mit nach Haus. Das rote Kopftuch mit den kleinen Blümchen darauf, was sie immer getragen hat, ist voll von verkrustetem Blut und ihr stahlblauer Regenmantel an Kragen und Schulter ebenfalls. Meine Schwester soll den Mantel in die Reinigung bringen und das Kopftuch selber waschen. So will es der Vater. Meine Schwester spricht den ganzen Tag kein Wort mehr. Abends schlüpfe ich zu ihr ins Bett.

Es spricht sich in unserem Dorf schnell herum, was passiert ist. Die Leute gucken uns richtig mitleidsvoll an.
Einmal, als ich ausnahmsweise und unerlaubt die Straße entlang zur Schule laufe, ruft eine fremde Frau von ihrer Haustür aus: „Stimmt es, dass eure Mutter tot ist?" Ein Mädchen, das neu in meiner Klasse ist und neben mir läuft, schreit zurück: „Schämen Sie sich was!"
Mit diesem mutigen Mädchen schließe ich bald Freundschaft. Sie ist ein Jahr älter als ich und wirkt sehr selbstbewusst. Sie färbt sich ihre langen glatten Haare Wasserstoffsuperoxyd blond, was in unserm Alter überhaupt noch keiner wagt. Außerdem hat sie schon einen dicken Busen, trägt einen BH. Mein Vater gibt beim ersten Kennenlernen gleich seinen Kommentar ab: „Die soll mir mal bei Mondschein begegnen!"

Unsere Nachbarin bietet sich sofort an, für uns zu kochen und bringt am nächsten Tag Eier-Pfannkuchen vorbei. Doch dann muss zwischen ihr und unserem Vater etwas vorgefallen sein, denn bei diesem einen Mal bleibt es. Meine Schwester mit ihren vierzehn Jahren kann schon gut kochen, weil sie der Mutter oft dabei helfen musste. Sie soll anstelle der Frau von nebenan kochen; überhaupt den ganzen Haushalt „schmeißen". Um das zu bewerkstelligen, wird sie vorläufig

vom Schulunterricht freigestellt. Später, als sie langsam depressiv wird, weil ihr angeblich die Klassenkameraden fehlen, darf sie wieder in die Schule, muss aber um halb elf vormittags nach Hause, damit das Essen pünktlich um zwölf auf dem Tisch steht. Der Gerechtigkeit halber muss ich weiterhin die Schuhe meines Vaters putzen und auch die der Brillenschlange. Außerdem habe ich die Aufgabe den Sandstreifen an der Straße ein auf den anderen Tag zu harken und mich selbstverständlich um den Hund kümmern. Sich spontan mit Freunden treffen oder einfach gar nichts tun ist kaum möglich. Es sei denn, der Vater hat gute Laune und wir haben unsere Arbeiten im Haus „anständig" erledigt.
Unsere Mutter ist noch nicht wieder aufgewacht.

Nach zwei, drei Wochen ist die Bügelwäsche im Keller zu einem riesigen Berg herangewachsen; vorwiegend Diensthemden und Hosen von unserem Vater. Mit diesem Wäschehaufen schickt er uns zur einzigen Heißmangel im Dorf. Der Korb ist schwer und wir beiden Mädchen schleppen ihn zu Fuß mit einigen Verschnaufpausen quer durch den Ort. Nachdem im Laden alle Kleidungsstücke abgegeben, jedes einzelne Stück von dem netten Herrn hinter dem Tresen auf einem Schreibblock notiert ist, fragt dieser routinemäßig nach unserem Nachnamen. Als er den hört, ist es schlagartig mit seiner Höflichkeit vorbei. Plötzlich angewidert schmeißt er uns, vor den Augen der anderen Kunden, die Wäsche zurück vor die Füße und brüllt dabei: „Für eueren Vater und seine elende Familie bügele ich doch

keine Wäsche! Für den Rekrutenschänder mache ich bestimmt keinen Finger krumm!" Wir beiden Mädchen verstehen irgendwie, sammeln schnell die vom Fußboden verschmutzte Wäsche wieder ein und ziehen beschämt mit unserer schweren Last, schweigend davon. Zu Hause angekommen hört sich unser Vater die Geschichte an, sagt aber nur: „Dieser Scheiß-Itzig", und sonst nichts.
Wir Mädchen wechseln uns mit dem Bügeln ab. So lerne ich schon früh Hemden und Hosenfalten bügeln.

Die Mutter ist jetzt schon siebenundzwanzig Tage ohne Besinnung. Nach Angaben unseres Vaters liegt ein fünfjähriger Junge neben ihr. Er befindet sich seit zwei Jahren im Koma. Sein eigener Vater hat ihn mit dem Traktor überfahren. Dem dünnen, kleinen Bübchen wachsen angeblich die Augenwimpern bis über die Wangen.

Wir Mädchen haben unsere Mutter seit dem Unfall nicht mehr gesehen. Der Stationsarzt meint, der Anblick täte uns nicht gut. Der Vater und der große Bruder wachen längst nicht mehr an ihrem Bett. Sie sind müde und das Leben geht schließlich weiter. Die Nonnen auf der Krankenstation versprechen, ein Auge auf sie zu werfen.
In der Nacht vom siebenundzwanzigsten auf den achtundzwanzigsten Tag erwacht unsere Mutter. Sie steigt aus ihrem Bett und stürzt, wenige Schritte entfernt, unglücklich gegen einen Heizkörper, holt sich eine neue Platzwunde am Kopf und fällt wieder ins Koma und das eine

weitere Woche. Als sie nach fünfunddreißig Tagen endlich für immer aus ihrer Bewusstlosigkeit erwacht, erkennt sie sofort ihren Ehemann und lächelt ihn an. Ihren ältesten Sohn, der daneben steht und vor Freude weint, den erkennt sie nicht. Auch ihre eigene Mutter, die mit Sohn und Schwiegertochter angereist ist, kennt sie nicht. Sie fragt: „Wer sind denn die?" Die Tante mag das nicht glauben und nimmt es ihr irgendwie übel.

Endlich dürfen meine Schwester und ich die Mutter sehen, oder sie uns. Wir sollen für die Gegenüberstellung schick aussehen, am besten im Dirndl, so sieht der Vater uns am liebsten, und darin wird die Mama uns bestimmt wiedererkennen.
Der Stationsarzt und drei katholische Ordensschwestern stehen schon vor der Patiententür und warten. Als wir hineingehen, sitzt unsere Mutter lächelnd im Bett. An der verwundeten Kopfhälfte klebt bloß ein Pflaster. Ich will zu ihr laufen, um sie in die Arme zu nehmen, aber irgendetwas an ihr finde ich befremdlich, also bleibe ich neben der dicken Nonne stehen, die ihren Arm um mich gelegt hat. Der Doktor sagt zur Mutter: „Na, und wer sind die beiden da?" Sie lächelt immer noch und sagt: „Die habe ich doch letzte Woche erst verpflanzt!" Wir Mädchen schauen uns und dann den Vater an, aber der sieht nach unten und kämpft sichtlich mit den Tränen. Der Doktor spricht zu uns: „Nun erzählt eurer Mutter mal, wie ihr heißt und wie alt ihr seid." Mir bleiben die Worte im Halse stecken, auch meine Schwester bringt keinen Ton

heraus. Dann fragt der Arzt den Vater nach unseren Namen und Alter, aber der weiß auf Anhieb nicht, wie alt wir sind.
Ich setze mich zur Mutter auf die Bettkante. Von der stickigen Zimmerluft und vom Anblick des kleinen Jungen im Nachbarbett mit den langen Wimpern ist mir schlecht. Ich beginne just vor Not und Verzweiflung meine Hände unter der Dirndlschürze zu reiben, als die Mutter mit ihrer Hand über meinen Rock streicht und fragt: „Wer hat dir denn dieses schöne Kleid gekauft?" Da sage ich: „Das hast du mir doch genäht!" Dann wandert ihre weiße Hand, mit den langen Fingernägeln, weiter nach oben, bis zu meiner Brust. Sie tastet mich ab und sagt mehr zu sich selbst als zu mir: „Da ist ja noch gar kein Busen!" Ich schäme mich so sehr vor dem Arzt, den Nonnen und vor meinem Vater, dass ich anfange zu schwitzen.
Der Doktor rettet die Situation, indem er mich bittet, der Mutter von mir zu erzählen. Ich stottere leise: „Wir machen morgen mit der Klasse eine Fahrradtour und ich habe kein Rad mehr. Die da, und zeige auf meine Schwester, hat sich mein neues Minirad ausgeliehen und klauen lassen." Dass der Vater sie deswegen am liebsten „windelweich" geschlagen hätte, es aber nicht tat, weil sie eh nur ein Haufen Elend ist, erzähle ich vor den Leuten nicht.
Dann ist meine Schwester dran, von sich zu erzählen. Ich fühle mich erlöst.

Der Doktor sagt uns draußen vor der Tür, dass wir unbedingt viel mit ihr reden sollen, nur so könne sie neu lernen und sich

vielleicht wieder an Dinge erinnern.
Es erfordert sehr viel Fantasie, die Sätze, die sie von sich gibt, zu enträtseln. Ihr fehlen die einfachsten Wörter. Lesen und schreiben, auch rechnen kann sie nicht mehr. Wir Kinder sind ihr so fremd, dass sie sich unsere Namen nicht merken kann. Wir besuchen sie jetzt jeden Tag im Krankenhaus, aber das hilft nicht viel.

Nach drei Monaten Klinikaufenthalt kommt die Mutter versuchsweise für einen Tag nach Hause. Es ist ein Sonntag. Die eine Bäuerin, bei der sich unsere großen Brüder immer noch gern aufhalten, bringt frische Hühnersuppe vorbei und wir Mädchen backen zur Feier des Tages einen Marmorkuchen und putzen das ganze Haus. Als der Vater mit ihr dasteht, merken wir gleich, dass ihr die Umgebung völlig fremd ist. Sie schaut so ungläubig, als wäre sie noch nie im Leben in diesem Haus gewesen. Uns ist die Mutter ebenfalls fremd, mit ihren schneeweißen Haaren, die sie erst in den letzten Wochen bekommen hat, und der hellroten Narbe, die darunter hervorlugt. Wegen starker Gleichgewichtsstörungen kann sie nicht allein gehen und eine von uns Mädchen muss sie überall hin stützend begleiten. Auch auf die Toilette. Diese fremde Mutter kommandiert uns Mädchen nach schon kurzer Zeit herum und behandelt uns wie Krankenhauspersonal, das seine Arbeit zu machen hat. Meine Schwester bleibt auf der Toilette und weint. Nach dem Mittagessen fängt auch die Mutter an zu weinen, sie will wieder zurück in die Klinik. Vom Marmorkuchen hat sie nichts gegessen. In eine Reha-Klinik kommt unsere Mutter nicht. Der Vater meint: „Das schafft sie auch so." Bei der Gerichtsverhandlung, in der der Autofahrer schuldig gesprochen wird, weil er viel zu schnell unterwegs war und dazu noch unter Alkoholeinfluss stand, wird ihr ein hohes Schmerzensgeld zugesagt, was der Vater verwaltet, und von dem sie selbst, außer einem neuen Dirndl, nichts hat.

Nach ihrer endgültigen Entlassung müssen meine Schwester und ich die Hausarbeit weiter erledigen, nur mit einem Unterschied, dass wir jetzt auch noch die Mutter beaufsichtigen müssen. Dass ich in die Schule darf, ist ein Segen. Meine Schwester hat es da sehr viel schwerer, sie darf in der Anfangszeit wieder nicht hin, soll die Mutter im Kochen, Bügeln, Betten machen, Mathematik, Lesen und Schreiben unterrichten. Den Fünf-Uhr-Tee servieren wir Mädchen weiterhin gemeinsam. Da will der Vater wissen, wie die Mutter sich den Tag über „gemacht" hat. Wünscht er noch mehr Tee, hält er seine leere Tasse absichtlich zitternd hoch, sodass der Löffel darin klirrt. Beim Abendbrot praktiziert der mit der Brille dieses Ritual schon genau so. Das schmutzige Geschirr waschen wir Mädchen abends ab, indes die Eltern mit der Brillenschlange fernsehen.
Unser Bruder mit der Brille pflegt, soviel wir wissen, in dieser Zeit keine Freundschaften. Sein Leben besteht allein darin, die Ausbildung zu meistern, hin und wieder ein Musikstück einzuüben und - das gefällt ihm noch am besten - seine Mitmenschen, also uns Mädchen, zu ärgern. Er weiß

ganz genau, wie und wo er uns treffen kann. Da ist dieser sogenannte Pferdebiss, eine kneifende Drehbewegung im Fleisch unserer Oberschenkel, oder der gezielte Fausthieb auf die sich gerade entwickelnden Brüste. Ich hasse den Bruder deswegen so sehr, dass ich es ihm - mittlerweile bin ich auch stärker geworden - auf der Stelle heimzahlte.

Als ich einmal von meiner neuen, blonden, dickbusigen Freundin nach Hause komme, läuft der Bruder mit der Brille mir über den Weg. Er grinst mich, wie immer vor einer Schandtat, schräg durch seine dicken Gläser an, kommt auf mich zugepoltert und schlägt mir blitzschnell auf eine dieser empfindlichen Stellen. Gerade amüsiert er sich köstlich über meinen Schmerz und mein Gejammer, da wehre ich mich auch schon und gebe ihm einen, wirklich nur schwachen Schlag - meine Faust schmerzt nicht im geringsten - auf sein spitzes Kinn. Ohne es zu beabsichtigen habe ich die richtige Stelle getroffen, den sogenannten K.O.-Punkt unterm Kinn. Ganz kurz und sehr verwundert glotzt der Bruder noch einmal in meine Augen, bevor er die seinen gen Himmel dreht und ohnmächtig zu Boden sackt.
Eine ältere Dame steht zufällig auf der Straße und schimpft herüber: „Was hast du böses Mädchen mit deinem Bruder angestellt?" Da rappelt der sich auf und verpasst mir mit voller Wucht einen Faustschlag in die Magengrube. Ein Schlag, auf den ich nicht gefasst bin, so heftig, dass mir die Luft wegbleibt und ich mich vor Schmerzen krümme. Ich höre die alte Dame noch sagen: „Mädchen, das geschieht dir

aber recht!"


Der zweitälteste Bruder fehlt uns Mädchen auch überhaupt nicht. Er befindet sich auf hoher See. Manchmal ruft er beim Nachbarn an, der uns dann Bescheid gibt. Meine Schwester läuft dann rüber und wartet so lange, bis er zurückruft. Sie erzählt ihm, wie es der Mutter geht und er, in welchem Land er sich gerade befindet. Kommt er für einige Tage heim, steckt er all sein Silbergeld in eine große Sparflasche. Wir Mädchen bessern unser Taschengeld damit auf, indem wir mit einem langen Messer in den Flaschenhals gehen und die Zweimark-Münzen, manchmal auch Fünfmark-Stücke herausbugsieren.

Da wir nicht einfach so herumsitzend, gar lesend oder Radio hörend erwischt werden dürfen, weil unser Vater überzeugt ist, dass dies nur „intellektuelle Nichtsnutze" und „faule Säcke" machen, lungern wir Kinder, auch nichts tuend, außer Sichtweite, aber in Nähe des Hauses herum, sodass wir jederzeit seinen Ruf oder Pfiff hören können, wenn er uns eine Arbeit auftragen will, vor der wir uns nicht drücken können.
Ich beschäftige mich freiwillig und intensiv mit dem Hund, so habe ich wenigstens Gelegenheit, außer Hörweite zu sein und dem unausgeglichenen, brutalen Bruder aus dem Weg gehen zu können.
Die Feindseligkeiten zwischen ihm und mir wachsen von Tag

zu Tag. Er demütigt mich mit obszönen Äußerungen oder direkten Handgreiflichkeiten.

Als er einmal krank im Bett liegt, muss ich ihm sein Essen bringen. Ich stelle das Tablett auf den Stuhl neben seinem Bett, während er seine beiden Arme unter der Bettdecke versteckt hält. Er fragt mich: „Rate mal, was ich hier habe?" Mich interessiert das überhaupt nicht. Ich will sofort auf dem Absatz kehrtmachen und bloß schnell wieder raus aus seinem Zimmer. Da packt er in Windeseile meinen Arm, dann meine Hand und zieht sie mit einem Ruck unter seine Bettdecke. Öffnet Finger für Finger meiner geballten Faust und plötzlich habe ich sein steifes Glied in der Hand. Angeekelt versuche ich mich zu befreien, aber er hält mich fest. Jetzt versucht er mich ganz in sein Bett zu zerren. Mit seiner frei gewordenen Hand grabscht er flink unter meinen Rock und in meine Unterhose. Geistesgegenwärtig schmeiße ich mich auf ihn und ramme ihm mit voller Kraft meinen Ellenbogen in den Unterleib. Sich vor Schmerzen windend lässt er endlich von mir ab. Der Teller mit der Buttermilch-Suppe und den Backpflaumen fliegt in hohem Bogen vom Tablett durchs Schlafzimmer.

Ich darf den klebrigen Milchschleim natürlich selbst aufwischen, weil der Bruder ja krank ist. Meinem Vater erzähle ich von diesem Vorfall nichts, der würde so wie so nur sagen: „Hast ja selbst Schuld, warum bleibst du auch in seinem Zimmer! Du solltest ihm doch bloß Essen bringen." Der Mutter kann ich es auch nicht sagen, die will nur ihre Ruhe. „Vertragt euch doch!"

Der Vater kauft sich vom Geld der Mutter Waffen. Irgendwann will er auch einen Waffenschein machen, um weitere Gewehre legal zu erwerben und zu benutzen. Im Wandschrank liegen bereits verschiedene Pistolen und Flinten, die er nur heimlich auf dem Dachboden oder mit Genehmigung eines befreundeten Vorgesetzten auf dem Fliegerhorst verwenden kann. In Nähe der Landebahn zielt er auf streunende Katzen, wilde Kaninchen und gurrende Tauben, die für ihn allesamt den Flugverkehr stören. Zu Hause verbringt er seine freie Zeit mit Putzen der Schießeisen, ob sie gebraucht werden oder nicht.

Als er endlich einen echten Cold aus den USA ergattert, ist die Freude so groß, dass jedes Familienmitglied ihn in Händen halten und bewundern muss. Der zweitälteste Bruder, just von einer großen Seereise zurück, hilft dem Vater, nach Anleitung Patronen dafür zu gießen, mit denen das neue Schießeisen auch geladen wird.

Wir Kinder sollen mit in den Garten kommen. Ich, als jüngstes Mitglied der Familie, erhalte die Ehre, den ersten Schuss abgeben zu dürfen. Der Vater drückt mir die Waffe in die Hand. Der Seefahrer sagt noch: „Mach das bloß nicht!" Da geht der Schuss, begleitet von einem hellen, mindestens achtzig Zentimeter langen Feuerstrahl, schon los, direkt vor mir in den Rasen. Zeitgleich schleudert mein Arm von der mächtigen Detonation nach hinten und reißt meinen ganzen Körper mit sich. Ich pralle unglücklich gegen die Hauswand.

Schlimme Schmerzen, wie nach dem Stromschlag, den ich vor ein paar Tagen unten im Keller durch das defekte Staubsaugerkabel bekommen habe, schießen durch meinen Arm und meine Schulter. Unser Vater kann sich vor Lachen nicht halten.

Damit solch ein Ungeschick nicht noch einmal passiert, erteilt der Vater uns Kindern auf dem Dachboden Schießunterricht. Er meint: „Meine Familie ist wenigstens gut auf den Russen vorbereitet, wenn der erst einmal vor der Haustür steht. Wir haben schließlich nur einen Waffenstillstand und keinen Frieden! Keinen Frieden!"

Ein großer Holzkasten, gefüllt mit festem, grobkörnigem Bausand, fängt die Geschosse auf. An einer langen Schnur mit Klammer wird die Zielscheibe aus fester Pappe befestigt und nach dem Schießvorgang mit einer Winde herangekurbelt, um zu sehen, wie gut oder schlecht wir geschossen haben. Der Vater verlangt eine strenge militärische Disziplin, das heißt: Wir sollen eine geschlossene Reihe bilden, auf das Kommando „vortreten" einen Schritt vortreten und unseren Namen nennen. Erst wenn vom Vater ein lautes und deutliches, „Rühren" ertönt, erhält derjenige den schweren Cold und wird vorschriftsmäßig positioniert. Wir tragen alle keinen Ohrenschutz. Nach den Übungen sind wir über längere Zeit fast taub, hören nur ein Pfeifen und unsere Lungen brennen vom dicken Schmauch.

Beim Füllen der Patronen mit Schwarzpulver entzündet sich einmal das Häufchen Munitionspulver auf dem Küchentisch, verkohlt dem Vater die Augenbrauen für ewige Zeiten und färbt auch die Zimmerdecke im neuen Haus schwarz. Eine Luftpistole, die nicht im Waffenschrank liegt, dürfen wir Kinder ohne Genehmigung benutzen. Damit schießen die beiden jüngeren Brüder hinterm Haus und auf dem Schulhof auf Tauben und Spatzen. Einen ganzen Sommer lang beobachten wir einen kleinen Spatz, der nur ein Bein hat. Das Werk des zweitältesten Bruders.

Der mit der Brille und ich streiten wieder heftig. Ich wehre mich mit einem gezielten, festen Tritt und flüchte durch das kleine Pförtchen hinten im Garten Richtung Schule. Rasend vor Wut und vom Wunsch getrieben Vergeltung zu üben, greift er sich die Luftpistole vom Stubenbüffet und rennt hinter mir her, zielt, schießt und trifft mich am Oberschenkel. Abends im Bett pule ich mir das kleine Geschoss mit einer Stopfnadel aus dem Fleisch und erzähle es keinem.

Seitdem unsere Mutter aus dem Krankenhaus ist, muss immer eine von uns Mädchen zu Hause bleiben. Anfangs liegt Mutter noch viel auf dem Sofa. Wir stellen ihr den Fernseher an, damit wir nicht so viel mit ihr reden müssen und sie vielleicht auf diese Weise etwas dazulernt. Zwischendurch üben wir mit ihr Lesen, Schreiben und Rechnen. Meine Schwester bringt ihr, so gut sie es kann, weiter das Kochen bei, zeigt ihr, wie der Herd funktioniert und was für Gewürze an das Essen müssen. Das zarte, kränkliche Mädchen ist von dieser Aufgabe dermaßen überfordert, dass es psychisch und

physisch immer mehr abbaut. Abends sitzt sie mit schwarzen Ringen unter den Augen am Esstisch und schreibt sich die Aufgaben für den nächsten Tag auf. Oft ist sie zu erschöpft, um nach oben ins Bett zu gehen und schläft auf dem Sofa.
Die Mutter hat durch den Unfall ihren Geschmackssinn verloren und würzt ganz nach belieben. Sie kennt nur Salz und Pfeffer und nicht selten verwechselt sie Zucker mit Salz. Meistens ist das Essen, das sie allein versucht hat zu kochen, ungenießbar. Außerdem vergisst sie jedes Mal, den Herd richtig ein- und auszustellen. Wenn wir Kinder es nicht rechtzeitig bemerken, die Kochplatte wieder einmal glüht und der Topf durchgebrannt ist, machen wir uns Vorwürfe, nicht richtig aufgepasst zu haben. Um unser Gewissen zu beruhigen, uns nicht schlecht zu fühlen, schieben wir uns gegenseitig die Schuld in die Schuhe.

Ich verschwinde, so oft es nur geht, mit dem Hund. Drücke mich irgendwo herum oder radle mit ihm in die alte schöne Siedlung, in der meine neue blonde Freundin wohnt.
Sie hätte auch gern einen Hund, so wie ich, um einen Grund zu haben, ihr Heim verlassen zu können. Sie muss ständig auf ihren kleinen Bruder aufpassen. Mitnehmen können wir den Nachkömmling leider nicht, denn meine scharfe Hündin würde das Baby genau so behandeln wie die kleinen Kätzchen des Bauern; ihn packen und erst loslassen, wenn kein Ton mehr zu hören ist.
Die schöne Blonde hat einen ebenso strengen Vater wie ich, mit dem gleichen Dienstgrad und denselben Ansichten.

Überhaupt sind sich die beiden Männer ziemlich ähnlich, auch was der Umgang mit uns Mädchen betrifft.
Einmal zeigt die Freundin mir blaue Flecke an ihren Armen und zwischen den Beinen. Ihr Vater hat sie geschlagen und auf den Küchentisch geschmissen. Angeblich hat sie sich zu auffällig geschminkt; wie eine Nutte, und so will er sie in Zukunft auch weiter behandeln. Ob er sie vergewaltigt hat, erzählt sie mir nicht. Nur, dass sie genug von ihren Eltern hat und irgendwann abhauen will.

Unsere Schäferhündin bekommt Junge von einem hübschen Bastard aus der Nachbarschaft. Der Gute ist ihr über den Weg gelaufen, als sie mir einmal entwischt ist. Die beiden kleinen Wonneproppen verschenkt unser Vater, als sie acht Wochen alt sind. Die nächste Paarung findet gezielt mit einem Deckrüden der Bundeswehr statt. Dabei kommen neun Welpen hervor. Vier lässt der Vater ihr. Ich frage ihn: „Was ist denn mit den anderen geschehen?" „Die habe ich in den Schraubstock gesteckt." Ich stelle mir das vor, weiß aber, dass er es eher so getan hat, wie der Bauer mit seinen kleinen Kätzchen; sie an die Wand geklatscht, oder in einem Eimer mit Wasser ertränkt. Wir Kinder fanden nämlich solche armen, an die Wand geschmissenen Kätzchen auf dem Misthaufen und sammelten die noch lebenden ein; versteckten sie auf dem Heuboden, um sie gesund und groß zu pflegen. Doch der Bauer fand sie. Er scheuchte uns vom Hof und tötete die Kätzchen ein zweites Mal. In einem Eimer mit Wasser.

Als unsere vier Welpen alt genug sind, von der Mutter getrennt zu werden, verkauft unser Vater drei davon. Die einzige kleine Hündin behalten wir. Den dicksten Rüden holt doch tatsächlich der Vater meiner blonden, mittlerweile besten, Freundin ab.
Einige Tage später sitzt unser kleiner Welpe allein in seinem Zwinger, jaulend. Unser Vater hat seine Mutter mit in den Wald genommen, sie an einen Baum gebunden und mit einer seiner Flinten erschossen. Beim Fünf-Uhr-Tee erwähnt er ganz nebenbei: „Die war viel zu scharf."
Die junge Hündin zeigt sich, als sie älter ist, noch viel schärfer als ihre Mutter.
Der Vater meiner blonden Freundin und unser Vater treffen sich jetzt regelmäßig zum „Hunde abrichten". Die Tiere überklimmen bald eine zwei Meter hohe Holzwand, die extra für sie gezimmert wurde und auch alle anderen Klettergerüste des Schulhofes. Auf Kommando können sie sich tot stellen. Außerdem erweisen sie sich als „schussfest" und sind ihrem Herrn gegenüber absolut unterwürfig, was für die Männer das Wichtigste ist.
Meine Freundin kämpft, wenn wir beide mit den Tieren allein sind, mit ihrem starken Rüden; sie vermag ihn kaum zu bändigen.

In der Nähe eines Schulhofes zu wohnen, bringt viel Lärm mit sich, besonders in den Pausen. Die spielenden Schüler stören die kurze Mittagspause unseres Vaters. Fliegt ein Ball

in dieser Zeit über unseren Zaun, bekommen die Kinder ihn nicht zurück. Sie dürfen nachmittags, bitte nach Fünf, an unserer Haustür klingeln und höflich um Entschuldigung bitten. Stehen die kleinen Jungs dann ganz verängstigt im Hauseingang, fragt unser Vater sie erst einmal gründlich aus, bevor er den Ball rausrückt. „Wie alt seid ihr? Habt ihr noch Geschwister? Was macht euer Vater beruflich? Was für ein Auto fährt er? Arbeitet euere Mutter?"
Auch nachmittags spielen die Kinder auf dem Bolzplatz. Wagen sie sich, vermutlich absichtlich, unserem Grundstück zu nah, nur um unseren Vater zu ärgern, lässt er den Hund aus dem Zwinger und gibt Kommandos wie: „fass" oder „bring!". Bei „bring" wird die Hündin sofort hellhörig und stürzt wie eine Furie über den Zaun um dem Herrchen, pflichtbewusst wie sie ist, einen jetzt Luft verlierenden, pfeifenden Ball zu bringen und möchte ein anerkennendes „brav" hören. Ist kein Ball im Spiel, hetzt der Hund die Blagen über den großen Spielplatz und, wenn der Vater dann nicht rechtzeitig pfeift, beißt er schon mal zu und die Eltern klingeln später an unserer Haustür und zeigen dem Vater die zerrissenen Hosen samt der blau-roten Bissstellen und Blutergüsse, fordern Schadensersatz. Regelmäßig erhalten wir Anzeigen und bald will die Hundeversicherung nicht mehr zahlen. „Was für Weicheier von Vätern! Die sollen lieber ihre Gören in Schach halten!"

Wegen der „besonderen" Art unseres Vaters sind auch wir Kinder nicht sonderlich gut angesehen. Ob in der Schule oder im Dorf, bei Verwandten oder Bekannten, irgendwie bekommen wir es überall zu spüren. Doch einige wenige Leute behandeln uns trotzdem nett und freundlich.

Einer von ihnen ist mein alter Klassenlehrer, den ich, Gott sei Dank, bis zu meinem Schulabschluss behalte. Der nimmt mich sogar manchmal in den Arm und sagt liebevoll: „Mädchen, Kopf hoch!"

Dieser gutmütige, liebe Lehrer ist leider selbst nervlich am Ende. Eine kranke Frau zu Hause und fast vierzig Schüler in einer Klasse sind einfach zu viel für ihn. Wenn es während des Unterrichts ganz schlimm kommt, weil die Jungs in den hinteren Reihen wieder hochprozentigen Alkohol aus mitgebrachten „Flachmännern" trinken, sich auch noch betrunken ungeniert Zigaretten anzünden, wimmert er vor der Tafel, dabei nervös das Kreidestückchen in seiner zittrigen Hand kreisend: „Könnt ihr denn gar keine Rücksicht auf mich nehmen? Ich habe wieder so fürchterliche Kopfschmerzen von diesem verdammten Granatsplitter, den ich aus dem letzten Weltkrieg mitgebracht habe!" Die Kinder lachen dann. Ich weiß nicht, ob ich mitlachen oder mit dem Lehrer traurig sein muss. Der arme Mann nimmt sein Taschentuch, putzt sich die Nase und wischt seine Tränen weg.

Eine „Leuchte" im Unterricht bin ich nicht; zumindest nicht in den wichtigen Fächern. Herumalbern, den Kasper spielen, die Mitschüler vom Lernen abhalten, kann ich gut. Die Stunde vergeht so schneller und außerdem erlange ich eine gewisse Anerkennung von den anderen Mitschülern. Es ist ein spürbar angenehmer Gegensatz zu meinem strengen Leben daheim. Werken, Handarbeiten und Schwimmen liegen mir besonders gut. Da bringe ich sogar ein „sehr gut" nach Hause.

Bei einem Schwimmwettbewerb zwischen unserer Schule und der Schule der Nachbargemeinde schwimme ich mit Abstand am schnellsten. Sogar den schnellsten Jungen habe ich im Kraulen geschlagen. Weil ich so flink schwimmen kann, soll ich in den Schwimmverein. Leider muss ich aus Geldmangel einen geerbten Badeanzug tragen, der mir viel zu groß ist. Die Träger rutschen nach dem Startsprung jedes Mal bis auf die Taille und ich mag gar nicht wieder auftauchen.

Wie die Schule, so liegt auch das Hallenbad in unmittelbarer Nähe unseres Hauses. Wenn das Schwimmtraining vorbei ist, muss ich, auch wenn es auf dem Schulgelände bereits einsam und finster ist, auf dem direktesten Weg, also durch das Pförtchen, nach Hause gehen.
Eines Abends erscheinen plötzlich sechs Jungen im Gebüsch - sie sind, bis auf einen Klassenkameraden, alle älter als ich - und springen mich von hinten an. Sie zerren mich zu Boden und bilden einen Kreis um mich. Der Älteste, einer aus der neunten Klasse, gibt das Kommando: „Los, zieht ihr die Hose aus!" Das will ich nicht, vielleicht die anderen auch nicht, und fange an zu schreien und zu heulen und wehre mich mit aller Kraft. Da brüllt der Große: „Haltet sie fest!" Die anderen gehorchen, aus Respekt vor seinem Alter und packen mich an

den Armen und Beinen. Einer fasst mich am Kopf und hält mir den Mund zu. Ich versuche mich weiter zu wehren, doch das hilft nichts. Der Anführer reißt mir die Hose bis über die Knie, stellt sich hin, um mich zu betrachten und verkündet laut und das sichtlich angeekelt: „Die hat ja noch gar keine Haare!" Als sei dies ein Zeichen, lassen mich alle Jungs auf einmal los und rennen davon.

Den Anführer treffe ich kurze Zeit später beim Schwimmtraining wieder. Er taucht direkt vor mir auf, mit seinem eitrig- pickeligem Gesicht berührt er meine Schulter und fragt: „Na, hast dich ganz schön erschreckt, das letzte Mal im Schulwald, was?" Instinktiv nutze ich seine Nähe zur Revanche und verpasse ihm mit meinem spitzen Knie einen kräftigen Stoß in seine Genitalien. Er verliert das Bewusstsein und geht vor meinen Augen unter. Gelähmt vor Schreck, schaue ich zu, wie er da treibt und dann vom Bademeister noch rechtzeitig aus dem Wasser gezogen wird. Als der arg Getroffene sich wieder erholt hat, verzichtet er freiwillig, nach eindringlicher Befragung, auf eine Erklärung, wie es dazu gekommen ist. Von der blonden Freundin und den anderen Mädchen meiner Klasse hallen Applaus und anerkennende Pfiffe durch die Halle.

Die Besten aus unserem Schwimmverein sollen mit in die Landeshauptstadt und an einem großen Schwimmwettbewerb teilnehmen. Wir Jugendlichen schlafen während dieser dreitätigen Veranstaltung in einer Turnhalle auf Matten.

Viele in Bundeswehrschlafsäcken.

Als ich am nächsten Morgen an den Start gehe, trage ich meinen neuen Schwimmanzug, den mein Vater mir aber erst gekauft hat, nachdem er sich bei unserem Schwimmlehrer erkundigt hat, ob der sich auch wirklich lohnen würde und nicht bloß eine fixe Idee sei. Er stammt aus demselben Kaufhaus, in dem meine Mutter mir den kleinen Ball als Entschädigung für Afrika gekauft hat. Nur, dass ich den Ball nicht in einer Umkleidekabine vorführen musste.

Der Schuss knallt, ich springe weit und kraule los. Auf halber Strecke drehe ich mich kurz um, schwimme ein paar Züge „Brust" und sehe keine von meinen Konkurrentinnen hinter mir. Ich glaube, dass ich vielleicht viel zu früh abgesprungen bin; womöglich ein Fehlstart. Da ertönt ein schriller Pfiff, meine Startnummer wird aufgerufen und ich werde wegen nicht Einhaltens der vorgeschriebenen Disziplin disqualifiziert. Die anderen Schwimmerinnen sind noch weit hinter mir; ich hätte den Wettkampf haushoch gewonnen! Nachts, in der vollen Turnhalle, rauche ich meine erste Zigarette auf Lunge.

Meine Freundin mit den blondierten Haaren schminkt sich trotz massiver Einwände ihres Vaters weiter und vielleicht gerade deswegen noch auffälliger. Sie trägt Jeans und enge T-shirts, die ihren Bauch zeigen und den dicken Busen noch mehr betonen. Meine Schwester und ich dürfen das alles nicht und würden es auch bestimmt nicht tun, aber bei meiner

Freundin findet unser Vater das schön und sexy. Jedes Mal, wenn sie kommt, sagt er, und das vor der ganzen Familie: „Was für ein Kaliber! Was für eine Granate!"

Ich komme mir in meinen selbst genähten Röcken und Dirndln langsam blöd vor. Auch die geerbten Skihosen meiner Brüder mag ich nicht mehr tragen. Viele Mädchen laufen mittlerweile in Jeans oder Röhrenhosen aus Cordstoff herum und tragen wildlederne Fransen-Boots dazu. Die zweiunddreißig Mark für eine echte Levis-Hose mit Schlag haben wir angeblich nicht. Also stöbere ich im Wandschrank nach alten Jeans meiner Brüder und finde eine in schwarz, allerdings ohne Schlag. Richtig cool sieht die nicht aus, aber dank meiner Knabenfigur passt sie gut und keiner meiner Klassenkameraden erlaubt sich eine abfällige Bemerkung. Mein Vater sagt nur: „An dir ist ein Junge verloren gegangen. Sonntags ziehst aber was Anständiges an!"
Ich wäre gern ein Junge. Eine zeitlang rasiere ich mich regelmäßig mit dem elektrischen Apparat meines Vaters, im festen Glauben, dadurch das Haarwachstum anzuregen.
Alle Mädchen in meiner Klasse menstruieren bereits, benehmen sich seitdem erwachsener, tuscheln untereinander, dass ich das Gefühl habe, nicht dazu zu gehören; als sei es krankhaft, noch nicht diese Last zu haben. Weil ich nie beim Schwimmen fehle, fragt mich eine Klassenkameradin: „Du hast doch auch schon deine Regel, oder?" Ich lüge: „Natürlich, schon lange!"

Unsere Mutter ist weiterhin für die Familie ein „Klotz am Bein". Wir Mädchen müssen ihretwegen viel arbeiten und haben wenig Freizeit. Sie ist immer noch nicht in der Lage, irgendetwas alleine zu tun. Manchmal verlässt sie ungefragt das Haus und findet nicht wieder zurück. Dann müssen wir sie suchen, obwohl wir andere Verpflichtungen haben oder mit Freunden verabredet sind. Oft leidet sie an starken Depressionen, heult den ganzen Tag. Dann müssen wir erst recht bei ihr bleiben. Unser Vater kommt nicht vom Dienst, sondern fährt mit seinem neuen Mercedes spazieren.

Einmal gehe ich einfach weg, während die Mutter ihren Mittagsschlaf hält. Als ich zurückkomme, sitzt sie, die Füße herunterbaumelnd, oben im Dachfenster und will sich gerade hinabstürzen. Ich renne so schnell ich kann die vielen Stufen hinauf und reiße sie noch rechtzeitig zurück. „Mich will ja keiner mehr haben! Mich hat keiner von euch lieb!"
Ein anderes Mal finde ich sie in der Stube auf dem Boden liegend. Um sie herum stehen und liegen sämtliche Getränkeflaschen aus der Hausbar, alle bis auf den letzten Tropfen leer getrunken. Sie ist besudelt von ihrem Erbrochenen. Ich mag sie nicht anfassen, weil sie klebt und stinkt und mir aggressiv wirres Zeug an den Kopf lallt. Immer das Gleiche. „Ihr habt mich nicht lieb!"
Ich will nicht mit ihr schimpfen, tue es aber doch. Nun ist sie plötzlich nicht mehr ansprechbar. Ich bin allein mit ihr und weiß nicht, was ich tun soll. Wieder wünsche ich mir, sie möge nicht mehr aufwachen, so friedlich da liegenbleiben,

bis der Vater vom Dienst kommt.
Der kommt wie immer ärgerlich nach Hause und wird noch ärgerlicher, als er seine Frau in diesem Zustand sieht. Er versucht sich zu beherrschen, lässt aber Dampf ab und schreit sie fürchterlich an. „Wärest du doch verreckt! Was machst du uns für eine Schande!" Wir schleppen sie ins Badezimmer und halten ihren Kopf unter die eiskalte Brause, solange, bis sie keucht und strampelt. Dann klemmen wir sie uns unter den Arm und marschieren, wohl an die hundertmal, die Terrasse auf und ab.


Unser Vater besteht seinen Jagdschein und pachtet, gemeinsam mit einem anderen Jäger, ein Waldstück. Jetzt darf er endlich auf legale Weise schießen und das Ganze verschafft ihm auch noch ein gewisses Ansehen. Er kommt nachts kaum noch nach Hause, sitzt angeblich auf dem Hochsitz und beobachtet das Wild.
In Wirklichkeit fährt er mit seinem Auto herum oder besucht irgendwelche Damen in einem unserer vielen Puffs. Mein zweitältester Bruder ist ihm hinterhergefahren, hat es gesehen, sich aufgeregt und es uns erzählt. Die Mutter sagt nur: „Lasst ihn doch."

Durch die Jägerei lernt unser Vater Leute kennen, die sich das Jagen wirklich leisten können. Familienväter und Mütter, die ihre Nächsten nicht finanziell kurzhalten, um diesem Hobby frönen zu können. Unter diesen stets grün gekleideten

Menschen befindet sich eine reiche, mollige, schöne Blonde, eine schon etwas ältere Holländerin, die unverständlicherweise unseren Vater gut findet.

Als er sie besucht, nimmt er mich mit nach Holland. In irgendeiner Ortschaft findet ein Tontauben-Schießwettbewerb statt. Wir fahren sehr früh morgens los und kommen vormittags an. Den ganzen Tag über lungre ich mit meiner neuen Levis-Jeans allein im kalten Regen herum, rauche verborgen Zigaretten und langweile mich zu Tode. Bis einer mich fragt, ob ich nicht Lust hätte, auch einmal zu schießen. Das will ich und treffe sogar eine Scheibe.

Abends auf dem Jägerball beschäftigt mein Vater sich ausschließlich mit der schönen Holländerin. Er ist angetrunken und lässt keinen Tanz aus, fordert auch mich auf, aber ich will nicht tanzen. Ansonsten nimmt er keine Notiz von mir. Ein älterer, grauhaariger Herr aus der Jägergruppe, der mir tagsüber schon aufgefallen ist, weil er mich gleich mehrmals grüßte, interessiert sich für mich; fragt, wie alt ich bin, und ich antworte: „Bald vierzehn." Dann fragt er weiter: „Wie läuft es in der Schule? Auf was für eine Schule gehst du denn? Welche Fächer magst du am liebsten? Hast du schon einen Freund? Wo steckt eigentlich dein Vater?" Mir schießt das Blut in den Kopf und werde ganz rot, was diesem Mann anscheinend gefällt, denn er lächelt so freundlich. Ich möchte gerade alle seine Fragen brav beantworten, da ruft mein Vater: „Zeit für kleine Mädchen, ins Bett zu gehen!" Zu gern würde ich noch bei diesem netten Herrn bleiben, mich weiter von ihm ausfragen lassen; solch ein Vertrauen habe ich zu ihm. Ich verspüre das erste Mal seltsame Gefühle in mir.

Für die Nacht hat mein Vater ein kleines, kaltes Hotelzimmer unterm Dach gemietet. Ich liege allein am äußersten Rand eines französischen Betts und finde in den klammen Decken keinen Schlaf. Er kommt erst, als es schon hell wird, just, als zwei Katzen es draußen auf dem Nachbardach laut miteinander treiben. Ich traue mich kaum zu atmen, als der Vater sich auszieht und, begleitet vom Katzengejammer, sich neben mich legt und schließlich fragt: „Schläfst du schon?"
Am nächsten Tag wird weiter geschossen. Wieder stehe ich allein herum, den alten Mann vom Vorabend nicht aus den Augen lassend. Irgendwie fühle ich mich zu ihm hingezogen. Doch der sieht mich nicht mehr.

Diese schöne Holländerin, die es meinem Vater angetan hat und umgekehrt, nimmt mich an dem darauffolgenden Wochenende mit nach Holland in ihren Heimatort. Ich habe das Gefühl, die Frau macht es sich zur Aufgabe, mich retten zu müssen. Wovor auch immer. Im Auto fragt sie mich über meine Familie aus. „Du wirkst traurig, bist du unglücklich?" Ich kenne die Frau kaum und das Frage-Antwort-Spiel ist mir unangenehm. Ich schäme mich wegen meiner kranken Mutter und überhaupt wegen allem, gebe bald keine Antwort mehr. Wir fahren zu einer berühmten Eiskunst-Bahn und mieten uns Schlittschuhe. Es ist das erste Mal, dass ich auf Kufen stehe und fühle mich total unsicher darauf. Sie nimmt mich an die Hand und zeigt es mir. So bricht das Eis. Selten einmal habe

ich mich so frei und glücklich gefühlt. Anschließend spazieren wir durch ein riesiges Gewächshaus, in dem Orangenbäume wachsen und die Luft dick von Blütenduft und Feuchtigkeit ist. Ich habe das Gefühl, immer noch auf Schlittschuhen zu stehen.
Abends, in ihrer schönen Wohnung, erzählt sie mir zwischen all den hübschen alten Bildern und Uhren, dass sie einen Sohn habe, der von Heroin abhängig ist. Dass er als kleines Kind so süß und lieb gewesen sei.
Als ich spät abends im Gästezimmer liege, schaut sie noch einmal herein und bleibt lange in der Tür stehen, ohne ein Gespräch mit mir zu beginnen. Am liebsten würde ich aus dem Bett springen und mich in ihre Arme werfen, doch sie wünscht mir nur eine gute Nacht und geht. Ich kann nicht schlafen, weil ich immerzu an ihren süchtigen Sohn denken muss und dass sie ihn trotzdem so sehr liebt. Mein Vater ist der Meinung, man sollte alle Süchtigen in ein Arbeitslager stecken, um ihnen die Sucht auszutreiben und, wenn das nichts hilft, sie gnadenlos mit dem Zeug totspritzen. „Alles Nichtsnutze, Kreaturen ohne Willen, die es nicht verdient haben zu leben!"
Der nächste Morgen vergeht schleppend mit Schweigen. Dann bringt sie mich endlich zurück. Ich sehe sie nicht wieder und mein Vater erwähnt diese Frau auch nie mehr.


Nach meiner Konfirmation, die mir nur neunzig Mark und ein bisschen Aussteuer eingebracht hat, will ich reiten lernen.

Wegen der Blamage beim Schwimmwettkampf gehe ich auf gar keinen Fall wieder zurück in den Schwimmverein. Reiten wäre schön. Echtes Reiten. Seitdem ich vor einer Jägerkneipe auf meinen Vater warten musste und dort zwei nass geschwitzte Turnierpferde standen, die auf ihre Reiter warteten und ich die edlen Rösser streicheln und deren Duft einatmen durfte, denke ich an nichts anderes mehr.

Ich nerve mit meinem Wunsch so lange, bis mein Vater sein „Ja" gibt. Als der mit der Brille das hört, protestiert er: „Die braucht nur zu husten und schon kriegt sie ihren Willen!" Der Vater sagt: „Sei still! Sie war nicht mit in Afrika!"

Für eine Reithose haben wir kein Geld. Ich suche mir eine alte Cordhose aus dem Schrank der Brüder und nähe die Hosenbeine enger. Zusammen mit den neuen Gummireitstiefeln sieht das gar nicht so schlecht aus. „Es kommt auf die Begabung an", meint mein Vater, der es ja wissen muss.

Das bestätigt der Reitlehrer nach der ersten Unterrichtsstunde an der Lounge und lobt mich. Ich lerne schnell und darf bald die wertvolleren Sportpferde „trockenreiten". Manchmal muss ich die Reitstunde nicht bezahlen und das Geld, das der Vater mir für den Unterricht gibt, behalte ich und kaufe mir Zigaretten davon, die ich gemeinsam mit meiner schönen blonden Freundin in deren Zimmer rauche. Ihre Eltern riechen den Qualm nicht, denn sie sind selbst starke Raucher. Der Reitlehrer spricht mit meinem Vater, als er einmal zusieht und am nächsten Tag kauft er mir eine graue Reithose und Sporen.

Meine blonde Freundin nimmt jetzt auch Reitunterricht. Im Trab wippt ihr üppiger Busen auf und ab, dass der Reitlehrer, der in der Mitte der Bahn steht, nicht hinsehen und schon gar nicht ihren Sitz korrigieren mag. Oben in der Reiterklause glotzen die anderen Reiter und Kneipengäste durch die Fensterscheiben zur Halle hin und lachen. Einige lassen obszöne Sprüche los. Nach dem Unterricht marschiert meine Freundin mit wehendem Haar nach oben in die Klause und setzt sich provokativ zu den zwielichtigen Gestalten; darunter Zuhälter und Barbesitzer aus unserer Gemeinde. Einer von ihnen, ein gut Aussehender, Ende Dreißiger, besitzt ein eigenes Pferd, das unten im Stall steht. Er benimmt sich dementsprechend protzig und tut wichtig, obwohl er selbst kaum reiten kann. Meine Freundin lässt sich von ihm Getränke spendieren. Bald reitet sie nur noch sein Pferd und fährt, ohne mir Bescheid zu sagen, mit ihm weg und kommt gerade noch rechtzeitig zurück, bevor der Stall abgeschlossen wird.

Es finden regelmäßig kleine Reitturniere statt. Wegen meiner langen Beine, oder, wie mein Vater sich ausdrückt, meines „hohen Wasserfalls", meint der Reitlehrer, solle ich unbedingt Dressur reiten. Ich bringe jedes Mal Siegerschleifen mit nach Hause, die ich alle an das Kopfende meines Bettes klemme.
Mein Vater ist mächtig stolz auf mich und erlaubt mir, obwohl ich gerade erst vierzehn bin, bis zum Schluss auf den

Reiterbällen zu bleiben. In den späten Stunden dort, wenn die kultivierte Gesellschaft längst gegangen und der harte Kern hemmungslos betrunken ist, geht es fast jedes Mal heiß her. Nicht selten endet ein Ball in eine Massenschlägerei.
Einmal beobachtet ein einflussreicher Pferdezüchter seine temperamentvolle Frau den langen Abend über, wie diese immer wieder innig und eng umschlungen mit einem Bauern tanzt. Da geht der mittlerweile betrunkene Gehörnte zu den beiden und löst höflich diesen unverschämten Tanzpartner ab. Um seine „untreue" Gattin zu bestrafen, drückt er während des Tanzes die heiße Glut seiner Zigarre auf ihren freien Rücken. Die Frau schreit laut auf, der gerade Abgelöste kommt ihr selbstverständlich zu Hilfe und verpasst dem Ehemann einen harten Faustschlag ins Gesicht, dass das Blut spritzt. Ruck zuck prügeln sich ein Dutzend Männer und auch einige Frauen.

Zu den Hauptattraktionen eines jeden Reitturniers zählen die Flach- oder Galopp-Rennen der kleinen Ponyreiter. Dieser wohlhabende Pferdezüchter mit der Zigarre besitzt für jedes seiner drei Kinder ein hübsches, der Körpergröße des Kindes entsprechendes, Reitpony.
Sämtliche jungen Jockeys warten ohne Sattel - das ist Vorschrift - und ohne Helm - dafür gibt es keine Vorschrift - auf ihren hypernervösen Pferdchen auf den Startschuss; ganz bleich vor Aufregung und Angst. Vorher schließen die Eltern und andere Erwachsene noch schnell Wetten ab, wobei es sich um nicht geringe Geldsummen handelt. Damit die Ponys

des mächtigen Pferdezüchters beim Start schnell wegkommen, drückt er auch denen seine Zigarre in den Rücken, genauer gesagt auf die Kruppe. Mit einem gewaltigen Satz preschen diese wild gewordenen Tiere dann davon. Ein Teil der Kinder liegt schon gleich nach dem Start im Sand und kann sich glücklich schätzen, keinen Huftritt abzubekommen. Andere fliegen in den scharfen Kurven runter, weil ihre Ponys diese schneiden, um schneller ans Ziel zu gelangen. Einige Vierbeiner rasen ohne Reiter die Strecke ab, andere schießen in die Zuschauermenge und müssen wieder eingefangen werden.

Während solch einer Veranstaltung lernen die Blonde und ich zwei junge Burschen, Brüder, aus einer Nachbarstadt kennen. Jeder von ihnen besitzt ein schnelles Dülmener Wildpferd. Auf den Rennen werden diese schönen Pferdchen von leichteren Kindern geritten; die hübschen Jungs schauen nur zu. Sie haben vor nicht langer Zeit ihre krebskranke Mutter verloren und sind immer noch sehr traurig. Der Vater hat viel Geld, aber keine Zeit für seine Söhne, deswegen kümmert sich eine Haushälterin liebevoll um sie. Insgeheim beneide ich die beiden.

Die Galopp-Rennbahn liegt in der unmittelbaren Nähe des feudalen Wohnhaus der Brüder. In den Sommerferien, wenn ich weg darf, nehmen meine blonde Freundin und ich den Bus zu den Jungs. Oder ich schnappe mir das Mofa meines Bruders mit der Brille aus der Garage und wir fahren zu zweit auf dem Ding die achtzehn Kilometer.

Die Blonde ist vorausgefahren. Ich kann nicht mit, weil ich im Haus bleiben und wieder einmal auf unsere Mutter aufpassen muss. Endlich kommt meine Schwester mich ablösen. Das Mofa springt nicht an, hat kein Benzin mehr und Geld für den Bus habe ich auch nicht. Aus meiner Not heraus beschließe ich, per Anhalter zu fahren. Das erste Mal in meinem Leben. Ich laufe erst eine lange Strecke zu Fuß, vor lauter Angst, es könnte mich einer aus dem Dorf dabei erwischen. Dann halte ich meinen Daumen hoch und sofort stoppt ein alter VW-Käfer. Ein dicker ungepflegter Mann mittleren Alters kurbelt sein Seitenfenster runter: „Wohin soll die Reise gehen?" Ich nenne ihm den Ort, woraufhin er sich über den Beifahrersitz beugt, die Tür öffnet und mich einsteigen lässt. Nach dem Anfahren legt er seinen Arm auf meine Rückenlehne, wobei übler Schweißgeruch aus seiner Achselhöhle strömt. Gleichzeitig streckt er seinen fetten Bauch heraus und rutscht mit seinem Gesäß hin und her, als wolle er bequemer sitzen. Jetzt nimmt er seinen rechten Arm weg von meiner Lehne und fasst sich zwischen die Beine, dabei atmet er laut und schwer. Er spürt, dass ich Angst habe und legt seine Hand wieder auf das Lenkrad. Einige Kilometer fährt er ganz unauffällig weiter und ich glaube schon, dass meine Panik völlig unbegründet und übertrieben ist. Doch dann legt er seine schwammige, verschwitzte, heiße Hand auf meinen Oberschenkel, lässt sie dort kurz verweilen und führt sie nach oben, in Richtung meines Schritts. Mit einem „Entschuldigung" zieht er sie zurück und legt sie wieder aufs Lenkrad. Ich habe schreckliche Angst. Ein Schild rechts an der Straße, „300 Meter bis zur Autobahnauffahrt", erscheint. Anstatt geradeaus zu fahren, wie verabredet, biegt er auf die Autobahn. Der Mann schwitzt noch stärker und glotzt mich wie ein Irrer von der Seite an. In der Dreihundertsechziggradkurve denke ich „jetzt oder nie" und greife zum Türhebel, öffne mit aller Kraft die schwere Wagentür und springe. Ich überschlage mich mehrmals und liege am Straßenrand, bleibe liegen, bis ich wieder denken kann. Zwei Autos fahren an mir vorbei und hupen. Mit zerrissener Hose, blutenden Knien und Ellenbogen laufe ich zurück, das ganze Stück bis nach Hause und verstecke mich oben in unserem Zimmer.

Meine Blessuren sind nicht zu übersehen. Der Familie erzähle ich, ich sei vom Pferd gefallen. Mein Vater meint: „Das gehört dazu, gleich wieder drauf, damit die Angst vergeht. Das ist wichtig."

Er gibt mir Geld für eine Reitstunde extra.

Es macht noch lange großen Spaß mit den beiden Jungs und deren Wildpferde. Wir spannen die flinken Rösser vor die Kutsche und unternehmen aufregende Touren durch Wald und Wiesen. Jedes Mal, bevor es losgeht, halten wir das Gespann vor dem Supermarkt an und kaufen Cola, Knabberzeug, alkoholische Getränke und Zigaretten ein. Meine blonde Freundin findet den jüngeren Bruder „total süß" und macht sich berauscht hemmungslos an ihn heran. Der Junge ist noch keine dreizehn, aber das stört beide nicht. Der ältere Bruder hat sich anscheinend in mich verliebt, aber ich finde ihn unattraktiv, viel zu dick. Die Blonde redet auf mich ein: „Stell dich doch nicht so an, versuche es einfach mal, der Appetit kommt beim Essen!" Ich kann das nicht. Der dicke Bruder und ich warten, bis die beiden Verliebten irgendwann aus dem Gebüsch gekrochen kommen.

Als wir wieder einmal mit den beiden Brüdern und deren Pferden auf der Rennbahn sind, sollen meine Freundin und ich ein Rennen veranstalten. Sie nimmt das kleinere und ich, wegen meiner langen Beine, das größere Pony. Zwei Runden sollen geritten werden.
Die erste Runde ist fast geschafft. Ich „führe"! Unsere Freunde hinterm Zaun jubeln. Da schert mein Pony so plötzlich Richtung seines Besitzers aus, dass ich mich nicht mehr halten kann, im hohen Bogen durch die Luft fliege und mit meinem Brustkorb auf den querliegenden Balken des Zaunes knalle.
Während des Fluges gehen mir noch viele Gedanken durch den Kopf. Ich denke an meine Freunde, Geschwister, an den Hund und an meine Eltern. Den Aufprall höre ich ganz deutlich; spüre aber keinen Schmerz. Eine totale Willenlosigkeit oder Schicksalsergebenheit, eingehüllt in ein herrlich, wohliges Körpergefühl, tritt ein. Was um mich herum geschieht, sehe ich nicht, nur ein helles, gold glitzerndes Licht ist da, umspielt von wunderschönen Glockentönen, als wenn Engel sängen. Es ist beruhigend und faszinierend, wunderbar schön. Doch plötzlich wird es dunkel und aus ganz weiter Ferne höre ich meinen Namen, immer

wieder meinen Namen und Gesichter kreisen über mir. Dann kommt der Schmerz. Ich will atmen, kriege aber keine Luft. Als wenn die Lungen, einmal leer, sich nicht mehr füllen wollten, wie ein furchtbarer Krampf. Dann sehe ich meine Freundin, heulend und schreiend schlägt sie mir immer wieder ihre Hände ins Gesicht. Die ersten Atemzüge sind so schmerzhaft, dass ich mir selber sagen muss: „Atme, atme, du musst atmen!" Gestützt von meinen Freunden verlasse ich den Rennplatz. Die Blonde erzählt, es habe schrecklich lange gedauert, bis ich wieder bei mir gewesen sei.


Meine Schwester, sichtlich angeschlagen von der vielen Arbeit und Pflege unserer Mutter, zieht sich immer mehr zurück. Das bereitet unserem Vater Sorge. Beim Abendbrot verkündet er: „Die muss unbedingt einen Jungen haben, die süßen Seiten des Lebens kennenlernen, dann geht es ihr bestimmt bald besser." Er sagt, und damit meint er auch mich: „Ihr könnt mit jedem nach Hause kommen, meinetwegen auch mit einem Katholiken, nur nicht mit einem Schwarzen." Weil ich ein kontaktfreudiger Mensch bin, befiehlt er förmlich, dass meine Schwester und ich von nun an öfter etwas zusammen unternehmen sollen. „Vielleicht kommt sie durch dich auf andere Gedanken." Leider gehen unsere Interessen weit auseinander. An meinen Aktivitäten tagsüber will sie zum Glück nicht teilhaben. Zusammen tanzen gehen, das schon eher.

Jede Woche samstags findet im kleinen Nachbardorf in einem großen Saal Tanz für die Landbevölkerung statt. Der zweitälteste Bruder bringt uns in seinem Ford Taunus hin und holt uns Punkt Mitternacht wieder ab. Eine Live-Band spielt alte und neue Schlager. Die Mädchen lassen sich zum Tanz auffordern und am Tresen wird viel Bier und Korn ausgeschenkt. Mir gefällt die Musik nicht und wenn einmal ein Stück kommt, das mir gefällt, fordert mich keiner zum Tanz auf. Also stehe ich am Tresen, rauche Zigaretten und trinke Bier aus großen Gläsern. Einmal bezahle ich mit einem Fünfmarkschein mein Bier und bekomme fälschlicherweise auf zwanzig Mark zurück. Sehr glücklich darüber bestelle ich mir gleich noch ein Glas und dann noch eins, so oft, bis nichts mehr vom Schein übrig ist. Um zwölf bin ich dann so betrunken, dass meine Schwester es nicht fertig bringt, mich allein zum Auto meines wartenden Bruders zu schleppen. Der muss mithelfen, schimpft und bangt um seine sauberen Autositze.


Im Fernsehen läuft der Vierteiler „Huckleberry Finn´s Abenteuer". Meine Freundin, die Blonde, und der Rest der Schulklasse sind total begeistert und sprechen in den Pausen von nichts anderem mehr. Ich sehe leider nur die erste Folge, weil unser Vater das andere Programm bevorzugt und der Meinung ist: „Das ist nichts."
Inspiriert von diesen Spielfilmen richten wir beiden Freundinnen eine kleine, urige Behausung in einem alten,

verlassenen Bauernhaus abseits des Dorfes ein. Wir bauen aus Natursteinen eine funktionierende Feuerstelle, auf der wir Wasser kochen und Spiegeleier braten können. Dafür stehlen wir Töpfe, Pfannen, Messer und Gabeln aus unseren Küchen zu Hause; alles Geschirr, das unseres Erachtens nicht so oft benutzt und wahrscheinlich niemals vermisst wird. Meine Schwester und Mutter suchen manchmal vergebens bestimmte Gegenstände und verzweifeln schier daran, weil sie die nicht finden können. Mir wird jedes Mal angst und bange, wenn ich danach gefragt werde, weiß aber von nichts. Meine Freundin findet unsere heimlichen Abenteuer so aufregend, dass sie beabsichtigt, sogar nachts in das Haus zu gehen. Sie will spät abends aus ihrem Fenster klettern, durch das ganze Dorf marschieren und mich abholen. Ich soll mich auch irgendwie hinausschleichen, einen Weg würde ich schon finden, aber ich traue mich nicht.

Eines Tages kommt mein Vater furchtbar wütend in unsere gemütliche Behausung und beendet diesen schönen Traum von Freiheit in wenigen Augenblicken. Wir Mädchen sitzen gerade fröhlich, an unsere Helden denkend, bei selbst gekochtem Tee und Zigarette, als er hereinstürmt und im Nu die kleine Küche verwüstet. Er stößt mit seinen Füßen den von uns gezimmerten Tisch und die beiden Stühle um, springt wie ein Besessener darauf herum und wischt alles Geschirr aus den Bretterregalen. Mit zwei weiteren ausholenden Armbewegungen schlägt er mir erst den heißen Tee und die Zigarette aus der Hand und dann ins Gesicht; brüllt mit nasser

Stimme: „Wir sprechen uns zu Hause! Da kannst du was erleben! Alles Geschirr zusammensuchen und ab Marsch!"

Nachdem der Vater seinen Gürtel tanzen lassen hat, sagt er: „Dieses Mädchen ist kein Umgang für dich! Sie hat keinen guten Einfluss auf dich! Die setzt dir doch nur Flausen in den Kopf! Die ist viel zu durchtrieben!"
Kommt die schöne Freundin aber trotzdem, um mich zum Reiten abzuholen oder gemeinsam mit den Hunden zu gehen, schickt der Vater mich erst einmal aus dem Zimmer. Unsere Mutter und der Bruder mit der Brille sitzen oft daneben, wenn er das Mädchen ausfragt. Faunisch wissen will: „Na, treibst du es denn schon richtig mit Männern?" Und nimmt grinsend seinen Daumen zwischen Zeige- und Ringfinger. „Du bist doch ein attraktives Mädchen, mit super Figur und echt tollem Busen! Da werden doch bestimmt die jungen Burschen total verrückt!" Und schaut dabei seinen jüngsten, noch keine achtzehn, an, der rot anläuft und verlegen ins Leere starrt. „Der hat doch Blei im Sack!" Meine Freundin ist nicht dumm und weiß zu antworten. Schüchtern tuend sagt sie: „Ich bin doch noch viel zu jung! Mich interessieren keine Männer." Sie ist fünfzehn.

Die Blonde erzählt mir, dass mein Vater ihr hinterherspioniert. Angeblich verlässt er das Haus nach dem Dienst, um das Damwild vom Hochsitz aus zu beobachten. Doch er fährt meiner Freundin hinterher und beobachtet sie mit seinem Feldstecher. Wenn er genug gesehen hat, erzählt

er es brühwarm ihrem Vater. Wo und wann genau er sie gesehen hat und mit wem, mit was für Männern sie sich herumtreibt. Ihr Vater will davon nichts hören und erst recht nichts wissen, er hat schon lange keinen Einfluss mehr auf seine Tochter. Die Freundschaft zwischen unseren Vätern zerbricht daran und meine Freundin besucht mich jetzt gar nicht mehr.
Von Klassenkameraden erfahre ich, dass sie im Nachbarstädtchen in einer Schülerkneipe arbeitet. Zum Reiten fehlt ihr die Zeit, außerdem steht das Pferd des Barbesitzers auch nicht mehr in unserem Stall. In den Schulpausen gesellt sie sich zu den anderen Mädchen und kennt mich nicht mehr. Jeden Tag trägt sie neue, teure Klamotten.


Im Reitstall verkehren reiche Fabrikbesitzer. Deren jüngste Tochter, ein Jahr älter als ich, besitzt ein wunderschönes Reitpony. Sie selbst ist leider eine arrogante, hässliche Zicke und keiner von uns Jugendlichen aus dem Stall will näher mit ihr zu tun haben. Die Eltern versuchen oft, ihrem Mädchen Kontakte zu verschaffen; veranstalten große Gartenfeste, zu denen auch ich eingeladen werde. Nicht selten spendieren sie den Kindern des Vereins Getränke, damit sie nach dem Reitunterricht noch ein wenig Zeit in der Nähe ihrer einsamen Tochter verbringen.
Diese für den Verein so finanzkräftigen Herrschaften

sprechen mich eines Tages an: „Hast du nicht einmal Lust, mit uns mitzufahren?" Mutter und Tochter sollen nämlich ein neues Reitpferd bekommen und ich darf „das Pferdematerial" mit aussuchen und auch ausprobieren.
Zu Hause beim Abendbrot erzähle ich davon. Mein Vater ist hell begeistert. „Zicke hin Zicke her, lieber einem Kapitalisten in den Arsch kriechen, als einem Russen dienen!" Am nächsten Tag bringt er mich in den Stall. Im Gespräch mit den Herrschaften sorgt er geschickt dafür, dass noch einmal über die bevorstehenden Pferdekäufe gesprochen wird. Mir bleibt letztendlich nichts anderes übrig als deren Angebot anzunehmen.

Vor den Besichtigungstouren fährt die Fabrikantin mit mir in einen Reitladen und kauft lederne Reitstiefel für mich. Ihr in meinen Augen alter Ehemann überreicht mir noch am selben Abend feierlich eine antike Lederreitgerte mit echtem Silberknauf. Eine schickere Reithose als die meine darf ich leihweise von der Tochter anziehen. Trotz des Gefühls, gerade gekauft worden zu sein, freue ich mich über die Sachen.
Verrückterweise sehe ich der Fabrikantenfrau wie aus dem Gesicht geschnitten ähnlich. Jeder, der uns zusammen sieht, macht darüber eine Bemerkung. Wenn die eigene, so unglücklich gebaute Tochter nicht gerade zugegen ist, schmunzelt die vornehme Dame und drückt mich an sich.

Meine Schwester schuftet daheim weiter wie eine Sklavin

und ich brauche, seitdem ich bei den Fabrikanten ein und aus gehe, im Haushalt kaum noch einen Finger zu rühren. Lediglich um Hund und Mutter muss ich mich hin und wieder kümmern. Meinem Vater ist sehr daran gelegen, dass ich jeder Zeit der Fabrikantenfamilie zur Verfügung stehe.

Bald sind zwei wunderschöne Pferde gefunden und gekauft. Die Fabrikantenfrau vermag mangels Reitkenntnisse und körperlicher Kondition ihr noch junges Prachtexemplar kaum zu bändigen und nimmt deshalb eine Reitstunde in der Halle, bei unserem nicht all zu strengen Reitlehrer. Durch die unglaublich schwungvollen Bewegungen ihres neuen Pferdes verliert die Frau leider schon gleich zu Beginn der Stunde ihr Gleichgewicht im Sattel, kippt kopfüber zur Seite und bleibt unglücklich mit ihrem Reitstiefel im Steigbügel hängen. Dabei reißen die Hosenträger ihrer Reithose, diese rutscht herunter und lässt eine geblümte, am Knie gerüschte Unterhose zum Vorschein kommen. Den Männern, die neugierig und tuschelnd an der Bande stehen vergeht das Lachen, sie eilen sofort zu Hilfe und fangen auch das Pferd ein. Der Reitlehrer ruft mich, damit ich es weiter reite. Die Dame verlässt mit hochrotem Kopf die Bahn und spendiert Jägermeister, so wie es der Brauch verlangt.
Nach diesem Ereignis steigt die Fabrikantin nie wieder auf ihr Pferd. Dafür darf ich es, und das täglich. Es bleibt kaum noch Zeit für andere Dinge, zum Beispiel für ein Treffen im Nachbarörtchen mit den Brüdern und ihren Wildpferden, das auch ohne Blonde schön ist.

Die Fabrikbesitzer haben ihren eigenen Pferdestall samt Weiden und Reitanlage mit Flutlicht direkt auf ihrem Grundstück. Bei starkem Regen, wenn deren Dressureck zu matschig ist, oder im Winter der Boden gefroren ist, fahren wir mit den Pferden in die Vereinshalle. Nur dann sehe ich meine alten Reitkameraden.

Als ich das bei Tisch erwähne, heißt es vom Vater: „Die wirst du ja wohl nicht vermissen. Sei froh, dass du überhaupt so eine Reitgelegenheit hast! Sei gefälligst dankbar!" Und wieder: „Krieche lieber einem Kapitalisten in den Arsch, als einem Kommunisten zu dienen!"

Normalerweise holt mich die Fabrikantin höchst persönlich von zu Hause ab, hupt ein Mal und schon stehe ich gestiefelt und gespornt parat. Ist sie verhindert, kommt ein Büroangestellter aus der Fabrik.

Wir beiden Mädchen wollen nicht miteinander warm werden. Nach einiger Zeit bekommen wir einen eigenen Reitlehrer. Er ist ein alter Kriegskamerad des Fabrikanten, ein Ausbilder der „alten Schule". Bei ihm lerne ich das Reiten erst richtig. Der denkt sich für uns Schülerinnen immer wieder etwas Neues aus. Manchmal müssen wir im Reitunterricht eine Zeitung unter den Hintern klemmen und wehe dem, sie fliegt im Trab oder Galopp davon. Der alte, hagere Mann beherrscht das Schwingen seiner langen Peitsche dermaßen perfekt, dass er einem ganz gezielt ein Ohr damit abhauen könnte.

Er mag mich, und wenn ich allein mit ihm auf dem Reitplatz bin, lobt er mich und zieht ungeniert über die arrogante Fabrikantentochter her. Wenn sie aber in der Nähe ist, beachtet er mich kaum.

Nach all dem Drill auf dem Reitplatz und dem jedes Mal danach folgenden steifen Beisammensitzen im Herrenhaus, bietet meine bevorstehende Klassenfahrt eine willkommene Abwechslung.
Dass ich in dieser Zeit nicht reiten kann, finde ich zwar schade, aber eine Woche die Unternehmerfamilie nicht sehen zu müssen, freut mich.
Die Euphorie in unserer Schulklasse ist grenzenlos, obwohl es die letzte gemeinsame Fahrt ist. Unser alter Klassenlehrer nimmt seine Ehefrau als weibliche Begleitperson mit, weil keine andere Lehrerin sich bereit erklärt hat, unseren wilden Haufen zu beaufsichtigen. Die Lehrersgattin kränkelt angeblich schon länger, leidet an nervösen Zuckungen im Unterkieferbereich sowie körperlicher wie geistiger Gebrechlichkeit. Unser Lehrer muss sich während des Landschulaufenthaltes verstärkt um sie kümmern, weshalb wir Schüler oft auf uns allein gestellt sind. Morgens nach dem Frühstück, wenn die Frau endlich aufgegessen hat, und sie sich noch einigermaßen kräftig fühlt, besichtigen wir irgendwelche Besonderheiten des Ortes.
Einmal ist es ein alter Weinkeller. Der Winzer zeigt uns die großen, alten Fässer und erläutert ausführlich den Vorgang des Weinherstellens. Dann führt er uns an einen langen, dicken hölzernen Tisch, an dem wir alle Platz finden. Vor jedem von uns steht ein kleines Glas, auch vor unserem Lehrerehepaar. Wir sollen die verschiedenen Jahrgänge

kosten und auch liebliche von trockenen Weinen unterscheiden lernen. Unser Lehrer ist ein Freund des Weines, das merkt der Winzer sofort und schenkt ihm und seiner Gattin immer wieder großzügig nach. Uns Kinder vergisst er dabei auch nicht. Nach ungefähr zwei Stunden des Probierens erheben wir uns auf Geheiß des Lehrers von der Weintafel und treten hinaus an die frische, heiße Sommerluft. Indes unser Lehrer sich freundschaftlich vom Winzer verabschiedet, übergeben sich die ersten meiner Klassenkameradinnen und Kameraden bereits am Straßenrand. Die anderen, darunter auch ich, die das Biertrinken von Tanzveranstaltungen und Reiterbällen kennen, behalten den Weinmix bei sich, werden nur zunehmend betrunkener. Der alte Lehrer gehört auch zu den Menschen, die einiges vertragen; seine liebe Ehefrau allerdings nicht. Sie lässt sich bereits von den überlustigen Jungs unterhaken und zu Liedern wie „Bolle reiste jüngst zu Pfingsten" hinreißen. Selbst die Hartgesottenen unter uns schätzen sich heilfroh, als sie wieder vor der Herberge stehen und auf ihre Zimmer gehen dürfen.

Später, am selben Tag noch, klettern einige von uns, immer noch betrunken, einen sehr steilen Berg, direkt hinter der Jugendherberge, hinauf. Meine frühere blonde Freundin befindet sich rein zufällig neben mir, als wir uns, an den Baumstämmen festhaltend, immer weiter nach oben bis zu dem Bergkamm hangeln. Keuchend oben angekommen stellen wir fest, dass wir zwei die einzigen sind, die es so weit gewagt haben. Die Herberge sieht winzig klein von da oben aus, doch wir können leise und deutlich hören, wie der alte Lehrer seine Schüler zusammenruft. Wir müssen sehen, dass wir schleunigst wieder nach unten kommen. Leider stellt sich das Hinunter als schwieriger heraus als das Hinaufkommen. Wir stützen uns mit den Füßen an den Baumstämmen ab, um nicht all zu viel Schwung zu bekommen, und je weiter wir nach unten gelangen, desto größer werden die Abstände zwischen den Halt versprechenden Bäumen. Auf halber Strecke setzen wir uns auf unsere Hintern und rutschen auf dem steinigen Geröll bergab, immer mehr an Fahrt gewinnend, Richtung Schulklasse. Noch nicht am Fuße des Berges angekommen, sind Hände, Ellbogen und Gesäß bereits blutig gescheuert. Um diese Körperteile zu entlasten, stelle ich mich auf die Füße, verliere dabei sofort meine Schuhe und überschlage mich mehrmals. Meine alte Freundin kullert neben mir die Böschung hinunter. Beobachtet von der gesamten Schulklasse landen wir direkt vor deren Füße. Alles dreht sich vor meinen Augen. Orientierungslos hocke ich da, spüre nur Brennen und Hämmern im Körper, dass ich mich nicht aufrichten mag.

Der Blonden ergeht es nicht besser. Einige der kräftigen Schulkameraden heben uns hoch und tragen uns in das kleine Büro der Herberge. Dort untersucht uns die Lehrersgattin, völlig überfordert, sanft und unsicher auf eventuelle Knochenbrüche. Die Jungs lachen so schadenfroh, dass der alte Lehrer sie ermahnen und mit Ausgangssperre drohen muss. Bis auf unzählige kleine Schürfungen und Blutergüsse

haben wir Glück gehabt, dürfen den Rest des Tages auf unseren Zimmern bleiben. Die Blonde und ich haben jetzt endlich Gelegenheit, in Ruhe über unsere Freundschaft zu sprechen.
Nach der tollen Klassenfahrt kommt mir mein Alltag noch komplizierter vor. Da sind: Die Anforderungen in der Schule, die ich nicht erfüllen kann. Meine Mutter, die mir permanent ein schlechtes Gewissen einflösst, weil ich sie nicht ernstnehmen kann, mir von ihr nichts sagen lassen mag und ihr am liebsten aus dem Wege gehe.
Dann die anderen, täglich sich wiederholenden, banalen Hausarbeiten, die ich trotzig vernachlässige, was eine permanente Angst zur Folge hat, irgendwann und irgendwie vom Vater bestraft zu werden. Der Hund, der in seinen Zwinger scheißt und bellt und jault, weil nur ich für ihn verantwortlich bin. Und das Reiten bei den Fabrikanten, das ich einerseits liebe, andererseits hasse, das nimmt die meiste Zeit in Anspruch. Es lässt mir kaum noch Raum, mich mit meiner blonden Freundin zu treffen, die mir letztendlich am wichtigsten und liebsten ist.


Die Blonde lernt durch ihren Job in der Schülerkneipe ständig neue Leute kennen. Darunter einen netten Jungen, der sie neuerdings öfter besuchen kommt. Er ist bereits achtzehn und trägt anstatt langer Matte, wie es Mode ist, kurzes, struppliges, von der Sonne geblichenes Haar. In seinem linken Ohrläppchen steckt ein lang herabhängender

Ohrschmuck mit einem dunklen Rubin daran. Der Junge läuft bei Wind und Wetter barfuß. Dieser interessante Typ ist erst vor wenigen Wochen aus Afrika zurückgekehrt. Erst hatte seine Tante mit ihm dort Urlaub gemacht, doch eine Nacht vor der Rückreise hat er die gute Frau allein im Hotel gelassen und ist verschwunden. Ein Jahr durchreiste er mit Bus und per Anhalter den großen schwarzen Kontinent. Ausgerechnet den Erdteil, der mir in meiner Kindheit versagt blieb. Er zeigt uns ein Foto, auf dem er mit langen blonden Locken zu sehen ist. Auf seiner braun gebrannten Brust ruht ein Kettchen mit Anhänger, auf dem ein silberner Halbmond zu sehen ist. Diesen hübschen Jungen schließt die schöne Blonde tief in ihr Herz. Es bereitet ihr unsagbare Freude, ihn von oben bis unten, nach ihrem Geschmack, neu einzukleiden, obwohl er das gar nicht will und erst dagegen protestiert. Schuhe nimmt er keine.

Diese Mondsichel interessiert uns Mädchen doch sehr. Sie stellt ein Symbol der Freiheit für uns dar. Der hübsche Junge trägt dieses Zeichen auch auf seinem Unterarm. Erst lässt die Blonde sich von ihm tätowieren und dann, nachdem ich das Kunstwerk bewundert habe und natürlich toll finde, auch ich. Er bewerkstelligt das mit zwei durch Zwirn zusammengebundene Nähnadeln, die, in schwarzes Skriptol getaucht, in die Haut geritzt werden. Auf diese Weise sticht er uns den orientalischen Halbmond in den Oberschenkel. Das Himmelsgebilde auf Hüfthöhe soll bei meiner Freundin ganz groß werden, meines dagegen lieber klein, aus Angst, mein Vater könnte es entdecken. Oben in meinem Zimmer steche ich mir heimlich, wenn alle schlafen, Mond und Sichel noch einige Male nach, damit sie noch deutlicher zu sehen sind.

Fahre ich zur Blonden, binde ich meinen Hund in deren Garten an einen Baum und begrüße als Erstes die dicke Mutter in der Küche, die meistens am Essen ist. Ich setzte mich kurz zu ihr und lasse mich von ihr ausfragen. Sie will immer alles genau wissen: „Haste deine Arbeit erledigt? Hat der Alte dich weggelassen?" Und so weiter. Ich beantworte alle ihre Fragen höflich und geduldig, damit mein Hund draußen zwischen ihren Rabatten sein darf. Erst dann gehe ich ins Zimmer meiner Freundin, die schon auf mich wartet. Neuerdings in Gesellschaft des „blonden Afrikaners".
Mit ihnen rauche ich meinen ersten Joint.

Mittlerweile bin ich Mitglied in drei Reitvereinen. Für den alten Reitstall zahlt mein Vater den Beitrag, für die beiden anderen die Fabrikantenfamilie. Die neuen Vereine verfügen über größere Hallen, qualifiziertere Reiter und betuchtere, passive Mitglieder.
Wegen eines bevorstehenden Reitturniers stellen die Fabrikbesitzer ihre zwei Reitpferde in einen dieser Ställe. Die Reitanlage kann ich, wenn die zickige Tochter meiner Gönner keine Zeit hat, problemlos mit meinem Fahrrad erreichen und auch den Hund mitnehmen. Jedes Mal, wenn das der Fall ist,

binde ich meine Hündin in der Box meines mir anvertrauten Pferdes an, in der sie geduldig auf mich wartet, bis ich mit dem Reiten fertig bin.

Die Inhaber der dortigen Reiterklause, ein älteres Ehepaar, besitzen einen zittrigen, linkischen, glubschäugigen und doch irgendwie süßen, Rehpinscher, der ohne Pause in den widerlichsten hohen Tönen kläfft. Dieses kleine nervige Wesen traut sich allerdings nicht in die Stallungen, wenn mein Hund dort weilt.

Ich führe, wie immer nach dem Reiten, mein Pferd in die Box, um es mit Stroh trockenzureiben und sehe, dass säuberlich abgetrennt vom Rumpf, der Kopf des kleinen Pinschers neben der durchkauten Lederleine meines Hundes liegt. Der Hund selbst sitzt, ein großes Lob von mir erwartend, schwanzwedelnd und freudestrahlend daneben. Erst will er seine Trophäe nicht hergeben, wie die Stöcke, die man zum Wiederbringen wirft, doch nach einem autoritären „Aus!" gelingt es mir, das Köpfchen im Heu so lange zu verstecken, bis ich das Pferd versorgt habe.

Ich suche den Rumpf draußen im Regen und finde ihn endlich unter einem der Pferdehänger. Unbeobachtet lege ich den dazugehörigen Kopf an die richtige Stelle und mache mich schnell, samt meiner Hündin, aus dem Staub. Als ich am nächsten Tag, mit einem furchtbar mulmigen Gefühl, die Stallungen betrete, habe ich irgendwie den Eindruck, dass gar keiner den kleinen Hund vermisst. Ich schaue unter den Pferdehänger, da liegt er nicht mehr. Ich absolviere meine

Reitstunde, besuche die Reiterstube wie gewöhnlich; keiner schaut mich schräg an. Niemand verdächtigt mich, also verhalte ich mich ganz unauffällig und erwähne das kleine Hündchen auch nicht.

Daheim erledige ich meine Aufgaben weiter so, dass es zwar Gemecker gibt, aber für eine Tracht Prügel nicht reicht. Einmal wöchentlich gehe ich mit meiner Mutter über den von ihr so geliebten Friedhof. Grabstein für Grabstein arbeiten wir uns durch die Reihen. Es wirkt beruhigend und erholsam auf mich. Ein kurzes Abschalten vom Alltag.

Ich bin jetzt fast fünfzehn und erhalte jeden Sonntag meine fünf Mark Taschengeld vom Vater. Obwohl ich zwischendurch immer wieder einige Geldstücke aus der Haushaltskasse nehme und auch noch an die riesige Plastik-Sparflasche meines zweitältesten Bruders gehe, reicht das nicht aus. Um mehr Geld zur Verfügung zu haben, nehme ich einen Job in einer Gärtnerei an. Dort bekomme ich drei Mark die Stunde, dafür muss ich Azaleen beschneiden und winzige Erikapflänzchen umtopfen.

Von der Schule aus sollen wir uns einen Praktikumsplatz suchen. Ich nehme natürlich die Gärtnerei. Der Chef dort hat mir hoch und heilig versprochen, die Zeit und Arbeit zu bezahlen. Am Ende tut er das leider nicht.
Alle Schüler müssen ihre Erfahrungen und Arbeitsabläufe aus der Praktikumszeit in ein extra dafür vorgesehenes

Berichtsheft schreiben. Da meine Tätigkeit dermaßen stupide abläuft, eher einer Akkordarbeit gleicht, bereitet es mir große Schwierigkeiten, darüber zu berichten. Ich schiebe die Abgabe meines Berichtsheftes immer wieder hinaus und habe dauernd neue Entschuldigungen parat, bis eines Tages mein Lehrer mit einer schlechten Zensur droht, die sich in meinem Abschlusszeugnis ganz und gar nicht gut macht.

Als der allerletzte Termin bevorsteht stelle ich mich morgens gleich nach dem Aufwachen krank. Ich simuliere fürchterliche Schmerzen im rechten Bauchbereich und dazu allgemeine Übelkeit. Mein Vater ruft sofort den Doktor an, der auch mein Auge genäht hat. Der ist schnell da und drückt auf meinem Bauch herum, während ich ein- und ausatmen soll. Jedes Mal, wenn er drückt, stöhne ich laut auf. Mit fachmännischer Miene bittet er meine Eltern, telefonieren zu dürfen. Mein Vater eilt sofort los, den kleinen Telefonschlüssel zu suchen, weiß nicht mehr, wo er ihn in all der Aufregung hingelegt hat. Bevor der Doktor die Geduld verliert, findet er ihn und schließt das Telefon auf.

Die Johanniter bringen mich mit Tatütata ins nächste Krankenhaus. In der Notaufnahme fragt man mich, ob ich schon gefrühstückt hätte, was ich verneine. Eine junge Ordensschwester will wissen: „Muss ich die junge Dame denn auch rasieren?" Gleichzeitig zerrt sie an meiner Schlafanzughose herum, um sich zu vergewissern, mit dem Ergebnis, dass sie es nicht muss. Eine andere Schwester eilt herbei und gibt mir ohne Vorwarnung eine Spritze in den Hintern. Dann werde ich in den OP geschoben. Bevor die

Operation losgeht, setzt mir eine total vermummte Gestalt eine widerlich stinkende Narkosemaske auf Mund und Nase. „Tief ein- und aus atmen! Bis Hundert zählen!" Ich höre gerade noch, wie eine keifende Stimme ruft: „Kommt der Doktor endlich mal!"
Als ich wieder zu mir komme, steht ein junger asiatisch aussehender Arzt neben meinem Bett und erzählt stolz, mehr in seiner Heimatsprache als auf Deutsch: „Du has aber ma Gluck habt, dein Appendix is auf Tablett platzt." Ich behalte eine unansehnliche Narbe zurück. Meinen Praktikumsbericht muss ich nicht abgeben.
Ich liege acht Tage im Krankenhaus und meine Eltern besuchen mich nur ein Mal. Sie denken nicht an eine Zahnbürste oder einen frischen Schlafanzug; sitzen nur eine Weile da und beklagen sich, was ich ihnen doch für Kummer und Sorgen bereite. Mein lieber, großer Bruder holt mich am Entlassungstag in Polizeiuniform ab. Es ist mir peinlich, wie er da so sauber und adrett steht und ich so dreckig stinkend daneben.

Zur Kontrolle der Wunde fahre ich mit dem Fahrrad zur Praxis unseres bewährten Hausarztes. Immer noch von schlimmen Bauchschmerzen geplagt, liege ich nach langem Warten endlich auf der Behandlungspritsche und warte voller Angst darauf, dass er mir das teuflisch klebende Pflaster von der juckenden Blinddarmnarbe reißt. Doch er macht keinerlei Anstalten. Mit hunderten von kleinen Schweißperlen auf der Stirn wendet er sich erst dem Waschbecken gegenüber zu und füllt ein Glas mit Leitungswasser. Ich nehme an, dass ich jetzt eine Tablette gegen meine Schmerzen bekomme, doch er schüttet sich selbst, mit zittrigen Händen, ein halbes Röhrchen Pillen in den Mund, zerkaut sie wie Bonbons und spült alles mit dem Wasser hinunter.

Die Hauptschule ist vorbei. Am letzten Tag gehe ich durch das kleine Pförtchen im Garten und mir wird dabei fast schmerzhaft bewusst, dass es sich um das letzte Mal handelt und dass ich danach meine Klassenkameraden nie wieder alle beisammen sehen werde. Aber erst kommen die Sommerferien.

Den Beruf, den ich erlernen könnte, was zu mir passen würde, darüber habe ich mir noch keine großen Gedanken gemacht, denn eigentlich möchte ich weiter zur Schule gehen, nur meine Noten sind nicht gut. Für meinen Vater kommt mein Schulabschluss genauso plötzlich. Die älteren Geschwister sind alle gut „untergebracht", doch was meine Zukunft betrifft, so gibt es viele Fragen. Wir haben noch nicht ernsthaft darüber gesprochen.

Ihn beschäftigen andere, wichtigere Dinge. Zum Beispiel das nächtliche Jagen auf Katzen und Kaninchen, die diversen Frauen, denen er auch hinterherjagt, das Ausspionieren anderer, in seinen Augen verdächtiger Personen, und letztlich seine Feinde, deren Anzahl stetig wächst, weil er es bei jedem darauf anlegt. Eine Zeitlang stellt er sich demonstrativ in die Hofeinfahrt und schreibt alle Autos auf, die schneller als Schritttempo an ihm vorbeifahren. Mit der Liste geht er zur

Polizei und erstattet Anzeige gegen diese Verkehrssünder.

Beim Abendbrot meint mein Vater, das Beste sei tatsächlich, ich ginge weiter zur Schule, dann könnte ich auch unserer Mutter weiterhin zur Hand gehen und die Schwester entlasten, die nebenbei eine Ausbildung macht.
Was die weiterführende Schule betrifft, kommt nur die kaufmännische Handelsschule in Betracht. Sie befindet sich knapp fünfzehn Kilometer entfernt, in einem streng katholischen Städtchen, ist aber mit der Eisenbahn zu erreichen.

Am Anfang der Ferien arbeite ich jeden Tag sechs Stunden in der Gärtnerei, bevor ich zum Reiten gehe. Ich will mir von meinem verdienten Geld ein kleines Transistorradio und einen Nickipullover kaufen, einen in weinrot oder tannengrün, wie er bei bestimmten Leuten „in" ist. Um mir diese beiden Wünsche zu erfüllen und weil die Blonde mal wieder keine Zeit hat, fahre ich das erste Mal allein in die Hauptstadt. Dort irre ich wie blind, weil unerfahren, lange herum, bis ich die richtigen Läden finde.
Wegen des Ferienjobs und der Reiterei komme ich leider kaum dazu, meinen neuen Pullover zu tragen, geschweige denn, in Ruhe Radio zu hören.

Zwei Wochen vor Ferienende klappere ich sämtliche Firmen, Läden und Geschäfte in unserem Dorf ab, in der Hoffnung, einen angenehmeren Job zu finden. Den finde ich in einem

kleinen Farbengeschäft. Für fünf Mark die Stunde darf ich herumsitzen und äußerst seltene Telefonaufträge entgegennehmen. Manchmal verkaufe ich auch einen Topf Farbe und Pinsel an Kunden, die sich meines Erachtens verirrt haben.
Dieser Laden wird ein Treffpunkt für einsame, frisch entlassene Neuntklässler.
Mein neuer Chef ist Alkoholiker, und wenn er die Nacht getrunken hat, oft nicht in der Lage, irgendwelche Malerarbeiten auszuführen. Dann muss ich meine Leute wieder wegschicken.
Direkt im Verkaufsraum, durch dünne Holzwände abgetrennt, befindet sich ein kleines Kämmerlein, indem sich ein unbezogenes Bett und herumliegende Anziehsachen befinden. Außerdem stehen jede Menge leer getrunkener Bier- und Schnapsflaschen herum und es stinkt bestialisch nach Urin und verdorbenen Essensresten. Dieser beißende Geruch verteilt sich im ganzen Malergeschäft. Wenn der kleinwüchsige Mann, ungewaschen und noch völlig benommen, es dann doch schafft, den Laden zu verlassen, trudeln allmählich meine alten Klassenkameraden ein. Wir sitzen lustig um den Verkaufstresen herum, rauchen, trinken Bier oder Cola und schwelgen in Erinnerungen an die alte Schulzeit. Jeder steckt sich beim Gehen noch schnell einen Pinsel ein und wenn ich mir meinen Lohn aus der Kasse nehmen will, liegt nie genug Geld darin.
Als die Ferien zu Ende sind, drückt der arme Meister mir fünfzig Mark in die Hand, mehr ist nicht drin, und bedankt

sich bei mir.
Von dem Geld kaufe ich mir eine Umhängetasche und eine Füllfedermappe aus rotem Nappaleder samt Inhalt für die neue Schule.

Am ersten Schultag, auf dem Weg zum Bahnhof, komme ich an meiner alten Schule vorbei und es überkommt mich wieder ganz stark, dieses Gefühl von tiefer Traurigkeit und Verlorenheit.

Ich nehme mir fest vor, von Anfang an eine gute Schülerin zu sein, mir große Mühe zu geben, tadellos saubere Mappen zu führen und immer gut auf den Unterricht vorbereitet zu sein. Dank meiner schönen Schreibutensilien macht es mir Freude und es gelingt mir sogar, gute Noten abzuliefern. In Stenografie schreibe ich nur Einsen.

Nach ungefähr vier Monaten an der Handelsschule vergesse ich meine schöne Federmappe im Zugabteil. Nach dem Durchsehen meiner Hausaufgaben lasse ich sie aus Versehen liegen und merke es erst, als der Zug schon wieder rollt. Darüber verärgert und voller Selbstvorwürfe kann ich mich den ganzen Vormittag nicht auf den Unterricht konzentrieren, zumal ich mir auch noch Kugelschreiber und Bleistift ausleihen muss. Zu Hause erzähle ich, was mir passiert ist. Mein Vater regt sich fürchterlich auf und brüllt: „Wo hast du wieder deinen Kopf gehabt? Warum bist du auch nie bei der Sache! Von mir gibt es keinen neuen Füller und schon gar

kein neues Etui! Hol dir die fehlenden Sachen gefälligst von deinen Geschwistern! So ein Zeugs wird´s ja wohl noch im Hause geben! Meine Güte!"
Von da an gehe ich ohne Lust in die Schule; finde kein Interesse mehr an Stenografie und gebe mir auch keine Mühe. Oft schwänze ich den Unterricht und fälsche auf der selbstgeschriebenen Entschuldigung die Unterschrift meiner Mutter. Die wissen ja nicht, was mit ihr los ist. Nur in die Schülerkneipe am Bahnhof zieht es mich noch, weil dort immer einige Schulkameraden von früher herumhängen und auf den nächsten Zug warten und schließlich den übernächsten nehmen. Außerdem verkauft die Wirtin legendäre, sehr leckere Frikadellen mit Senf, die ich mir allerdings nur leisten kann, wenn der Spielautomat, von meinen letzten zwanzig Pfennig, genügend Geld ausgespuckt hat.

Mir ist die Schule mittlerweile so egal, dass ich eines Morgens, tief in Gedanken versunken, total vergesse, an der richtigen Haltestelle auszusteigen. Da bleibe ich einfach sitzen und fahre bis zum nächsten Bahnhof weiter. Dort warte ich auf dem gottverlassenen Steig so lange, bis der richtige Zug kommt und mich zurückfährt. Vom langen Herumstehen müde, schlafe ich im neuen Zug ein und verpasse die Haltestelle am Schulort. Eine Station vor meinem Heimatort warte ich auf den nächsten Zug, der zurück geht. Endlich angekommen und ausgestiegen, lohnt es sich nicht mehr, in die Schule zu gehen. Also marschiere ich direkt zur

Schülerkneipe.

Es dauert nicht lange, da kommt ein Schreiben von der Schulbehörde in blauem Kuvert, an meinen Vater gerichtet, in dem steht, dass wir es uns überlegen sollten, ob die Handelsschule das Richtige für mich sei. Nach einem gehörigen Donnerwetter, das nach Widerworten meinerseits mit schmerzhaften Kopfnüssen und Geheul endet, fragt mein Vater tags darauf sichtlich verzweifelt den Fabrikanten, ob ich nicht bei ihm im Büro eine Lehre machen könnte, immerhin trage er eine gewisse Mitschuld an meinem Versagen; wegen der Reiterei, weil die mir keine Zeit zum Lernen ließe. Außerdem sei ich sowieso jeden Tag bei ihm im Stall und so könne man sich wenigstens die Fahrerei sparen. Der Fabrikant willigt ein. Die beiden Männer beschließen, eine Ausbildung zur Industriekauffrau sei das Richtige für mich.

Bis zum Ausbildungsbeginn müssen noch einige Monate überbrückt werden. Ich soll in der Zeit meiner Mutter unter die Arme greifen. „Damit deine Schwester sich mal ausruhen kann." Doch ich arbeite bald wieder in der Gärtnerei, weil ich nicht kochen kann, überhaupt für die Hausarbeit nicht so gut geeignet bin.

Mittlerweile beschneide ich die Azaleen in Windeseile und teile die kleinen Erikapflänzchen voneinander, damit aus einer drei oder mehr werden und topfe sie ein. Nach der Arbeit bringt mein Vater mich zum Reiten. Das macht er zu gerne, denn dann hat er immer eine gute Gelegenheit sich mit der vornehmen Fabrikantin zu unterhalten. Ich säubere indes die Box von Pferdeäpfeln, striegele das Pferd gründlich aber schnell und absolviere die Reitstunde. Unnötig viel Zeit vergeuden will ich nicht, denn meine Freundin, die Blonde, wartet schon. Mein Vater scheint das zu ahnen und versucht nach der Reitstunde auf Biegen und Brechen noch mit der Fabrikantenfrau ins Gespräch zu kommen. Nimmt die Dame sich Zeit, wird mit dem Reitlehrer noch Tee und Schnaps getrunken und der frühe Abend zieht sich in die Länge. Ich sitze wie auf heißen Kohlen.

Ich soll mit meiner Schwester einen Tanzkursus machen. „Allein traut die sich nicht", sagt unser Vater. Der Kurs findet im ehemaligen Unteroffiziersheim statt und die Jungs kommen, bis auf einige Ausnahmen, alle aus der Kaserne. Mein mir zugeteilter Tanzpartner, ein großer, blond gelockter Katholik und ein Jahr älter als ich, bildet eine solche Ausnahme. Obwohl er katholisch ist, was mich, gewarnt durch meinen Vater, erst skeptisch stimmt, finde ich ihn sympathisch und nett. Einmal gehen wir nach dem Tanzen gemeinsam mit anderen - meine Schwester will Gott sei Dank noch freiwillig zu einer Freundin - zu zwei Schwestern, deren Eltern ein Textilwarengeschäft betreiben. Die Mädchen verfügen meistens über eine „sturmfreie Bude", da ihre fleißigen Eltern abends die leer gekauften Regale auffüllen und ungestört die Buchhaltung erledigen müssen. Im „Kinderzimmer" dürfen wir Jugendlichen, ohne Angst haben zu müssen, rauchen und auf dem Bett liegend fernsehen. Da wird dann auch schon mal geküsst und getastet. Mein Tanzpartner und ich machen das auch, allerdings nur kurz, denn plötzlich, wie von einer Tarantel gestochen, springt er vom Bett auf und besinnt sich anscheinend seiner religiösen Herkunft, was mich wiederum an die Äußerungen meines Vaters erinnert.

Wir gehen jetzt lieber nach dem Tanzunterricht direkt in die Kneipe neben der Tanzschule. Diese gemütliche Stätte wird von einem älteren Ehepaar betrieben und hat etwas Familiäres an sich. Dort treffen sich, bis auf einige ältere Stammgäste, Schüler und Lehrlinge, um Billard, Flipper oder Fußballkicker zu spielen. Viele von ihnen, noch Kinder, wollen einfach nur ihr Herz ausschütten, verzehren brauchen sie nichts. Das alte Ehepaar hört jedem mit einer stoischen Ruhe und ohne Schuldzuweisungen zu. Die Wirtsleute haben auch nichts dagegen, wenn wir Minderjährigen uns in die hinteren Klubräume verziehen und am großen, runden Eichentisch einen Stiefel Bier nach dem anderen trinken. Ich beherrsche die Technik des Stiefeltrinkens schnell, weiß, dass beim Trinken keine Blasen aufsteigen dürfen, denn sonst heißt es: „Du musst die nächste Runde ausgeben!"

Mein Tanzpartner lädt mich zu sich nach Hause ein, um mich seiner Mutter vorzustellen. Nachdem die beschürzte, streng dreinblickende Frau mich an der Haustür von oben bis unten stumm beäugt und sich ein Urteil über mein Äußeres gemacht hat, darf ich eintreten. Mein Freund und ich sitzen uns nach einer förmlichen und kalten Begrüßung schweigend am

Stubentisch gegenüber. Die Mutter lässt uns tatsächlich mit Keksen und Saft allein.

Da steht plötzlich ein kleiner Junge von ungefähr fünf Jahren in der Tür. Mein Freund erhebt sich sofort und schiebt das Kind zurück ins Nebenzimmer. Dort tuschelt er ihm etwas zu, von dem ich nichts verstehe, dann kehrt er mit hochrotem Kopf an den Tisch zurück. Im selben Moment, ganz leise, öffnet sich die Zimmertür wieder und der kleine Junge schleicht sich erneut an unseren Tisch, stellt sich mit seinem Gesichtchen zu mir und fängt an, Faxen zu machen, scherzt mit mir, indem er mich am Arm grob krault und zwickt. Seine blauen, mandelförmigen Augen strahlen warm und lieb und seine große pelzige Zunge füllt beim Lachen seinen gesamten Mundraum. Dabei tropft ihm Speichel auf den bestimmt von der Mutter gestrickten Pullover. Ein fröhliches, lustiges Kerlchen, finde ich und gehe ganz ungeniert auf seine Scherze ein. Meinem Tanzpartner ist der kleine Bruder sichtlich peinlich. Er schimpft ihn aus, worauf der Kleine weinend rausläuft. Unsere Gläser trinken wir Großen nicht aus und die Kekse rührt keiner an. Es ist besser, wenn ich gehe. Die Mutter kommt ins Zimmer und räumt den Tisch ab.

Die erste Begegnung mit einem behinderten Menschen erzähle ich ganz beiläufig beim Abendbrot. Mein Vater spitzt sofort seine Ohren und lässt mich erst gar nicht ausreden. Er erklärt uns allen am Tisch, was schwaches Erbgut bedeutet und dass so etwas noch nie in unserer Familie vorgekommen ist und in Zukunft auch nicht vorkommen wird, es sei denn, eines seiner Kinder gibt sich mit solchen Leuten ab, was er nicht hofft und auch nicht glaubt.

Mein Tanzpartner macht Schluss mit mir. Als Begründung gibt er die unterschiedlichen Konfessionen an. Das ist Grund genug. Er käme nun mal aus einer strenggläubigen Familie und ich eben nicht. Für die letzten Tanzstunden und auch für den Abtanzball werden die Tanzpartner getauscht. Ich gehe schon bald nicht mehr hin. Eine Bemerkung meines Vater gibt mir dann doch die Gewissheit, dass er sich eingemischt hat: „Beten schützt vor Unheil nicht, die sind doch alle schwarz wie die Nacht!"

Wochen nach dieser kurzen Liebelei lerne ich in der Dorfkneipe, in die ich mich heimlich schleiche, sobald sich auch nur eine Gelegenheit bietet, einen jungen Soldaten kennen, der zufällig bei meinem Vater Rekrut ist. Dieser zart besaitete Jüngling befindet sich in psychologischer Behandlung, weil er eigentlich den Wehrdienst verweigern will. Sich „drücken" ist für die jungen Männer nicht einfach, also versucht er es auf diese Weise. Wir verstehen uns auf Anhieb gut, reden über Gott und die Welt und wollen uns unbedingt bald wieder sehen. Er verkörpert den typisch intellektuellen Menschen, ein „Wesen", das mein Vater absolut nicht ausstehen kann. Wir beide verabreden uns für den nächsten Sonntag. Er will mich abholen und mit mir in seinem VW-Käfer eine Tour machen.

Meine Familie sitzt gerade beim Mittagessen als es klingelt. Ich mache die Tür auf und führe ihn in unser Wohnzimmer,

so, wie es mein Vater mir noch schnell am Tisch befohlen hat. Weil sich das Essen aber so hinauszögert, ich noch abwaschen und dieses und jenes erledigen soll, nimmt der wartende Junge sich irgendwann ein Buch aus dem Regal und liest darin, im Schaukelstuhl sitzend und in aller Ruhe. Als mein Vater das sieht, flippt er total aus, schreit den armen Jungen an, was ihm denn einfiele, sich so selbstherrlich zu benehmen, einfach ein Buch zu nehmen, ob er nicht wisse, dass das fremdes Eigentum sei und ob er denn gar keine Manieren habe. Mein junger Soldat ist dermaßen erschrocken darüber, dass er noch während der Tour im Auto total durcheinander ist. Wieder zurück, vor unserer Haustür, verkündet er mir mit zittriger Stimme, dass es keinen Zweck mit uns hätte. So einen Vater im Hintergrund könne er unmöglich ertragen. Er gibt mir noch einen Kuss auf die Wange und fährt.
Gott sei Dank kannten wir uns kaum und die Geschichte berührte mich nicht all zu sehr. Ich höre auch bald von anderen, dass dieser junge Soldat nicht mehr da ist. Er hat es anscheinend geschafft, dem Wahnsinn zu entkommen.

Meine Freundin, die Blonde, findet eine Lehrstelle bei einem Gynäkologen in der Stadt. Tagsüber können wir uns nicht mehr sehen. Abends, wenn sie mit dem Zug zurück ins Dorf kommt, geht sie immer noch in die gutbesuchte Dorfdiskothek, die schon um neunzehn Uhr öffnet und in der sich neuerdings Jung und Alt trifft, um progressive Musik zu hören und danach zu tanzen. Ich denke mir zu Hause alles

Mögliche aus, um da auch für ein, zwei Stunden hinzukönnen. Die Musik gefällt mir und ich tanze, bis mir schwindlig wird und ich völlig nass geschwitzt bin. Mit einem unguten Gefühl, meine Abwesenheit könnte unseren Vater „auf die Palme bringen", renne ich jedes Mal nach Hause und hole mir noch schnell den Hund aus dem Zwinger, in der Hoffnung, so einer Strafe zu entgehen oder sie zumindest zu mildern.

Einmal gehe ich nach einem Zahnarzttermin - ich komme unerwartet schnell dran - noch schnell in diese Disco, um etwas zu tanzen. Gerade völlig abgetaucht in die rhythmische Musik, vernehme ich eine mir bekannte Männerstimme an meinem Ohr: „Du elendes Flittchen! Was treibst du hier! Bist du von allen guten Geistern verlassen? Mach, dass du nach Hause kommst! Dir werd ich´s zeigen!" Dann folgen Schläge mit dem Handrücken ins Gesicht, Boxhiebe auf den Rücken und Fußtritte in den Hintern und an die Beine. Ich sacke zu Boden und schütze mich vor weiteren Schlägen, indem ich den Kopf zwischen die Knie presse. Alle Anwesenden stehen herum und schauen zu, hören die Klänge von James Browns „Sex-Machine". Mein Vater zieht mich an den Haaren von der Tanzfläche, raus aus dem Laden, bis zu seinem Auto.

Zu Hause, in der Garage, zieht er seinen Bundeswehrkoppel aus den Schlaufen und peitscht mich die Treppe hoch, schlägt mich so lange, bis ich „ihn fast ins Grab bringe".

Meine Freundin kennt mittlerweile jeden Zuhälter im Dorf und Umgebung. Immerhin befinden sich in unserem kleinen

Kaff fünf Bordelle, die alle gut von den Soldaten besucht werden. Leider hat sich meine Freundin in einen dieser Luis verliebt. Der Typ hat mehrere Frauen, die für ihn arbeiteten. Manchmal bringt er auch die eine oder andere mit in die Disko. Als diese Damen dahinterkommen, dass ihr Chef meine Blonde zur Freundin hat, lauern sie ihr eines Nachts auf und schlagen sie halb tot. Die Gute lässt sich aber nicht von diesem üblen Typen abbringen, ganz im Gegenteil, sie arbeitet jetzt auch für ihn. Die Ausbildung zur Arzthelferin dient nur als Alibi; sie geht gar nicht mehr regelmäßig hin.

Ich lerne wieder einen Soldaten kennen. Einen Neunzehnjährigen aus Bayern, mit dunklen Haaren und hellgrünen Augen, der schon ein eigenes Auto fährt, aber nur, weil er sich für zwölf Jahre verpflichtet hat. Ein Bursche, gegen den mein Vater bestimmt nichts einzuwenden hat. Ich finde ihn erst ziemlich hässlich, als er mich in der Disco am Tresen fragt, ob ich ein Bier mit ihm trinken möchte. Sein bayrisch ist kaum zu verstehen und ich muss ständig nachfragen, was er denn meint. Pünktlich um zehn bringt er mich an diesem Samstag nach Hause und küsst mich vor dem Aussteigen einfach auf und in den Mund.
Irgendwie mag ich ihn dann doch und das mit dem „so früh zu Hause sein" wird bald ein massives Problem. Der Bayer, das weiß ich von der Blonden, amüsiert sich abends noch ohne mich ganz gut. Ich bekomme Angst, auch diese Liebe zu verlieren, und rede mit meinem großen Bruder. Er wohnt wieder bei uns, hat seinen Polizeiberuf aufgegeben und macht

das Abitur nach. Spät abends, wenn alle im Haus schlafen, lässt er mich durch sein Fenster raus. Er stellt die armseligen Pflanzen vom Fensterbrett auf den Boden und lehnt das Fenster nur an. Leider muss ich, um in das Zimmer meines Bruders zu gelangen, erst die knarrende Holztreppe hinuntersteigen und das so geräuschlos wie nur möglich, damit der Vater oder der Bruder mit der Brille bloß nicht wach werden.

Mein erster Ausflug verläuft problemlos. Mein Bruder lässt mich raus und bemerkt mein Zurückkommen überhaupt nicht. Ich stelle die trostlosen Pflanzen wieder auf die Fensterbank, gehe wie ganz selbstverständlich auf die Toilette und dann die laute Treppe hinauf. Meine Schwester weiß Bescheid, verpetzt mich aber nicht, aus Angst, der Vater könne sie gleich mit verdreschen.

Am zweiten Abend rutsche ich mit meinen Frotteesocken auf der obersten Stufe aus und poltere die gesamte Treppe auf dem Steißbein hinunter. Da werden natürlich alle wach und stürmen aus ihren Zimmern. Ich liege mit offenen Haaren und in Ausgehmontur im Vorflur. Mein Vater fragt nur, ob ich mich für den Schlaf so einparfümiert hätte. Mir tun sämtliche Knochen weh; an diesem Abend bleibe ich freiwillig zu Hause.

Um die blöde Treppe zu vermeiden krieche ich am darauf folgenden Abend durch die enge Dachluke und muss hoch oben auf den Zementpfannen balancierend die Dachschräge runterklettern. Diese Aktion finde ich viel zu aufregend und gefährlich, besonders unter Alkohol. Der Ausflug macht mir keinen Spaß. Wieder zu Hause, will ich den großen Bruder wecken, denn noch einmal über das Dach gehe ich nicht. Der Bruder schläft so fest, dass er meine leisen Rufe erst nicht hört und dann, als er sie endlich vernimmt, auch noch glaubt, ich sei ein Einbrecher. Er schreit mehrmals „Hilfe!", was Gott sei Dank keiner hört.

Das Auto meines neuen Freundes hat einen defekten Auspuff und knattert so laut, dass ich von meinem Zimmer aus verfolgen kann, wo er sich gerade befindet. Mich macht das ganz verrückt, besonders wenn ich an einem Mittwoch oder Sonnabend nicht weg darf, weil mein Vater mal wieder der Ansicht ist, ich bräuchte schließlich nicht jeden Mittwoch oder Sonnabend weg, ich könne ja auch einmal zu Hause bleiben, im Kreis der Familie.

Unterm Tisch die Hände ringend darf ich ihm beim Reinigen seiner Waffen oder beim Einfetten der Hundeleine zusehen. Wenn ich langsam nervös und sauer werde, freut er sich und macht obszöne Bemerkungen. „Na, wartet dein „Beschäler" schon?" Oder „Juckt's wieder?" Beschwere ich mich über diese Widerlichkeiten, ganz vorsichtig, aus Angst, wegen Widerspruchs erst recht nicht wegzudürfen, wird er meistens doch böse und zischt solch Behauptungen, wie: „Spiel mal nicht die Heilige!"

Von der nächtlichen Schleicherei, der täglichen Arbeit in der Gärtnerei und den darauffolgenden Reitstunden bin ich völlig übermüdet und körperlich erschöpft. Ich schlafe im Stehen ein. Wenn meine Mutter mir eine Arbeit auftragen will, fauche ich aggressiv zurück: „Lass mich in Ruhe!" Sie ist ja kaum in der Lage, sich zu wehren. Manchmal bin ich richtig froh, wenn mein Vater mich nicht weg lässt. Dann bleiben die Blumen auf dem Fensterbrett und ich schlafe wie eine Tote.

Der große Bruder beschließt zusammen mit seiner Freundin, mich in die Disco zu begleiten, in die ich so gerne gehe, um zu schauen, was das für ein Laden ist. Vorher streitet er mit unserem Vater, meint, dass der so vieles mit mir falsch machen würde. Letztendlich willigt der Vater ein. Ich ziehe an diesem Abend Rock und Bluse an, was überhaupt nicht zu mir passt. Mein Soldat weilt in Bayern bei seiner Familie und so sitze ich mit dem jungen Pärchen allein am Tisch. Meine Freunde, mit denen ich ansonsten am Tresen hänge, Zigaretten rauche und Bier trinke, kapieren die Situation sofort und ignorieren mich einfach. Ich mag mit meinem fraulichen Outfit nicht tanzen und für meinen Bruder und dessen Freundin ist die Diskothek nichts. Ziemlich früh, als es erst richtig voll wird, verlassen wir das Lokal. Zu Hause sagt der große Bruder zum Vater: „Um deine Tochter brauchst du dir wahrhaftig keine Sorgen machen, die ist ja eher verklemmt."

Ich bin fast sechzehn und habe meine Regel immer noch nicht. Mein neuer Freund möchte natürlich mehr als nur reden und Händchen halten.
Wenn im Dorf nichts los ist, fahren wir auf die dörfliche Müllkippe, um ungestört kuscheln und knutschen zu können.

Mir macht das keinen Spaß. Trotzdem passiert es auf dem Beifahrersitz, dass er, im Fußraum kauernd, seine Stirn an meine gepresst, mir die Unschuld nimmt. Anschließend lässt er mich vor der Schule aussteigen. Blut und Sperma laufen an meinen Oberschenkeln herunter, alles tut weh und brennt. Ich laufe über den mir so vertrauten Schulhof, durch das Gartenpförtchen, zurück an das Fenster meines Bruders, doch es ist verschlossen. Die Blumen stehen in Reih und Glied auf der Fensterbank und die Gardine ist zugezogen. Auch nach leisem Klopfen und Rufen rührt sich nichts. Ich denke, dass er vielleicht zu seiner Freundin gefahren ist und mich ganz vergessen hat. Angst überkommt mich, mein Vater könnte das Fenster bei seinem allabendlichen Rundgang durchs Haus geschlossen haben und ich aufgeflogen sein. Ich setz mich auf der Terrasse in mein Blut und warte händereibend auf den Morgen.
Der Bruder mit der Brille muss als Erster zur Arbeit. Kaum ist er weg, schlüpfe ich schnell und leise durch das offene Garagentor ins Haus, gehe ins Badezimmer und verhalte mich so, als mache ich mich gerade für den neuen Tag fertig.

Meine Ausbildung beginnt.
Nachdem mich der Prokurist, mein Ausbilder, bei jedem Angestellten im Büro vorgestellt hat, steckt er mich, und das gleich monatelang, in die Telefonzentrale. Eine etwa drei bis vier Quadratmeter große, fensterlose Kammer mit einer Schiebeglasscheibe zum Flur hin, durch die ich alles Treiben im Büro gut überblicken kann. Die Tätigkeit ist einfach und

sehr langweilig; ich muss lediglich Telefonate annehmen und weiterleiten und die eingehende Post nach zuständiger Abteilung sortieren.

Jeden Morgen gegen neun Uhr marschiert der Fabrikant ins Büro, was von den aufmerksamen Mitarbeitern kurz vorher angekündigt wird, damit bloß keiner blöd herumsteht. Nachdem er seinen furchteinflößenden Rundgang durch Fabrik und Büro erledigt hat, will er einen Kaffee von mir serviert bekommen. Das ist mit Abstand der aufregendste Teil meiner Ausbildung.

Als aufregend, weil schwierig, erweist es sich auch, über meine stupide Arbeit etwas in mein Berichtsheft für die Berufsschule zu schreiben. Da fällt mir nach einer Woche schon nichts mehr ein.

Jeden Morgen um viertel nach Sieben wartet der Prokurist in seinem verräucherten Auto an der nächsten Straßenecke. Eine ältere Sekretärin steigt mit ein. Der hypernervöse Büromensch qualmt während des Wartens auf uns und auf der Fahrt zum Büro eine Zigarette nach der anderen, dass uns die Augen brennen und unsere leeren Mägen übel reagieren.

Einmal in der Woche geht´s mit der Bahn in die Hauptstadt, zur kaufmännischen Berufsschule. Wenn der Unterricht endlich vorbei ist, habe ich den Nachmittag frei und treffe mich mit meiner Freundin, der Blonden, die entweder gerade Mittagspause in ihrer Gynäkologenpraxis macht, oder erst gar nicht hingegangen ist.

Die Blonde lernt schnell Menschen kennen, meist welche mit Geld. Eine Zeitlang hängen wir in einem italienischen

Restaurant herum, dessen Besitzer auf sie steht. Dieser Typ spendiert jedes Mal großzügig Eis, Pizza und alkoholische Getränke, bevor er mit uns beschwipst in seinen weißen Porsche steigt und mit rasender Geschwindigkeit, die rechte Hand abwechselnd mal am Schaltknüppel, mal zwischen den Beinen meiner Blonden, irgendetwas Wichtiges besorgen muss. Ich kauere indes hinten auf der kleinen Rückbank und lasse die Bilder des Straßenrandes an mir vorbeirauschen.

Endlich bekomme ich meine Regel und fühlte mich gleich erwachsener. Meine fürsorgliche Freundin besorgt mir aus ihrer Gynäkologenpraxis Probepackungen verschiedenster Anti-Babypillen. Sie meint „die richtige" für mich zu kennen. Vertragen kann ich die alle nicht. Von der ersten Pille ist mir dermaßen kotzübel, dass ich mich, während des Wartens auf den Zug, an den Schaffner erbreche. Die, die sie mir danach gibt, ist auch nicht besser. Ich schlucke sie alle, weil ich mit meinem bayerischen Soldaten zur Müllkippe fahre.

Der Frauenarzt hat der Blonden fristlos gekündigt. Von jetzt an steckt sie fast ununterbrochen in einer meiner Telefonleitungen, die ich als zukünftige Industriekauffrau immer noch bediene. Kommt ein geschäftlicher Anruf in die Firma, drücke ich einen Knopf und die Freundin bleibt in der Leitung, während ich den Störenfried weiterverbinde. So können wir unsere wichtigen Gespräche über die große Welt, die auf uns wartet, weiterführen, während sie, auf dem Sofa liegend, notdürftig ihren kleinen Bruder hütet.

Jeden Tag, ein, zwei Stunden vor Feierabend, holt die Fabrikantenfrau oder einer ihrer Angestellten mich zum Reiten ab. Einige Büroangestellte necken mich wegen dieser Besonderheit. Manche lästern auch über den Chef, was der da mit mir macht. „So schafft die ihre Lehre doch nie!"
Womit sie Recht haben. Nach eineinhalb Jahren Ausbildung, fast ausschließlich in der Telefonzentrale und im Reitstall, verreiße ich die Zwischenprüfung mit der Note Fünf, Tendenz zur Sechs.
Der Brief mit meinem miserablen Zwischenzeugnis liegt eines Vormittags vor mir in der Post. Ich lasse ihn, begleitet von gewaltigem Herzrasen unauffällig in meine Handtasche verschwinden. Nach ein paar Tagen habe ich ihn fast schon vergessen. Bis mein Chef mich in sein Büro beordert und ich ihm gegenüber Platz nehmen soll. Ich fühle mich sofort schuldig und finde, die beste Lösung ist, mir die Tränen in die Augen schießen zu lassen. Der alte Herr neigt seinen Kopf zur Seite und lächelt. „Schau nicht so traurig, deine schönen blauen Augen ändern auch nichts an der Misere!" Dann steht er auf, schimpft leise weiter: „Weshalb gibst du dir keine Mühe?" Tritt hinter meinen Lehnstuhl und lässt meinen Mozartzopf durch seine Finger gleiten, bis das Haargummi sich löst. Wegen meines schlechten Zeugnisses und weil ich auch noch einen Brief unterschlagen habe, wage ich kaum zu atmen, geschweige denn, mich zu rühren. Jetzt durchwurschtelt er meine Locken und massiert mir den Kopf. Schwer und geräuschvoll atmend tastet er gerade mit der

Hand an meinem Hals hinunter und will in meinen Ausschnitt fahren, als es an der mit Kunstleder gepolsterten Bürotür klopft. Blitzschnell lässt er von mir ab und brüllt erst mich an: „Ich dulde solch ein Desinteresse in meinem Betrieb und in der Schule nicht! Ich werde mir etwas für dich ausdenken! Ich will deinen Vater sprechen!" Dann: „Herein!" Die Chefsekretärin entschuldigt sich für die Störung und legt eine Mappe mit Briefen zum Unterschreiben auf seinen Schreibtisch. Beim Hinausgehen treffen sich unsere Augen, die mich eindeutig warnen.

Mein Vater wundert sich über meine schlechten Leistungen überhaupt nicht. Er schreit zwar beim Abendbrot: „Mit deinem Chef werde ich ein Hühnchen rupfen! Bei dir ziehe ich jetzt andere Saiten auf! Diese Reiterei hält dich doch vom Lernen ab! Dem werde ich was erzählen!"
Am nächsten Tag sitzt er devot meinem Chef gegenüber und bekommt kaum den Mund auf. Letztendlich beratschlagen beide, was mit mir zu tun ist.
Ich erhalte Nachhilfe in Buchführung und Betriebswirtschaftslehre von einem widerlich schmierigen Typen, der früher einmal mit meinem zweitältesten Bruder in einer Klasse saß und ebenfalls Industriekaufmann gelernt hat. Dem läuft während des Unterrichtens der Sabber über die wulstigen, verschorften Lippen, dass ich mich ekele und nichts von dem, was er da sagt und zeigt, kapiere.

Der Traum von einer Industriekauffrau ist ausgeträumt. Mein

Ausbildungsvertrag wird auf Bürokauffrau umgeändert. Auch im Büro ändert sich einiges. Ich darf endlich die Telefonzentrale verlassen und nach oben in die Buchführung. Zu einem Fräulein, das wesentlich mehr Lenze zählt als meine Großmutter, aber eisern auf ein „Fräulein" besteht. Und zu einem Buchhalter, der seine Schnapsflasche im Schreibtisch versteckt und auch mir hin und wieder ein Gläschen anbietet, wenn er sich wieder einmal über den Chef ärgern musste. Viel zu tun gibt es in dieser Abteilung nicht für mich. Ich vertreibe mir die endlos langen Stunden bis zum Reitunterricht mit der neuen Kugelkopf-Schreibmaschine des alten Fräuleins, indem ich den Buchstaben X über das eingespannte Papier rattern lasse, bis ein Gebilde daraus entsteht und das Fräulein mit den Nerven am Ende ist.
Anfangs läuft es in der Berufsschule noch recht gut, doch bald gehe ich nicht mehr regelmäßig hin.

Kaum habe ich meinen Soldaten zu Hause vorgestellt, da macht er auch schon Schluss mit mir. Er hat sich in eine Bardame verliebt, die, wie er sagt, nicht so kindlich ist wie ich und mit der er in einem richtigen Bett bumsen kann.
Ich bin durch diesen Freundschaftsbruch total niedergeschlagen, heule und leide still vor mich hin. Das erste Mal, dass mein Vater nichts einzuwenden hatte. Im Gegenteil, dadurch, dass der Bayer Abitur hat, ist er vom Dienstgrad her nicht weit von dem meines Vaters entfernt. Mein Vater ermuntert mich noch nach der Trennung: „Halte dir den anständigen Kerl bloß warm, der verdient gutes

Geld!" Drei Wochen höre ich jede Nacht den Auspuff durchs Dorf knattern und kann vor Traurigkeit nicht schlafen. Dann ist es vorbei und gut. Er interessiert mich nicht mehr.

Ich treffe mich wieder mit alten Freunden und auch mit dem blonden Afrikaner. Der Älteste aus der Clique fährt jetzt ein Auto, einen alten Citroen Pallas. Wir sitzen oft zu siebt in diesem gemütlichen Gefährt, hören bekifft Musik und schweben ziellos durch die Gegend. Wenn wir Hunger und kein Geld haben, was meistens der Fall ist, parken wir schon mal in der Nähe irgendeines Restaurants und bestellen uns drinnen etwas. Wenn es ans Bezahlen geht, verlässt einer nach dem anderen, ganz still und heimlich das Lokal und setzt sich ins Auto und wartet, bis der letzte Zechpreller angerannt kommt. Mit Vollgas, quietschenden Reifen und lautem Gejohle geht´s dann von dannen. Um an Geld zu kommen, für Benzin, Hasch oder Alkohol, kennt unsere Fantasie keine Grenzen.
Einmal stehen wir nachts mit dem alten, verbeulten Auto vor dem Ratskeller und beobachten versteckt, wie die feinen Damen und Herren den Laden verlassen. Wir warten so lange ab, bis ein ganz bestimmter Ratsbeamter, allein und gehörig alkoholisiert, den Keller verlässt und in sein Auto steigt. Schnell eilen wir ihm voraus und passen seinen Wagen an einer dunklen Straßenkreuzung ab, so dass er uns, unglücklicherweise, die Vorfahrt nehmen muss. Damit auf keinen Fall die Polizei gerufen wird, zückt der verunsicherte Mann anstandslos seine Geldbörse und zahlt mit einem

Hundertmarkschein.

Ich möchte selbst einen Beitrag an Verrücktheiten bieten und stifte meine Leute an, mit mir zu dem Wochenendhaus meines Chefs zu fahren. Ich bin schon einmal dort gewesen und weiß, wo es steht. Die Fabrikantenfamilie befindet sich an diesem Wochenende noch in Urlaub, und deren Pferde weilen auf der Weide.
Wir sind zu sechst. Unser Fahrer kutschiert seinen alten Wagen nach meinen Anweisungen über Straßen, Feldwege und durch Wälder, bis endlich das prachtvolle Anwesen aus Holz und Naturstein auftaucht. Wir müssen den Zaun mit einem Seitenschneider durchtrennen, damit wir auf den Hof können, und die Haustür mit einem Stemmeisen aufbrechen. Erst fühle ich mich überhaupt nicht wohl bei dieser Aktion. Doch als die anderen keine Skrupel zeigen, sogar sagen: „Endlich kann man's einem Kapitalistenschwein mal so richtig zeigen", finde ich auch Spaß an der Sache. Ein Blick in den Kühlschrank, der mit Bier, Sekt und Säften gefüllt ist, lässt unsere Herzen höher schlagen. Erst recht die Hausbar im Wohnzimmer! Genügend Schnäpse und Liköre, um vor Freude zu tanzen. Auf den Tischen liegen volle Packungen mit verschiedensten Zigarettensorten und auch edle Zigarren in hübschen Holzkisten darunter. Die Jungs stopfen sich die Jackentaschen damit voll und lachen, fast schon hysterisch. Wir öffnen Sektflaschen mit Karacho und schlürfen den kribbelnden Schaum. Dazu reichen wir den Jägermeister in die Runde.

Wir saufen über unseren Durst und springen auf den Betten herum, dass die Federn fliegen. Als es draußen dunkel wird, machen wir uns auf den Heimweg. Lassen alles so stehen und liegen, wie wir es verwüstet haben. Sturzbetrunken und ohne Rücksicht auf den Oldtimer düsen wir übermütig über die holperigen Feldwege dahin, bis ein heftiges Aufschlagen uns zur Besinnung bringt. Die Ölwanne des Autos ist aufgerissen. Gleich an mehreren Stellen tröpfelt schwarzes Öl auf den Naturboden. Wie von einem todbringenden Hurrikan gejagt, schaffen wir es gerade noch zurück in die Kreisstadt.

An dem darauf folgenden Montag betritt mein Chef, sichtlich aufgeregt und verärgert, das Bürogebäude. Kurze Zeit später fahren zwei Autos vor; eines davon ein Streifenwagen, das andere eine Privatlimousine. Aus dem letzteren steigen zwei Männer aus, die direkt ins Büro marschieren. Sie fragen mich in meiner kleinen Telefonbutze, die ich aus Krankheitsgründen einer Mitarbeiterin wieder einmal hüten darf, ob ich so nett sei, meinem Chef die Kriminalpolizei zu melden. Vor Angst, das Herz fast in der Hose, trete ich hinaus und befolge das, worum man mich gebeten hat.

Die Herren sitzen bereits eine gute Stunde im Büro meines Chefs, als ich über die Sprechanlage gerufen werde. Ich male mir schon das Schlimmste aus. Mit weichen Knien öffne ich die doppelwandige Bürotür einen Spalt breit. Drei Herren lächeln mich freundlich an und möchten lediglich einen Kaffee von mir.

Als sich die Männer später in der Eingangshalle voneinander verabschieden, meint einer von ihnen zu meinem Chef: „Viel kann die Polizei leider nicht machen. Es tut uns wegen der entsetzlichen Verwüstung wirklich leid. Vielleicht hilft uns die Ölspur ja weiter."
Es ist das Gesprächsthema Nummer Eins im Ort. Es steht auch in der Zeitung. Die darauf folgenden Tage sind begleitet von heftigen Angstschüben, alles könne doch noch auffliegen. Ein Triumphgefühl will sich nicht einstellen.

Hin und wider schlafe ich bei den Fabrikanten. Ich mache das äußerst ungern und deswegen selten. Doch wenn ein Reitturnier bevorsteht oder die Tochter es will, weil sie Gesellschaft möchte, muss ich das.
Vater und Tochter spielen dann abends gemeinsam der Mutter und mir auf dem Klavierflügel klassische Musik vor. Durch ein Kopfnicken der Fabrikantenfrau animiert, klatsche ich an den richtigen Stellen. Während der Vorstellung darf ich Zigaretten rauchen und auch Wein trinken, bis ich mit rotem Kopf und betrunken im Sessel versacke.
Einmal schlafwandle ich des Nachts durch deren Haus. Es ist Sommer und sehr heiß und schwül, deswegen trage ich, bis auf ein Höschen, nichts am Körper. Mein Chef entdeckt mich draußen im Garten. Als er seinen Arm um mich legt und meinen flachen Busen streichelt, werde ich wach. Im ersten Augenblick weiß ich nicht, ob es ein Traum oder Wirklichkeit ist. Als ich es weiß, renne ich, mich fürchterlich schämend, ins Haus zurück. Die ganze Nacht quälen mich Schuld- und

Schamgefühle. Am nächsten Morgen ist der Chef schon längst weg und der Rest der Familie scheint nichts von meinem nächtlichen Ausflug zu wissen, trotzdem mag ich keinem in die Augen schauen. Ich fühle mich schuldig und schlecht.


Mein lieber, großer Bruder lernt das Reiten. Ich freue mich darüber, weil wir jetzt etwas gemeinsam haben. Und mehr Zeit füreinander.
Der Viehhändler, der mit seiner Zigarrenglut seine Ehefrau bestraft und die Ponys seiner Kinder damit angetrieben hat, besitzt ausrangierte Galopper. Er kauft die jungen, kaputt gerittenen Vollblüter für wenig Geld von der Rennbahn, und nach einer gewissen Zeit der Genesung und Umerziehung verkauft er sie wieder mit großem Gewinn.
Als wir den kleinen dicken Mann fragen, ist er sofort einverstanden. So werden die Tiere gepflegt und bewegt und Geld will er auch keines von uns. Es ist herrlich.
Trotz meiner vielen Aufgaben finden wir beide immer die Zeit für einen Ausritt. Dann fahren wir mit seiner alten „Ente" in den Stall und während des Striegelns, Sattelns und Reitens unterhalten wir uns und lernen einander viel näher kennen, obwohl ich ihm nicht alles erzähle, weil er mir doch nicht helfen kann. Er gibt mir den guten Rat, meine Lehre zügig und mit einem guten Abschluss zu Ende zu bringen, damit ich hinterher Geld verdiene und endlich von zu Hause ausziehen kann, ohne volljährig zu sein. Ich denke nur: „Wenn du

wüsstest."

Dadurch, dass der große Bruder wieder zur Schule geht, verkehrt er mit interessanten, intellektuellen jungen Leuten. Darunter sind Kommunisten und Rebellen, die so ziemlich gegen alles sind, natürlich auch gegen die Unterdrückung des Volkes durch den herrschenden Kapitalismus, was sie auf Demonstrationen auch lauthals verkünden. Das steckt an. Ich erzähle meinem Bruder während unserer gemeinsamen Zeit eine Menge von dem, was bei mir in der Fabrik so abläuft. Er ist angewidert. „Dieses Kapitalistenschwein!", wie er meinen Boss schimpft. „Dem will ich das bei passender Gelegenheit gern höchstpersönlich ins Gesicht sagen!"

Mein Chef hatte nach dem Krieg ein „von" zu seinem Nachnamen gekauft. Mein Bruder, der älteste, ist so respektlos, ihn in aller Öffentlichkeit mit seinem einfachen Namen anzureden. Der Fabrikant faucht zurück: „Langhaariger, bärtiger Nichtsnutz! Auf Kosten unserer Gesellschaft sein verpfuschtes Leben korrigieren! Das sind die Richtigen! Elender Kommunist!" Mein Bruder spricht ihn gleich wieder ohne „von" an und hat auch gleich noch ein paar passende Bemerkungen parat.

Auf unserem Dorfturnier treibt mein Bruder es, unterstützt von seinen aufmüpfigen Freunden aus der Schule in der Zuschauermenge, dann doch zu weit. Mein Chef will ihn wegen übler Beleidigungen anzeigen und bewirken, dass der Querulant „Stallverbot" bekommt. Die Freunde lachen den arroganten Herrscher lauthals aus und auch einige Fabrikarbeiter fangen an zu grölen und zu klatschen. Mir ist die Sache nur peinlich. Ich befürchte, dass letztendlich ich das ausbaden muss und versuche, meinen Bruder zu bremsen, was mir aber nicht gelingt.

Als der alljährliche Fuchsschwanz ausgeritten wird, hat man mir vorher die Regeln dieses Spektakels nicht richtig erklärt. Ich versäume leider auch, mich darüber genauer zu informieren.
Es muss auf einem großen, abgesteckten Feld dem Vorjahres-Sieger der Fuchsschwanz abgejagt werden. Der am Ärmel des Reiters befestigte echte Schwanz muss über dessen innere Schulter hinweg gepackt werden. Mein moderner Oldenburger ist schnell und wendig und hetzt wie der Wind hinter dem Fuchs her. Es dauert nur wenige Minuten, bis ich die pelzige Rute zu fassen bekomme. Allerdings von der direkten, also falschen Seite. Die Zuschauermenge schreit „Buhh!" Der Fuchsschwanz muss noch einmal ausgeritten werden. Ohne mich.
Dieses, mein Missgeschick, kostet meinen Chef, als Pferdehalter und Besitzer, abends auf dem Reiterball eine Lokalrunde. Mein geliebter Bruder samt seiner Freundesschar und hundert andere Gäste prosten ihm zu und lassen es sich schmecken.

Seitdem mein Bruder mir seine Sicht des Lebens vermittelt hat, gehe ich nicht mehr gern in die Firma und erst recht nicht

zu den feudalen Fabrikanten nach Hause. Deren schöne Pferde liebe ich natürlich weiter, weshalb es für mich fast unmöglich ist einfach „nein" zu sagen. Wenn die „gnädige Frau" mich zum Reiten ruft, befinde ich mich meist im Büro und langweile mich. Da ist Reiten allemal besser.
Die Tochter, die ich immer weniger ausstehen kann, bemerkt als Erste meine ablehnende Haltung und fängt an, mich zu schikanieren und im Beisein ihrer Eltern „runterzumachen".
„Der Lehrling hält es anscheinend nicht für nötig, mit sauberen Stiefeln zu erscheinen! Wir sollten dem Lehrling bei nächster Gelegenheit einmal ein Deo schenken." Ich ignoriere solche Spitzen; will es auf keine Auseinandersetzung ankommen lassen, lieber so schnell wie möglich wieder nach Hause und anschließend in die Disco, und wenn es nur für eine Stunde ist.

An einem warmen, sonnigen Samstagnachmittag bin ich mit der Blonden verabredet. Ich habe mich chic gemacht und, weil ich alle meine häuslichen Aufgaben zufriedenstellend erledigt habe, die Erlaubnis meines Vaters bekommen. Da fährt unerwartet, weil unangemeldet, die silbergraue Limousine samt Pferdehänger vor unser Haus. Die Herrschaften möchten mich wegen des so herrlichen Wetters ganz spontan zu einem Ausritt mit der Tochter abholen. Ich sage: „Das geht leider nicht, ich habe schon etwas anderes vor." Da ruft mein Vater mich zu sich und droht mir: „Wenn du die Einladung dieser ehrenwerten Familie nicht annimmst, gibt es Dresche und Hausarrest!" Im selben Moment klingelt

das Telefon, meine Schwester geht dran und ruft: „Es ist für dich!" Meine Freundin, sie will mir nur sagen, dass es mit der Verabredung nicht klappt, weil sie verhindert ist.
Ich ziehe meine Reitklamotten an und steige widerwillig in den Mercedes. Die Mutter fährt los und die hochnäsige Tochter grinst mich vom Beifahrersitz aus herablassend an.
Der große Bruder hat mir eingebläut, mir von solchen Leuten nichts gefallen zu lassen. Davon bestärkt zische ich dem Mädchen von hinten ins Ohr: „Du kannst mich mal! Ich mache was ich will!" Sie erwidert darauf: „Das kannst du eben nicht. Du musst schon machen, was ich und meine Eltern von dir verlangen!"
„Wer bist du denn?", schreie ich zurück, „was soll das? Glaubst du, du bist was Besseres auf dieser Welt?"
Ja, das sei sie. Natürlich. Sie habe immerhin Eltern, die es zu etwas gebracht hätten. Sie wendet sich ihrer Mutter zu, legt die Hand auf deren Knie, um Bestätigung für das, was sie soeben von sich gegeben hat, zu bekommen. Die Mutter nickt mit dem Kopf: „Ganz richtig so!"
„Sofort anhalten!", brülle ich. „Wenn Sie nicht sofort anhalten, springe ich aus dem Auto!" Ich drücke bereits den Türgriff nach unten. Die Mutter fährt augenblicklich rechts ran, schaltet den Motor aus und wendet sich nach hinten, zu mir. „Jetzt wollen wir mal wie vernünftige Menschen miteinander reden!" Dabei wird ihr Gesicht immer dunkler.
„Fräulein, halte dir bitte nur einmal vor Augen, was wir alles für dich getan haben. Du dummes Ding."
Mir ist alles egal. Enttäuscht von der Blonden, die ihre

Verabredung nicht eingehalten hat, erniedrigt von diesen beiden Weibern, will ich nur noch raus aus dem Auto, weg, allein sein. Die beiden rufen mir hinterher, drohen mit meinem Vater, der mich, sei es durch Schläge oder was auch immer für Methoden, schon zur Vernunft bringen würde. Auch das ist mir egal, soll er mich doch totschlagen. Ich renne los. Der Himmel verdunkelt sich. Es ist fürchterlich schwül und ein Gewitter zieht auf. Mutter und Tochter fahren neben mir her und machen auf das bevorstehende Unwetter aufmerksam. Sie bitten mich, fast schon liebenswürdig, wieder einzusteigen. Aus dem Ausritt würde ohnehin nichts werden, keiner müsse sein Gesicht verlieren. Ich laufe weiter. Nicht nach Hause, sondern auf den Friedhof. Bei strömendem Regen setzte ich mich auf die Bank im Tannenrondell und reibe meine Hände, so lange, bis die Sonne wieder scheint.

Tags darauf habe ich Berufsschule, gehe aber nicht hin. Ich schleiche direkt in die schöne alte Bundeswehr-Siedlung zu meiner blonden Freundin. Die Gegend weckt jedes Mal Kindheitserinnerungen in mir. Dort bekomme ich das Gefühl, zu Hause zu sein.
Die Blonde öffnet mir mit roten, verquollenen Augen die Haustür. Ihr Vater ist ihr wieder einmal viel zu nahe gekommen. Deswegen habe sie auch nicht weggekonnt. Er sei wie von Sinnen gewesen, hätte gemeint, was ihre Freier dürften, dürfe er als Vater schon alle mal. Er hätte sie fürchterlich geschlagen und anschließend auf dem Küchentisch brutal vergewaltigt.

In ihrem kleinen Kämmerchen erzählt sie mir, dass sie viel Geld zusammengespart habe, genug, um abhauen zu können. Sie sei ja jetzt achtzehn, also volljährig, und müsse sich das alles nicht mehr gefallen lassen.
Sie will weg und fragt mich, ob ich nicht mit wolle, ich sei doch in einer ähnlich beschissenen Situation.
Ich bin noch keine Achtzehn und Geld zum Abhauen habe ich auch keines. Ich sage nur: „Wollen würde ich schon." Da erhellt sich ihr Gesicht. Das mit dem Geld findet sie überhaupt nicht schlimm, sie hat ja genug, vielmehr freut sie sich, dass ich bereit bin mitzumachen.

Von dem Tag an schmieden wir Pläne. Wir wollen nach Afrika, so wie der süße Freak mit dem Halbmond. Meine Freundin meint es wirklich ernst und arbeitet weiter, auch für ihren Zuhälter. Sie legt jede Mark beiseite und erinnert mich ständig an unser Vorhaben, an das ich nicht so richtig zu denken wage.
Es dauert gar nicht lange, da verkündet sie mir am Telefon, sie habe Flugtickets. Ich mag es nicht glauben und bekomme es auf der Stelle mit der Angst. Irgendwie habe ich immer gedacht, es sei alles nur Fantasie, Träumerei und es würde niemals Wirklichkeit werden. Sie meint, jetzt dürfe ich aber nicht kneifen, ich hätte es ihr versprochen.

Sie hat einen genau durchdachten Plan. Der Flieger geht zu einer Zeit, in der uns noch keiner vermissen wird. Nur wer uns zum Flughafen bringt, steht noch nicht fest. Erst haben wir vor, mit dem Zug zu fahren, doch das ist uns zu umständlich und auch zu teuer. Dann kommt mir der ältere Bruder meines alten Spielkameraden, die Reinkarnation Indira Gandhis, in den Sinn. Der besitzt neuerdings einen Führerschein und darf, ohne groß zu fragen, mit dem Auto seiner Mutter fahren.

Als wir bei den Jungs unten in deren Kellerräume sitzen, sagen wir dem jüngeren Bruder nichts davon, warten ab, bis er weg muss. Der würde das nervlich nicht durchhalten und erst recht nicht für sich behalten, alles sofort seiner Mutter erzählen und die wiederum meinem Vater. Um einen Grund zum Bleiben zu haben, interessieren wir uns für die neuesten Ölbilder des großen Bruders und schauen sie ausgiebig an. Für die Blonde steht fest, er muss uns zum Flughafen bringen, ihn würde keiner verdächtigen, zwischen ihm und uns besteht ja keine direkte freundschaftliche Verbindung. Als er von unserem verrückten Plan hört, wird ihm ganz anders und er weigert sich vehement, das zu machen, weil er einfach keine Mitschuld an der bescheuerten Sache tragen möchte. Doch meine Freundin duldet keinen Widerspruch von diesem Sensibelchen, und auf sein Gejammer reagiert sie erst gar nicht. Der willigt mit Schweiß auf der Stirn letztendlich ein, weiß nur nicht, was er seiner Mutter sagen soll, weshalb er das Auto braucht. Die Blonde meint: „Dir wird schon etwas einfallen."

Der Flug geht am nächsten Samstagabend um 20.15 Uhr. Die

Tage und Nächte bis dahin sind fürchterlich und in der letzten Nacht kann ich vor lauter Aufregung und Angst nicht mehr schlafen. Ich mag die Blonde nicht im Stich lassen, kann mir bei bestem Willen nicht vorstellen, wie das alles enden soll.
Am Morgen der Abreise stehe ich früh auf und helfe meiner Mutter bei der Hausarbeit, mehr, als sie von mir erwartet. Nach dem Mittagessen gehe ich mit dem Hund spazieren und sehe die mir so vertraute Gegend ein letztes Mal an. Irgendwie mit ganz anderen Augen.
Dann sage ich Tschüss und verlasse das Haus mit einer Plastiktüte im Arm und acht Mark, lose in der Hosentasche. Ich habe nur ein paar Schlüpfer und zwei T-Shirts eingepackt, den Rest will mir die Freundin geben. Sie hat viel schönere Sachen als ich.
Die letzten Stunden sitzen wir bei der Blonden herum. Sie hat ihren kleinen Bruder neben sich und wir machen uns gegenseitig Mut, indem wir von Afrika schwärmen, wo das Leben doch so viel einfacher ist. Wir setzen ein Schreiben auf, in dem steht, dass sie als meine volljährige Reisebegleitung fungiere, die mich zu meinen Eltern nach Alicante, Spanien bringen soll, die bereits dort in Urlaub sind. Dann fälschen wir die Unterschriften.
Wir müssen los, schlendern unauffällig durch den Ort, Richtung Schule, über den Schulhof, durch das kleine Wäldchen, zum Haus unseres Gandhis. Der hockt, erschreckend bleich und krank aussehend, unten in seiner Kellerwohnung und verdreht bei unserem Hereinkommen vor lauter Nervosität und Panik die Augen. Gott sei Dank sind

seine Eltern und der jüngere Bruder nicht zu Hause. Wir müssen unseren Fahrer nochmals gehörig bearbeiten, richtig aufpäppeln, damit er wenigstens ein bisschen Mut bekommt, den wir allerdings auch gut gebrauchen können. Unten in der Tiefgarage versteckt die Blonde sich vorn im Fußraum des Sportwagens und ich hinten vor den Rücksitzen, dass uns bloß nicht noch irgendjemand sieht. Der Junge ist dermaßen durcheinander, dass er kaum Auto fahren kann. Erst auf der Autobahn, als wir auf unsere Sitze klettern, entspannt sich die Lage, doch wir schweigen und schauen ernst in die Zukunft.

Obwohl wir keine Koffer aufgeben und unser Bordgepäck nur aus jeweils einer Plastiktüte besteht, erwecken wir beim Bodenpersonal kein Aufsehen. Vor dem Einchecken meint meine Freundin, es wäre besser, die eiserne Purpfeife, die aus lauter bunten Schrauben besteht, draußen zu lassen, weil die ganz bestimmt auf dem Monitor zu sehen sei. Sie hat keine Lust, deswegen noch Ärger zu bekommen. Wir verscharren das gute Stück in einem Blumenbeet vor der Eingangshalle. Ich muss an Indira Gandhi denken. Vielleicht hätte ich doch noch auf ihn hören sollen, als er zu mir sagte: „Mädchen, noch ist es Zeit." Aber ich will meine einzige, beste Freundin nicht im Stich lassen. Ich schaue und winke meinem Nachbarjungen noch lange hinterher, bis er nicht mehr zu sehen ist.

Im Flieger stellen wir verwundert fest, dass wir, bis auf einen Geschäftsmann in der ersten Klasse, die einzigen Passagiere sind. Das Flugzeug ist nicht so groß, wie ich es mir vorgestellt habe. Das Innere ist mit einer Art Rosentapete ausgestattet und die Flugbegleitung in spanischer Landestracht gekleidet. Drei Stewardessen und ein Steward haben nicht viel zu tun, deswegen sitzen sie den ganzen Flug über in unserer Nähe und versuchen uns auszuhorchen. Das Schreiben meiner Eltern will keiner sehen, trotzdem bleiben wir eisern bei der Geschichte, die wir uns ausgedacht haben.

Kurz vor dem Landeanflug auf Alicante überkommt mich eine wahnsinnige Angst. Ich bin so durcheinander und zitterig, dass ich den vom Steward just gebrachten Kakao über die weiße Jeans meiner Freundin kippe. Die allerdings selbst so nervös ist, dass sie es mir nicht übelnimmt.

In Spanien ist es bereits dunkel, als wir auf der Damentoilette des Flughafens versuchen, den Kakao aus der Hose zu waschen. Auf dem Gelände sprechen uns einige „Schlepper" an, die angeblich ein gutes Hotel für uns wissen. Doch wir hören nicht auf sie, sondern setzen uns in einen Linienbus und fahren in die Stadt. Auf der Uferpromenade ertönen Pfiffe aus allen Richtungen. Die Freundin mit ihren langen, blonden Haaren sorgt für lautes Interesse bei den jungen Spaniern. Einer von ihnen, ein sehr gut aussehender Junge, spricht sie an. Er kennt ein gutes und preiswertes Hotel und führt uns stolz zu einem mehrstöckigen Gebäude. Ich soll draußen warten, indes die Blonde und er die Formalitäten drinnen erledigen. Es soll bloß keiner unangenehme Fragen stellen.

Während des Wartens vor dem großen Eingangsportal aus Marmor, unter einer riesigen Fächerpalme auf einer bequemen Holzbank sitzend, gesellen sich in kürzester Zeit eine Handvoll langhaariger Freaks verschiedenster Nationalitäten zu mir. Alle braungebrannt, mit Resten von Meersalz in ihren verschwitzten Gesichtern und schönem Lederschmuck an Hals und Handgelenken. Anscheinend hat keiner von ihnen eine feste Bleibe. Als die Freundin endlich mit dem Schlüssel winkend ankommt, klatschen wir vor Freude in die Hände. Dadurch, dass ich mich mit den Jungs schon so gut es geht unterhalten habe, wir uns jetzt ja kennen, ist es uns beiden frisch angekommenen Mädchen absolut unmöglich die Bande durch ein einfaches „Tschüss" loszuwerden. Wenigstens duschen möchten sie, am liebsten auch eine Nacht bei uns im Zimmer bleiben. Die Blonde regt sich darüber auf, straft mich mit bösen Blicken, was ich da angestellt hätte und besteht letztendlich darauf, sich wenigstens als erste frisch machen zu dürfen. Sie will anschließend „die Lage checken", schließlich muss ja einer das Geld verdienen.

Als die Hippies nach mir alle den schönen Duschkopf aus Messing betätigt haben, klitschnasse, verdreckte Handtücher und Unmengen von Sand auf dem schönen Fliesenboden hinterlassen haben, gehen sie. Ich fühle mich plötzlich einsam und allein in dem schnieken Hotelzimmer, mit dem Ehebett und der steifen, weißen Bettwäsche darauf. Ich mag nicht an zu Hause denken, was da wohl inzwischen los ist, versuche zu schlafen, was mir erst nicht gelingen will. Quälende Angst überkommt mich. Was nur, wenn die Blonde nicht wiederkommt? Was soll ich dann nur alleine anfangen?

Irgendwann nachts kommt sie und weckt mich. Sie ist sehr aufgebracht, denn einer der Hotelangestellten hat sie wegen der Jungs vom Vorabend angesprochen. „So etwas darf nicht noch einmal vorkommen!" Dann meint sie noch: „Mehr als drei Tage können wir uns das Zimmer ohnehin nicht leisten. Wir müssen unbedingt weiter in den Süden, nach Torremolinos, da ist mehr los und alles viel günstiger."
Nach dem Frühstück macht sie sich wieder sexy zurecht und geht Geld anschaffen. Ich schlendere indes im Bikini den Strand entlang, ohne Sonnencreme und Kopfschutz durch die pralle Sonne. Gegen Mittag werde ich müde, lege mich in den warmen, weichen Sand und schlafe fest ein. Am späten Nachmittag wecken mich Touristen; zeigen mit ihren Zeigefingern an ihre Stirn. Meine Haut brennt. Wie in Trance gehe ich zurück ins Hotel. Meine Freundin ist nicht da. Geld, um mir etwas zu essen oder zu trinken zu kaufen, habe ich nicht. Das Wasser aus der Leitung mag ich nicht trinken, aus Angst, Durchfall davon zu bekommen. Ich lege mich völlig entkräftet auf die schneeweißen Laken und schlafe sofort ein. Nachts weckt mich ein entsetzlicher Schüttelfrost. Wie durch einen Nebel vernehme ich, dass ein Mann neben mir steht und Anweisungen gibt. Wegen der starken Verbrennungen, soll man mir unbedingt kalte, nasse Umschläge machen und ausreichend Flüssigkeit geben. Für den Sonnenstich schreibt er ein Medikament auf, das die Freundin aus der Apotheke holen soll. Mein Körper glüht so sehr, dass die nassen Bettlaken auf meinen Beinen innerhalb von wenigen Minuten trocken sind. Ich habe schreckliche Kopfschmerzen. Die

Blonde macht mir Vorwürfe, ich sei für sie nur ein Klotz am Bein und jetzt auch noch das! Für Medikamente sei überhaupt kein Geld übrig. Sobald ich wieder fit wäre, müsse ich schon mit „in die Speichen greifen" und sehen, dass ich selbst für mich sorge.

So elend, wie es mir am nächsten Morgen auch geht, packen wir unsere Plastiktüten und fahren mit dem Bus die Küste Richtung Málaga entlang, auf der Suche nach besseren Chancen.
Kurz vor unserem Reiseziel macht der Bus eine längere Pause an einer Raststätte. Vor lauter Erschöpfung und Müdigkeit kann ich mich kaum auf den Beinen halten, deswegen setze ich mich im Restaurant gleich in eine ruhige Ecke. Die Blonde, ständig auf der Lauer nach frischer Beute, lässt sich von einer Gruppe junger Männer anquatschen. In deren Mitte sitzt ein kleiner, älterer, verkrüppelter Herr in einem Rollstuhl. Er scheint das Oberhaupt zu sein. Es dauert nicht lange und man gibt mir ein Zeichen, auch zu kommen.
Wir sitzen an einem großen gedeckten Tisch und ich esse die erste richtige Mahlzeit seit dem Weglaufen von zu Hause.
Der Behinderte fordert uns Mädchen höflich zum Bleiben auf, als die anderen Mitreisenden des Linienbusses sich zur Weiterfahrt sammeln. Er will selbstverständlich dafür sorgen, dass wir an unser Ziel kommen. Der große Bus fährt ohne uns los.
Gleich nach dem Essen verschwindet meine Freundin mit dem, wie sich beim gemeinsamen Essen herausstellt,

Radiosprecher irgendeines spanischen Senders, samt vier seiner Männer, die ihn anscheinend überall hin begleiten, in ein Nebenzimmer der großen Raststätte. Ein gut aussehender junger Mann aus der Radiosprecherrunde versucht verzweifelt ein Gespräch auf Englisch mit mir, merkt aber, dass ich durch den starken Sonnenbrand krank bin. Er bittet mich, ihm nach draußen zu folgen, dort soll ich mich auf eine der Liegen legen und auf ihn warten. Ängstlich und arg verwirrt, er könne etwas von mir wollen, warte ich stehend auf der Veranda, bis er mit einem großen Tablett in den Händen zurückkommt. Ich lege mich, nach wiederholter Aufforderung, in den Schatten einer Palme und er beginnt, mir Gurkenscheiben auf meine verbrannten Körperteile zu legen. Dabei spricht er liebevolle, beruhigende Worte. „Es wird alles wieder gut." Ich fühle mich gleich viel besser und wäre auch gerne in dieser kleinen fürsorglichen und freundlichen Gruppe geblieben, wenn meine Freundin nicht solch schreckliche Erfahrung mit den anderen Jungs gemacht hätte, wovon sie mir erst später erzählt.

Der körperlich behinderte Herr war selbst passiv geblieben, hatte nur zugeschaut, wie seine Begleitung, umso aktiver und rücksichtsloser, die Dienstleistungen meiner Freundin in Anspruch nahm.

Vor Schmerzen beißt sie sich auf die Lippen und heult, als sie zurück in die Halle kommt und mich sucht und nach hysterischen Rufen im Innenhof mit all den Gurkenscheiben findet. Sie schämt sich sichtlich und bittet mich aufzustehen. Sie will nur noch weg.

Ihr hart verdientes Geld geben wir zum größten Teil für ein Taxi aus, das uns nach Málaga bringt. Von dort aus geht es mit dem Bus weiter, nach Marbella und dann nach Torremolinos.

Als wir im Bus sitzen und langsam durch die Straßen der Großstadt fahren, werden wir Augenzeugen eines schrecklichen Ereignisses. Um uns herum findet eine Demonstration gegen das Franco-Regime statt. Viele meist junge Kritiker, einige mit Transparenten in den Händen, stehen einer Überzahl von Soldaten oder Polizisten gegenüber. Das Geschrei der Menschen ist so laut, dass wir es hinter der Scheibe auf unseren Sitzen im Bus hören können. Plötzlich fangen auch die Leute im Bus an zu kreischen. Draußen, direkt vor unseren Augen, klammert sich ein junger Mann an den Pfosten eines Straßenschildes, um von den Uniformierten nicht mitgezerrt zu werden. Sie schlagen mit Gummi- oder Holzknüppeln auf ihn ein. Da nimmt einer von der Garde, ein kleiner uniformierter, dicker Mann, seinen Revolver aus dem Halfter und zieht den jungen Demonstranten an den Haaren zu Boden, hält ihm seine Waffe, einen schwarzen Revolver, an den Kopf und drückt ab. Der Niedergeschossene zuckt mehrmals, wie in einem epileptischen Anfall mit seinen Gliedern, sein Kopf schlägt auf das Straßenpflaster auf, das sich sofort rot färbt. Der Sterbende reibt seine Wange im eigenen Blut hin und her, so als wolle er sich in ein Kissen schmiegen. Neben uns fangen einige Frauen an zu weinen.

Der Bus fährt stur weiter, entlang der schönen Meeresküste, durch malerische Dörfer und Kleinstädte, und obwohl wir kein Wort spanisch können, verstehen wir doch, worüber die Insassen sich die ganze Zeit aufgeregt unterhalten. Bis Torremolinos ist dies das Thema.
Mir geht es nicht gut. Mich plagen schlimme Kopfschmerzen und Übelkeit. Meine Haut, krebsrot, brennt wie Feuer. Ich habe einen schlimmen Durst, mag aber die Blonde nicht nach der Wasserflasche fragen. Außerdem habe ich ständig den jungen Mann vor Augen, wie er da in seinem Blut liegt.
Ich würde mir am liebsten die Hände reiben, um all das Schlimme aus meinem Kopf zu kriegen und auf andere Gedanken kommen, aber auch das wage ich nicht.


In Torremolinos schlafe ich am Strand, versteckt unter einem maroden Fischerboot und zugedeckt mit meinen T-Shirts, die dreckig sind, während meine Freundin Geld verdient. Vorher hat sie sich in einer kleinen Taverne, zwischen einer Cola und einem Toast, notdürftig gewaschen. Morgens kommt sie und döst noch ein wenig neben mir, spricht aber kein Wort.
Mir steckt das übertriebene und überhaupt erste Sonnenbad meines Lebens und das furchtbare Blutbad immer noch in den Knochen. Meine Haut lässt sich wie die Pelle einer Kartoffel abziehen, an manchen Stellen kommt pures Fleisch zum Vorschein.
Hat die Blonde gut verdient, gehen wir für eine Nacht in ein Hotel, um uns gründlich zu waschen und auszuschlafen. Manchmal schleichen wir uns nachts auf eine Hotelanlage,

baden im Swimmingpool und schlafen auf einer Sonnenliege. Unseren Hunger stillen wir mit widerlich süßen Feigen.

In solch einem Übergangshotel lerne ich ein uraltes, amerikanisches Ehepaar kennen. Beide verbringen, wie ich, den lieben langen Tag am und im Swimmingpool. Die Frau, übersät mit braunen Altersflecken und tiefen Furchen, spricht mich an, weshalb ich so schrecklich verbrannt sei, woher ich stamme, wie lange ich noch bleiben würde und ob sich denn niemand um mich kümmern würde. Ich lüge mit meinem bisschen Englisch, erzähle, meine Heimat sei Österreich und meine Eltern lange tot, dass ich zurzeit mit einer Cousine unterwegs sei, die aber geschäftlich viel zu tun habe. Die beiden erzählen mir, dass sie sich immer eine Tochter gewünscht hätten, aber es wohl nicht hätte sein sollen. Die alte Frau cremt mir vorsichtig meine Brandwunden mit Antibiotika ein und versorgt auch meine entzündete Schürfwunde am Schienbein, die ich mir nachts beim Sprung in den Pool zugezogen habe. Am liebsten würde sie mich adoptieren und mich mit nach Amerika nehmen. Dort in Kansas gefalle es mir bestimmt gut. Meine Freundin kriegt sofort eine Krise, als ich ihr von den beiden Alten erzähle und, dass die Lady meinen Pass haben möchte, um bei der amerikanischen Botschaft ein Visum für mich zu beantragen. „Wir fliegen sofort auf, weil du ja noch nicht volljährig bist!" Ich soll die Amis vergessen und meine Sachen packen. Wir ziehen Hals über Kopf in ein anderes Hotel.
Durch die Fürsorge dieses alten Ehepaares wird mir erst

richtig bewusst, was Liebe und Zuwendung ist und, dass ich so etwas nie erfahren habe. Trotz dieser traurigen Einsicht verspüre ich eine starke Sehnsucht nach meinen Eltern und Geschwistern, besonders nach dem großen Bruder. Ich frage mich immer wieder, ob ich sie überhaupt jemals wieder sehen werde und, wie und wo diese Reise wohl enden wird.

Meine Freundin verkündet einige Tage später, sie sei es leid, weiter für mich zu sorgen. „Ich habe einen Freier für dich."
Ein österreichischer Konsul hat mich gesehen und wünscht sich, dass ich für hundert Mark lieb zu ihm bin. „Du brauchst keine Angst haben, der ist schon ziemlich alt."
Abends, als es dann soweit ist, die Blonde mir schöne Klamotten von sich gegeben und mich geschminkt hat, habe ich Magenkrämpfe.
Er kommt nicht.
Ich bin so froh.
Nach ein paar Tagen hat sie wieder einen Kunden für mich. Ich gehe zu ihm ins Hotelzimmer. Er ist groß und am ganzen Körper rot behaart. Wir duschen zusammen, er seift mich von oben bis unten ein, und ich ihn. Mehr verlangt er nicht.

Die Blonde lernt einen jungen Mann kennen und verliebt sich in ihn. Ab jetzt will sie für ihn arbeiten. Es ist ein wirklich netter, gut aussehender Blonder aus Berlin, der eine Eigentumswohnung mit zwei Zimmern in Marbella besitzt und ein dickes Auto fährt. An seiner Seite marschiert, und das sehr majestätisch, stets seine riesige Dogge. Ein schwarzer

Rüde mit diamantenem Stecker im kupierten Ohr. Nun leben wir alle in einem Apartment zusammen und ich kümmere mich, wenn der Herr mit meiner Freundin beschäftigt ist, um den gutmütigen Hund.

Dieser neue Freund meiner Freundin besorgt nicht nur ihr betuchte Freier, sondern auch mir einen Job in einer Nachtbar, in der allerdings nicht viel los ist. Durstig von der Sonne vertrinke ich mehr Geld, als ich einnehme und brauche am nächsten Abend nicht wiederkommen.

Am Strand weilt eine kleine Gruppe fröhlicher junger Leute. Zu ihnen geselle ich mich. Es sind Einheimische, die vom Tourismus leben und oben in den Bergen wohnen. Nach einem herrlichen Badetag lasse ich mich von ihnen in der Strandbar zu einem Drink einladen und steige anschließend, ohne groß zu überlegen, nur mit einem Bikini bekleidet, zu ihnen ins Auto. Es geht hinauf in die wilden Berge, zu einem schönen, alten, von einer violetten Bougainville umwucherten Haus. In der urigen Wohnküche kochen wir zusammen ein leckeres Essen, hören Musik und rauchen Gras bis spät in die Nacht. Weil alle von den vielen Joints und vom spanischen Rotwein irgendwann einschlafen, kann keiner mich zurück zu meinem Apartment bringen. Am nächsten Morgen müssen alle schnell zur Arbeit und ich befinde mich allein in einem fremden Haus. Verschlafen beobachte ich die Ameisenstraße, die aus der Speisekammer zu meinem Sofa führt. Dann gehe auch ich, nur mit meinem knappen Bikini bekleidet, erst durch die Natur, dann durch das katholische, hupende und pfeifende Verkehrsgewühl, zurück Richtung meiner Wohnung. Wenn mir die majestätische Dogge nicht vor Freude entgegen gesprungen wäre, hätte ich das Wohnhaus meines neuen Vermieters wahrscheinlich gar nicht gefunden.

Meine Freundin und ihr Zuhälter sind der festen Überzeugung, dass es so mit mir nicht weiter gehen kann. Dass ich meinen Beitrag schon leisten muss. Ich biete an, noch öfter mit dem Hund zu gehen und meinetwegen auch den Haushalt zu machen.
Für ein paar Tage ist das in Ordnung. Doch dann vermitteln sie mir wieder einen Typen. Ich habe ihn die Tage zuvor schon mit Ehefrau und Kind am Strand gesehen. Jetzt steht er vor mir und überreicht mir fünfzig Mark. Ich gehe noch einmal zur Toilette und verstecke das Geld oben im Klokasten, so wie die Blonde es mir geraten hat.
Dieser Familienvater benimmt sich alles andere als zärtlich oder rücksichtsvoll. Er behandelt mich wie eine abgestumpfte Prostituierte, mit der man machen darf, was man will. Er benötigt dermaßen viel Zeit, bis zum Ende zu kommen, dass ich es nicht mehr aushalten kann und aus dem Bett springe, aus dem Zimmer renne und mich im Bad einschließe. Er randaliert wie ein Wahnsinniger vor der Toilettentür und ich habe fürchterliche Angst und Bedenken, er werde sie gleich eintreten. Ich schreie aus vollem Halse nach meiner Freundin, die zum Glück gleich mit ihrem Freund zur Hilfe kommt. Die beiden schmeißen den Grobian raus und versuchen mich zu

trösten. Ich muss so heulen und beteuere immer wieder, dass diese Art von Arbeit nichts für mich ist.
Meine Freundin weiß nicht mehr, was sie mit mir machen soll und bekommt langsam auch Probleme mit ihrem Freund, auf dessen Kosten ich schließlich lebe.

Der muss für einige Tage weg und nimmt seinen Hund mit. Wir beiden Mädchen dürfen solange seine Wohnung hüten.
Wie jeden Morgen gehen wir zu einem bestimmten Strandabschnitt, setzen uns an eine Bar und frühstücken.
An diesem Morgen stehen da zwei braun gebrannte Typen und beobachten uns aus den Augenwinkeln. Nach einer Weile fragt einer von ihnen, ein kleiner Mann mittleren Alters, dessen Gesicht mit Pockennarben übersät ist, ob wir etwas trinken wollen. Die Blonde nickt gleich. Seine Begleitung sieht wesentlich manierlicher aus, ist aber älter als der Kumpan. Der erstere spricht einigermaßen gut englisch und fragt uns, ob wir Geld verdienen wollen, ohne zu arbeiten. Wir müssten nur drei Tage Zeit mitbringen und sie beide auf einer Bootsfahrt begleiten. Wir überlegen lange, fragen uns und auch die Männer, ob an dieser Art von Arbeit auch wirklich nichts faul ist. Einfach nur mitfahren, an ein Ziel von dem sie uns nichts verraten wollen? Letztendlich willigen wir ein.
Stundenlang hocken wir noch gemeinsam in der Strandbar herum, essen und trinken mit den Herren und springen zwischendurch ins Meer, um unsere mittlerweile braungebrannten Körper zu kühlen.

Der mit dem Pockengesicht interessiert sich für meine Freundin. Die wittert auch gleich einen finanzkräftigen Kunden. Der ältere, gut aussehende Spanier, ist schüchterner und spricht kein englisch. Er deutet durch Zeichen auf meine sonnenverbrannten Stellen, die zum größten Teil schon wieder abgeheilt und vernarbt sind. Er verdreht dabei lustig seine dunkelbraunen Augen und schüttelt vor Entsetzen immer wieder den Kopf. Wie ich denn die Kraft der Sonne so unterschätzen konnte.
Am späten Nachmittag gehen wir Mädchen noch einmal in unser Apartment, um die nötigsten Sachen zu packen. Dort ermahnt mich die Blonde: „Jetzt nimm die Gelegenheit mal wahr und lass den Typen ran, wenn der was von dir will, und vergraul ihn nicht mit deiner ernsten Miene. Sei nicht so prüde! Es sind nicht alle Männer so schlimm wie der letzte!"

Abends treffen wir uns unten im Hafen. Dort liegt ein etwa sechs Meter langes Motorboot mit dem Namen „Flipper" am Steg. Wir klettern an Deck und der Pockennarbige stellt sich gleich hinter das Steuer. Der andere löst die Leinen und schon geht es los.
Nach etwa zwei Stunden Fahrt, begleitet von einem prachtvollen Sonnenuntergang, steuert der kleine Mann auf einen dunklen, menschenleeren Strand zu. Als das Wasser niedrig genug ist, springt der Große raus, zieht das tanzende Boot ans Ufer und macht es an einem Holzpflock fest. Der Motor und das Licht in der kleinen Kajüte werden augenblicklich ausgeschaltet. Die Männer legen einen

Zeigefinger an ihre Lippen und bedeuten uns, ganz still zu sein. Wir fragen uns was jetzt wohl geschieht. Da hören wir ein dreimaliges Pfeifen oben vom Berg her, was der Pockennarbigen ebenfalls mit einem kurzen Pfiff erwidert. Es tauchen vier Männer auf, jeder trägt eine Kiste. Sie kommen über den Strand zu uns gelaufen. Einer unserer Leute öffnet schnell und geräuschlos die Luke zur kleinen Kajüte und die dunkelhäutigen Jungs packen ihre Kartons hinein. Die schauen erst uns Mädchen, dann unsere Begleiter an. „Was haben denn Frauen bei dieser Aktion zu suchen!" Doch der Pockennarbige sagt ihnen: „Macht eure Arbeit!" Noch einmal gehen die jungen Männer nach oben und kommen mit großen, sperrigen Kartons zurück, die sie im Inneren des kleinen Bootes verstauen. Dann verabschieden wir uns und legen wieder ab.
Stundenlang geht die wackelige Fahrt über das weite Meer. Zwischendurch füllt der gut aussehende Spanier aus den Kanistern unter unserer Bank den Tank neu auf. Wir Mädchen schlafen von dem monotonen Motorgeräusch im Sitzen ein, werden aber immer wieder vom lauten Aufklatschen des Bootes auf das Wasser wach. Eine Toilette gibt es nicht, die Blonde macht über Bord. Ich verkneife es mir mit aller Mühe, in der Hoffnung, bald am Ziel unserer Fahrt zu sein. Die ganze Nacht fahren wir durch, bis es endlich hell wird und wir in eine kleine Bucht steuern. Anscheinend kann der Pockennarbige die richtige Stelle nicht finden, er flucht und schimpft vor sich hin. Jetzt sehen wir einen kleinen Hafen, in dem mehrere Boote an einem

Holzsteg angedockt liegen. Wir tuckern mit unserem „Flipper" dazu und der Große macht es fest.

Unsere Aufgabe besteht allein darin, so zu tun, als seien wir normale Touristen, die sich ganz selbstverständlich die Zeit in dieser traumhaft schönen Bucht vertreiben. Wir setzen uns in eine nicht weit entfernte, schmuddelige Taverne und bestellen etwas. Ich frage gleich nach einer Toilette und als man mir die zeigt, vergeht mir fast mein Müssen. Ein total verdrecktes Betonloch in der Erde, aus dem es bestialisch stinkt.

Wir essen und trinken, und zwischendurch gehen wir zurück zum Boot und sonnen uns darauf. Die Männer warten auf etwas. Gegen Abend kommen zwei junge Typen an Bord und gesellen sich zu uns. Der mit den Narben spricht in einer Sprache, die wir nicht verstehen, vielleicht arabisch. Ich ahne, dass sie auch über uns Mädchen sprechen. Wir setzen uns alle in die kleine Hafenkneipe. Dieses Mal spielen die Männer Karten bis Mitternacht. Dann, als es still in der Bucht ist, fangen die Männer an, das Boot zu entladen. Oben an einer Straße parkt ein Pickup, in ihn werden die Kisten mit nagelneuen Stereoanlagen, wie wir jetzt wissen, verstaut. Als „Flipper" leergeräumt ist, drückt einer der Araber dem Pockennarbigen eine dicke Geldrolle in die Hand.

Wir vier legen sofort ab und schippern langsam, immer am Ufer entlang, durch die Nacht, auf einen größeren Hafen zu, wo die Männer einen Platz suchen und das Boot richtig vertäuen. Die beiden kennen sich gut aus, denn sie laufen mit uns durch verwinkelte Gassen direkt auf ein kleines Hotel zu.

Der Narbige besorgt die Schlüssel. Oben legt er sich mit der Blonden gleich auf das große Doppelbett. Der schönere zieht ein Sofa auseinander und winkt mich zu sich. Dicht an ihn geschmiegt, aber unberührt, kann ich die ganze Nacht kein Auge zumachen, weil die Blonde und der Pockennarbige so einen Krach veranstalten. Morgens im Bad meint sie: „Was hast du doch für ein Glück!"
Unten im Hafen, zwischen mehreren Ölfässern, steht ein kleiner Junge von höchstens zehn Jahren und verkauft Schiffsdiesel. Er füllt ihn mit einem zerbeulten Messbecher in die Tanks und Reservekanister.
Wir Mädchen sind der festen Überzeugung, dass es jetzt wieder zurück nach Spanien geht. Doch die Richtung, die wir gegen Mittag mit unserem Boot einschlagen, verläuft weiter an der Küste entlang. Einmal fahren wir für eine geraume Zeit hinaus aufs Meer und dann wieder zurück in Küstennähe. Der Schöne erklärt uns mit einer Art Gebärdensprache, dass wir Algerien verlassen haben und jetzt in marokkanischen Gewässern schippern.
Wieder steuern wir einen kleinen Hafen an und machen das Boot fest. Warten ab. Still.
Wir verlassen unser Boot nicht. Die beiden Männer wollen mit uns Karten spielen, aber wir kapieren die Regeln nicht.
Nach stundenlangem Herumsitzen schlendert plötzlich ein nicht mehr so jung aussehender Marokkaner mit einer schwarzen Sporttasche auf uns zu. Er hockt sich vor unser Boot, redet, lacht mit seinen weißen Zähnen und nimmt unauffällig das Geldbündel an sich, das unsere beiden

Männer vorher an den Kisten verdient haben. Dann schmeißt er seine Tasche, ganz nebenbei, runter in die Kajüte, lacht noch einmal und verschwindet dann wieder. Sofort machen unsere beiden Männer das Boot klar. Dabei blicken sie prüfend um sich, starten den Motor und fahren hinaus aufs Meer. Erst, als das Ufer kaum noch zu erkennen ist, steigt der Große nach unten in die Kajüte und schaut in die Sporttasche, wechselt ein paar Worte mit dem Vernarbten oben am Steuer und greift sich ein kleines Päckchen daraus, so groß wie eine Seifendose und kommt damit nach oben. Wir Mädchen wissen sofort, was es ist.
Der schöne, gut aussehende Mann dreht einen Joint und, nachdem ich einige Male dran gezogen habe, weiß ich nicht mehr, was weiter geschieht. Nur, dass wir bei Sonnenaufgang an unserem Strandabschnitt bei Marbella sitzen und die drei mir voller Sorge puren Zitronensaft einflößen.
Ich sage zu dem Pockennarbigen, der uns Geld geben will, dass ich keines will, sondern lieber ein Stück von dem Zeug. Meine Freundin ist entsetzt und droht mir die Freundschaft zu kündigen, doch ich erinnere sie an das „Klotz am Bein". Dann sagt sie nichts mehr.
In unserer Wohnung schneide ich den Klumpen in kleine Stücke und wickle jedes einzelne in Aluminiumfolie. Abends gehe ich damit an den Strand und auch in einige Discotheken und verkaufe die kleinen Ecken an ausländische Touristen.
Durch das Dealen lerne ich schnell Leute kennen, die mir noch mehr von dem Zeug besorgen. So halte ich mich gut über Wasser, ohne der Blonden und ihrem Zuhälter auf der

Tasche zu liegen.

Ein neu gewonnener Freund, ein Deutscher, lebt schon viele Jahre in Spanien. Er betreibt einen Pferdeverleih in den Bergen. Bei ihm darf ich, wann immer ich möchte, ein Pferd aus dem Stall nehmen und durch die wilde Gegend reiten. Die spanischen Rösser sind zäh. Sie besitzen ungewöhnlich feste Hufe, die durch die unwegsamen, steinigen Pfade kurz und rund gewetzt sind. Leider „kleben" diese Tiere dermaßen aneinander, dass es selbst für mich, als einigermaßen erfahrenen Reiter, fast unmöglich ist, mit einem allein von der Farm zu kommen. Habe ich es, durch intensives Antreiben, einmal geschafft, bereitet es mir hinterher größte Mühe, die wilden Schönheiten auf dem Heimweg zu bremsen. Sie galoppieren, den Weg nur zu gut kennend, die steilen Pfade hinunter, bis sie endlich wieder mit ihren Artgenossen vereint sind.
Allmählich gewöhne ich mich an das neue Leben. Mir fehlt es an nichts. Ich bin unabhängig, habe Geld und das Gefühl gebraucht zu werden, zumindest was den Pferdebesitzer angeht.

Eines Nachts stehe ich vor einer florierenden Diskothek, um meinem Gewerbe nachzugehen, als ein junges Mädchen mich antippt und meint: „Mensch, dich kenne ich doch! Dich habe ich doch schon einmal gesehen!" Ich versichere ihr, das könne nicht sein, eine Verwechslung. Doch beim Weitergehen Richtung Kasse sehe ich mich selbst, vorne in

dem kleinen Eintrittskarten-Häuschen im Fenster, mit
Tesafilm befestigt. Dort hänge ich mit feuerrot gefärbten
Haaren, die mir vor gar nicht so langer Zeit noch eine
gehörige Tracht Prügel eingebracht haben. Eine Aufnahme,
die meine Schwester oben in unserem gemeinsamen Zimmer
geschossen hat, nachdem sie mich heimlich kunterbunt
geschminkt hatte.
Ich drehe mich sofort auf dem Absatz um und laufe zurück
zum Apartment. Ein Foto der Blonden habe ich nicht
gesehen. Die suchen nur mich, weil ich noch keine Achtzehn
bin.
Ich erzähle der Blonden nichts davon. Sie will ohnehin am
nächsten Tag mit ihrem Freund verreisen, und ich soll in der
Zeit den Hund und die Wohnung hüten. Ich beschließe, mich
in deren Abwesenheit ruhig zu verhalten und das Haus am
besten überhaupt nicht zu verlassen.
Als ich vier Tage später vollgeraucht und ziemlich glücklich
auf dem Balkon stehe und über Marbella schaue, entdecke ich
unter mir, in einer kleinen Seitenstraße, ein orangefarbenes
Auto. Genau so eines wie mein Vater auch hat. Mir fällt
gerade das weiße Nummernschild mit schwarzer Schrift auf,
als es an der Haustür klingelt. Das Zimmer nebenan ist voller
Leute, alle bekifft und am gackern. Ich warte ab, dass einer
von denen die Tür öffnet. Aber ich werde gerufen. Ein
fremder Mann will mich sprechen.

Da steht er, mein Vater, verschwitzt und käseweiß im
Gesicht. Er befielt mir mit bösem, drohendem Ton in der

Stimme: „In drei Minuten bist du unten, mit deinen Sachen, ich guck auf die Uhr!"
Das Problem ist, keiner von den Freaks will den Hund nehmen. Ich packe meine wenigen Habseligkeiten zusammen und gehe mit dem riesigen Vieh auf die Straße. Dort wartet mein lieber großer Bruder und grinst mich freudestrahlend an. Wir nehmen uns in die Arme und heulen. Die Dogge fängt an zu knurren. Mein Vater will im Auto warten bis wir das Tier, egal wo, abgeliefert haben. Ich gehe mit meinem Bruder an den Strandabschnitt, der für meine Wohnsiedlung zuständig ist und bitte den Barbesitzer auf den Hund aufzupassen, bis ich wieder zurück bin. „Es wird nicht lange dauern!"


Wir fahren den ganzen Tag ohne Pause. Nur zum Tanken hält mein Vater an. Er sagt kein Wort, fragt mich nicht, warum, weshalb? Gar nichts. Auf einem wunderschönen Campingplatz baut mein Bruder unser altes Zwei-Mann-Zelt für sich und mich auf. Mein Vater will im Auto schlafen. Vor dem Schlafengehen klettern wir, mein Bruder und ich, noch einmal über die steinigen Felsen hinunter zu einem See. Ich trage keine Schuhe, die brauche ich nicht, und habe auch keine. Meine Fußsohlen sind nach all den Wochen Barfusslaufen hart und unempfindlich geworden. Mein Bruder beneidet mich darum. Unten am Wasser reicht er mir eine Zigarette. Schweigend rauchen wir. Auf dem Rückweg zum Zelt sagt er: „Ich würde gern noch länger mit dir an diesem schönen Ort bleiben."

Die ganze Nacht liege ich in seinen Armen. Immer wieder drückt er mich fest an sich und flüstert mir ins Ohr: „Du darfst nie wieder weglaufen, versprichst du mir das? Ich habe mir solche Sorgen gemacht!"
Früh am Morgen weckt uns der Vater, sieht uns eng umschlungen. „Jetzt übertreibt es mal nicht mit der Geschwisterliebe!"
Die restlichen tausend Kilometer fährt er durch.

In unserer Garage, beim Auspacken der Sachen, bin ich eigentlich heilfroh, wieder zu Hause zu sein.
Bis meine Mutter kommt und mich schlägt, ohne Vorwarnung und Begrüßung. Ihre Fäuste treffen mich mitten ins Gesicht. Ich wehre mich nicht. Es ist das erste Mal, dass sie handgreiflich wird. Sie macht mir Vorwürfe. „Was für ein Mensch bist du! Was für eine schreckliche Tochter! Was hat Papa sich Sorgen gemacht! Was sagen jetzt die Leute über uns!" Mein Bruder stellt sich dazwischen und sagt: „Lass es doch gut sein!" Der Vater brüllt mich an, dass es an den Garagenwänden zurück hallt: „Du bekommst deine Strafe noch! Ich werde mir schon etwas Feines für dich ausdenken! Mir juckt es schon lange in den Fingern!" Ich sage nichts, schaue nur demütig zu Boden, will ihn nicht reizen, ihm so wenig Anlass wie möglich geben auszurasten.
Mein großer Bruder, der wieder bei seiner langjährigen Freundin wohnt, nimmt seine kleine Reisetasche und will gehen. Beim Verabschieden sagt er zum Vater: „Hole dir endlich Hilfe, damit du mit ihr klarkommst." Der Vater

erwidert kurz und knapp: „Bis jetzt bin ich noch mit allem und jedem selbst klar gekommen und schlaue Sprüche brauche ich erst recht nicht. Großer, halt dich da raus!"

Ich soll in mein Zimmer gehen, bis man mich rufen wird. Mein Vater will jetzt „andere Saiten" aufziehen. Als ich nach Stunden endlich runterkommen darf, soll ich den Tisch decken, werde aber gleich wieder nach oben geschickt, weil ich keine Schuhe trage. Die Luft ist zum Schneiden dick. Nach dem Essen schauen wir Fernsehen. Dabei knabbere ich einen kleinen Apfel, von denen eine volle Schüssel auf dem Tisch steht. Die stammen wahrscheinlich von dem Bauern, der mich und meine Oma immer zum Lungenarzt gefahren hat. Als ich mir den zweiten Apfel nehmen will, schlägt mein Vater ihn mir aus der Hand. „Was fällt dir denn ein? Unsereins rackert sich ab, muss jeden morgen früh aufstehen, und du nimmst nur! Nur nehmen, nehmen, nehmen kannst du, was anderes kannst du nicht! Du hast noch nichts geleistet in deinem Leben! Hast du dir mal überlegt, was dein Abhauen uns gekostet hat, nicht nur an Geld, sondern auch an Ansehen?" Dann setzt es eine Ohrfeige, und noch eine. Er steigert sich immer weiter in seiner Wut und tritt mich schließlich in Bauch und Rücken. Schreit: „Ich will mich jetzt nicht vergessen!" Und schlägt mich noch einmal mit seinem Handrücken ins Gesicht, dass meine Unterlippe aufplatzt und blutet. „Ab nach oben, ich kann dich nicht mehr sehen!" Oben in meinem Zimmer denke ich, dass es noch Monate dauern wird, bis ich endlich volljährig bin. Ich grüble darüber nach, wie ich dann vielleicht ganz legal abhauen kann. Indes schwillt mein Gesicht immer mehr an und ich suche nach einem Taschentuch, um das Blut zu stillen. Den Schmerz empfinde ich irgendwie als beruhigend, wie ein weiches, warmes Polster.

Ich darf das Grundstück nicht verlassen. Nur selten spreche ich mit Personen, die nicht zur Familie gehören. Einmal kommt zufällig die Sekretärin vorbei, mit der ich im Büro zusammengearbeitet habe. Ich harke gerade den Seitenstreifen an der Straße; bin ganz versunken in diese Arbeit und peinlich darauf bedacht, die Harke nicht abzusetzen, um keine Hubbel entstehen zu lassen. Die Frau erzählt kurz, wie die anderen Mitarbeiter im Büro es aufgenommen hätten und wie leid es ihnen allen täte, dass ich nicht wieder zurückkäme.
Der Fabrikant hat das Lehrverhältnis fristlos gekündigt.

Wochen später komme ich wieder mit außenstehenden Menschen ins Gespräch. Es sind der Militärpfarrer vom Fliegerhorst und seine Ehefrau, die Handarbeitslehrerin aus dem Nachbarort. Mein Vater hat die beiden absichtlich eingeladen, weil er sich von ihnen psychologische Hilfe verspricht.
Als es an der Haustür klingelt, bügle ich gerade die Diensthemden meines Vaters. Beim Vorbeigehen gibt mir die von allen Schülern so gehasste Lehrerin als erstes den guten Ratschlag, das Bügeleisen doch fester auf den Stoff zu

drücken, so würde er wesentlich glatter werden.
Etwas später sitzen wir beim Tee; wie in einer Gerichtsverhandlung, so kommt es mir vor, in einer Reihe vor dem Stubentisch. Ich weiß, dass die Pastorengattin in jungen Jahren ein Kind zur Adoption freigegeben hat, damit ihr jetziger Mann, der Priester, seinen Beruf zu Ende bringen konnte. Das hat unser Vater einmal erwähnt, als er auf diesen arroganten Pfaffen sauer war.
Meine Geschwister sollen nicht stören und werden ungewohnt höflich von meinem Vater in ihre Zimmer geschickt. Meine Mutter soll auch draußen bleiben, die versteht eh nichts von alledem.
Die Pastorenfrau schaut mir in die Augen und fragt ganz ernst: „Spürst du eine lesbische Neigung zu deiner schönen, blonden Freundin? Habt ihr euch gestreichelt und geküsst? Bist du ihr vielleicht hörig gewesen? Das würde ja einiges erklären!" Mir schießt vor Scham das Blut durch die Adern in den Kopf. Darüber habe ich noch nie nachgedacht. Wir Kinder haben uns höchstens mit solchen Ausdrücken, wie „alte Lesbe" geärgert und beschimpft. Und was „hörig" bedeutet, weiß ich gar nicht so richtig. Keine ihrer Fragen beantworte ich, überhaupt sage ich kein Wort, warte nur ab, bis sie mich endlich auf mein Zimmer schicken. Mein Vater fühlt sich bestätigt, sagt: „Da sehen Sie es selbst, wie stur und verbockt die ist!"


Mein großer Bruder kommt mit seiner Freundin zu Besuch.

Sie bringt ein Lehrbuch über Pädagogik mit und zeigt es unserem Vater beim Tee. Der soll doch mal diesen und jenen Absatz lesen. Vielleicht kann er weitere Fehler an mir vermeiden. Sie hat sogar, dünn mit Bleistift, Zeichen an Stellen gesetzt, die ganz besonders auf unseren Vater zutreffen.
Der fühlt sich gleich, ohne gelesen zu haben, angegriffen und gerät in Rage. Läuft krebsrot an und springt von seinem „Chefsessel" hoch, dass die Teetassen klirren. Er rennt in sein Schlafzimmer und schließt den Waffenschrank auf, greift die erstbeste Doppelbockflinte heraus und lädt sie mit scharfer Munition. Dann kommt er mit dem Gewehr zurück ins Esszimmer und hält es meiner zukünftigen Schwägerin an die Schläfe. „Du elende Schlampe! Was maßt du dir an! Verlasse sofort mein Haus! Du hast Hausverbot!"
Mein lieber Bruder begleitet sie. Seine ausgestreckte flache Hand schützend vor den Gewehrlauf haltend, schreit er jetzt den Vater an: „Jetzt bist du zu weit gegangen! Du bist doch vollends durchgeknallt! Dieses Mal gibt es eine Anzeige, von deinem eigenen Sohn!"
Ich reibe mir die Hände wie eine Wahnsinnige. Meine Mutter lacht und weint zugleich. Der Vater schimpft: „Herrgott, bin ich denn nur von Verrückten umgeben?" Käseweiß im Gesicht, mit herunter hängender Flinte, droht er uns, sich gleich selbst den Garaus zu machen.

Nach diesem Vorfall sperren sie mich weitere Wochen ein. Noch nicht einmal den Sandstreifen an der Straße brauche ich

mehr zu harken, um nicht auf „dumme Gedanken" zu kommen.
Von meiner Schwester erfahre ich, dass Interpol die Blonde am Berliner Flughafen geschnappt hatte, als sie mit ihrem Zuhälter in Urlaub gefahren war. Im Verhör hat sie schließlich meinen Aufenthaltsort preisgegeben. Angeblich betreiben die beiden jetzt eine Nachtbar im Kohlenpott.

Durch mein abgeschiedenes Leben steigert sich die Angst vor der Freiheit, die irgendwann ja kommen wird. Die Leute werden mich ansprechen und ausfragen. Davor graut es mir. Deshalb fühle ich mich in meinem Zimmer am wohlsten und am sichersten. Ich verspüre nicht den geringsten Wunsch, dass sich da etwas ändert.

An einem dunklen, verregneten Nachmittag will mein Vater mich tatsächlich losschicken, einen speziellen Klebstoff aus dem Ort zu besorgen. Mir schießt sofort kalter Schweiß aus sämtlichen Poren und mein Körper fängt an zu zittern, dass ich nichts machen kann. Ich denke: „Keine zehn Pferde kriegen dich da raus auf die Straße." Ich kann mich nicht rühren, starre meinen Vater nur ungläubig an. Der denkt, ich will mich „drücken", weil es draußen regnet. Als sein Reden nichts mehr hilft, droht er mit einer „gehörigen Tracht Prügel".
Ich habe solche Angst rauszumüssen, dass ich mich am Türrahmen festklammere und laut wimmere.
„Spiel nicht die Verrückte! Du bist doch nur faul! Dich bringe

ich schon auf Trab!" Er fummelt an seiner Hose herum und zieht mit einer einzigen Handbewegung den Bundeswehrkoppel aus den Schlaufen und mir über den Rücken. Dann versucht er, mich an den Armen aus dem Haus zu zerren. Ich sträube mich, mache mich schwer und schlaff wie ein nasser Sack und will mich lieber totschlagen lassen. Ich gehe nicht.
Von da an macht mein Vater sich ernsthafte Sorgen.
Wenige Tage später verkündet er: „Ich habe jetzt was gefunden, was dich zur Räson bringt!"
Ich weiß nicht, wer ihn da drauf gebracht hat.
In einer evangelischen Heimvolkshochschule findet ein mehrwöchentlicher Kursus statt, in dem gescheiterte Jugendliche anscheinend wieder „anständig auf Vordermann" gebracht werden.
Ich muss mir bis zu Beginn dieses Lehrgangs immer wieder anhören, was ich ihn doch an Geld gekostet habe, und das in einem so jämmerlich kurzen Leben.


Was in dieser Bildungsstätte letztendlich geschieht, ist alles andere als Disziplin oder Drill. Egal was es ist, alles wird ruhig und sachlich angegangen. Das erste Mal darf ich meine Geschichte vom Weglaufen erzählen. Alle hören gespannt und geduldig zu. Hinterher findet darüber eine Diskussion statt. Es fällt mir verdammt schwer, meine Gründe und Gefühle darzulegen, stottere nur was dahin; will meinen Vater nicht verraten.

Die Lehrer raten uns, an den Wochenenden nicht nach Hause zu fahren. Wir sollen unsere Freizeit selbst oder in Gruppen gestalten. Wir dürfen kommen und gehen wann wir wollen, die Türen stehen uns jederzeit offen. Einigen von uns, mir auch, bereitet das anfänglich gewisse Schwierigkeiten, wir schlagen feucht-fröhlich über die Stränge, wissen mit unserer neuen Freiheit nichts Besseres anzufangen.

Wir sind eine Gruppe von etwa fünfzehn Jugendlichen, die aus unterschiedlichen Gründen gekommen sind. Ein stiller, gut aussehender Junge ist homosexuell und mag sich nicht dazu bekennen; was er uns gegenüber gleich schafft. Ein Mädchen ist von ihren Eltern geschickt, um vor ihrer bevorstehenden Hochzeit noch den letzten „Schliff" zu bekommen. Ein anderes Mädchen leidet unter schlimmen Kontaktschwierigkeiten und hofft, diese zu verlieren. Ein anderer hat noch keine Lehrstelle, weiß wie ich nicht, wie es weiter gehen soll. Die Mehrzahl hat keine nennenswerten Probleme, absolviert dieses Seminar aus Eigeninteresse, oder um Zeit zu überbrücken.

Unser Tag besteht hauptsächlich darin, Rollenspiele vorzuführen, die erst lustig sind, einen dann aber doch sehr nachdenklich stimmen.
Kreatives Gestalten, wie töpfern und malen stehen auch auf dem Plan. Dort modelliere ich aus Ton einen Hasen, den ich meinem Vater, dem Jäger und Verhassten, zum Geburtstag schenke.

Diese Zeit inmitten der Gruppe tut mir gut. Ich vergesse das Händereiben und verliere langsam meine Ängste, alles falsch zu machen. Ich fühle mich von Tag zu Tag selbstsicherer.

Der alte, leitende Pfarrer macht jeden Abend seine Runde durchs Haus und blickt in die Zimmer seiner Schützlinge. Er schaut auch in meines, kommt herein und setzt sich zu mir aufs Bett. Er möchte gern wissen, wie es mir am ersten Tag so ergangen ist. Streichelt meinen Nacken und sagt, dass er meinen Hals schön findet. Dann fängt er an, von meinen „Salznäpfen" zu schwärmen, irgendwelchen Stellen an meinem Körper, die ich selbst noch gar nicht entdeckt habe, aber vermute, dass es sich um die Kuhlen oberhalb meiner Schlüsselbeine handelt. Ich erstarre zu Eis, kann mich nicht bewegen, geschweige denn wehren. Das Bild meines Vaters taucht auf, in verschiedenen Szenen. Der Geistliche wünscht mir eine gute Nacht „Gott segne Dich!" und geht ins nächste Zimmer.

Mein großer Bruder ist der einzige, der mich in der Heimstätte besucht. Er lebt wieder einmal getrennt von seiner langjährigen Freundin und fühlt sich deshalb vogelfrei. Er verliebt sich auch gleich in meine junge norwegische Lehrerin, die seine Zuneigung erwidert. Jetzt huscht er nur noch kurz bei mir vorbei. Die beiden sind überglücklich.
Nach einem Wochenende in Norwegen, bei ihrem Noch-Ehemann, kehrt die nette Lehrerin nicht wieder zurück. Sie verunglückt mit dem Auto und ist tot.

Mein Bruder wartet indes in seiner alten Ente auf sie. Den ganzen Abend und die lange Nacht, bis ich ihm morgens die traurige Nachricht überbringe.
Er kann es gar nicht fassen, fragt mich immer wieder, warum und weshalb. Noch Stunden später sehe ich ihn unten auf dem Parkplatz stehen.

Der Lehrgang geht zu Ende. Irgendwie hat er jeden von uns verändert. Die Braut in spe mag gar nicht mehr heiraten. Das schüchterne Mädchen plappert in einer Tour, und der Schwule tuscht sich die Wimpern. Ich lasse mir von den Kursteilnehmern am letzten Tag die Haare, Locke für Locke, abschneiden und beschließe, von nun an mein Leben selbst in die Hand zu nehmen.


Wieder zu Hause, habe ich keinen Hausarrest mehr. Die Stimmung ist fast friedlich.
Mein Vater kontrolliert mein Leben jedoch weiter. Spioniert mir nach, will genau wissen, wo ich hingehe und mit wem. Er fragt mich jedes Mal, wann ich zurück bin; obwohl er eh nur bis neun Uhr erlaubt.

Es ist der Abend vor meinem achtzehnten Geburtstag, meiner heiß-ersehnten Volljährigkeit. Ich bin zu einer Hochzeit eingeladen. Die Schwester eines Schulkameraden heiratet einen Jungen, den ich auch kenne. Die Feier findet in der alten, schönen Bundeswehrsiedlung statt, im Garten der Brauteltern. Ich bilde mir glatt ein, in meinen Geburtstag hineinfeiern zu dürfen. Doch mein Vater sagt: „Um neun Uhr bist du zu Hause!"

Ich schäme mich schon im Voraus vor den anderen Gästen und denke mir unterwegs einen glaubhaften Grund aus, früher gehen zu können. Wenn die Zeit kommt, täusche ich einfach ein Unwohlsein vor.

Das bestellte Essen kommt erst um halb neun, und bis alle ihre Suppe auf dem Teller haben und der beste Freund des Bräutigams seine kurze Rede gehalten hat, ist es bereits neun. Mein Stück Schweinebraten mit Kartoffeln und Leipziger Allerlei schlinge ich fast hinunter und auch den Nachtisch, das Vanilleeis mit heißen Kirschen. Als ich meinen leeren Teller beiseite schiebe ist es bereits halb zehn. Mir wird wirklich übel.

Ich verabschiede mich vom Brautpaar und von den anderen Gästen. Es tut ihnen leid, dass ich schon gehen will. Sie versuchen mich zu überreden, länger zu bleiben. Einer sagt: „An so einem Tag wird dein Alter sicher eine Ausnahme machen." Gegen zehn gehe ich. Renne.

Völlig außer Atem erreiche ich die Auffahrt unseres Hauses und sehe ihn. Wie ein dunkler Schatten hockt er draußen auf der Steintreppe. In der Hand seinen Bundeswehrkoppel, gleich einer langen, schwarzen Kobra, die sich die Stufen hinabschlängelt.

Noch kann ich weglaufen. Will es aber nicht. Ich lasse es

drauf ankommen und husche an ihm vorbei, die Stufen hinauf. Ich will in mein Zimmer, und meine Ruhe haben, keinen Ärger, so kurz vor meinem Geburtstag.
Blitzschnell, dabei den Gürtel schwingend, springt er auf, und der erste Hieb ist ein Volltreffer in meine Kniekehlen. Ich stolpre, fange mich wieder und laufe. Er folgt mir, mich „elende Hure" schimpfend, ins Haus, bis vor die Badezimmertür. Einschließen kann ich mich nicht, denn es gibt keinen Schlüssel. Auch nebenan in der kleinen Toilette nicht. Ich halte mit aller Kraft die Tür zu, doch er stemmt sich dagegen, so stark, dass ich aufgeben und auf den Badewannenrand springen muss. In dem kleinen Raum nimmt er seinen Gürtel doppelt und drischt laut stöhnend auf mich ein. Es schmerzt nicht all zu sehr, denn er kann zum Schlag nicht richtig ausholen. In die Enge getrieben, gibt es für mich zwar kein Entkommen, doch mein Gesicht kann ich vor den Schlägen schützen, indem ich es in die Ecke drücke und meine Arme an den Kopf presse. In seinem Eifer peitscht er sein Rasierwasser von der Borte und hält dann kurz inne, um zu schauen, was er da angerichtet hat. Ich nutze diese Gelegenheit und torkle auf den Flur, Richtung Bodentreppe. Er holt mich ein. Der ganze Flur stinkt nach seinem Rasierwasser. Das macht ihn noch wütender. Jetzt packt er den Koppel mit beiden Händen an der Schlinge, sodass sich die metallene Schnalle außen befindet. Er haut noch kräftiger zu; ins Gesicht, was eigentlich immer ein Tabu war. Ein Schlag mit dem kantigen Metall trifft mein rechtes Ohr und sorgt dafür, dass mir schwarz vor Augen wird und ich vor der

Terrassentür auf den Boden sinke. Die folgenden Schläge spüre ich nicht. Als Zuschauer betrachte ich das Schauspiel aus einem sicheren Abstand. Er schmeißt seinen Gürtel beiseite, packt mich mit seinen Händen am Hals und zieht mich nach oben, bis auf Augenhöhe. Ganz dicht steht er vor mir und zischt durch zusammengepresste Lippen: „Dich bringe ich noch zur Vernunft! Mit mir machst du das nicht!" Bei jedem Wort knallt er meinen Hinterkopf gegen die Terrassentür und bohrt seine Finger tiefer in meinen Hals. Mit letzter Luft flehe ich ihn an: „Bring mich doch endlich um!" Eine Stunde später bin ich volljährig.

Am nächsten Morgen sehe ich im Spiegel meine dick geschwollenen Augenlider, die aufgeplatzte Lippe und mein blutverschmiertes Ohr. Doch was noch schlimmer aussieht, sind seine zehn Finger auf meinem Hals. Ganz deutlich, wie mit blau-roter Tinte gezeichnet. Ich schminke sie nicht über, wie sonst, wenn ich die sichtbaren Spuren einer Tracht Prügel verstecken wollte. Ganz im Gegenteil, ich trage sie demonstrativ zur Schau. Am Frühstückstisch grinst mein Vater mich von der Seite an und meint: „Das haste dir selbst zuzuschreiben. Wer nicht hören will, muss fühlen."

An diesem sonnigen Morgen im Herbst, meinem 18. Geburtstag, fahre ich mit dem Zug in die Stadt und marschiere direkt zum Jugendamt. Ich bin schon einmal da gewesen; hab mich nur nicht reingetraut. Jetzt bin ich fest entschlossen, will denen von meinem Vater erzählen, die

Striemen zeigen und vielleicht auch einen guten Rat, wie ich mich zu Hause verhalten muss, um den Zorn meines Vaters nicht zu wecken.

Ein Herr, zu dem mich eine freundliche Frau führt, begrüßt mich mit festem Handschlag zwischen Tür und Angel und bietet mir schwungvoll gestikulierend einen Stuhl direkt vor seinem Schreibtisch an. Kaum sitzt er, ermuntert er mich auch schon, mit meinem Kummer „loszuschießen".
Plötzlich bin ich sehr verunsichert von der lockeren Art dieses Mannes und ziemlich aufgeregt dazu. Trotzdem versuche ich den gestrigen Abend so gut es geht zu schildern, zeige ihm die zehn Finger und die anderen Wunden. Er hört sich meine Klagen aufmerksam an, nickt und schüttelt den Kopf, zwischendurch macht er mir Mut, weiterzuerzählen. Als ich meine Geschichte heulend zu Ende gebracht habe, fragt er, ob mein Vater mich, außer durch Schläge, auch anders berührt hätte, so, wie es sich für einen Vater nicht unbedingt gehört. Auf diese Frage bin ich nicht gefasst und mir wird ganz heiß vor lauter Scham. Ich verneine das, sage nur, dass er sich nach einer Züchtigung eher selbst berührt.
Es entsteht eine längere Pause, in der nicht gesprochen wird. Schließlich fragt der Mann mich, was ich eigentlich von ihm will. „Sie sind doch jetzt volljährig und können ausziehen! Was bringt es Ihnen, dem Vater jetzt noch die Hölle heiß zu machen? Lassen Sie es gut sein! Ihr Vater ist doch auch nur ein Mensch mit Schwächen und bestimmt auch mit Stärken. Jeder hat sein Päckchen zu tragen. Stellen Sie sich lieber

schöne Momente mit ihm vor, das hilft die Geschehnisse von gestern zu vergessen. Blicken Sie nach vorn, Sie haben das Leben doch noch vor sich!"

Mit einem widerlichen Gefühl im Körper nichts erreicht, meinen Vater verraten und mich selbst lächerlich gemacht zu haben, verlasse ich sein Büro nach einem warmen Händedruck.

Ich bin jetzt volljährig. Erwachsen. Habe Rechte und Pflichten.

„Für Essen und Unterkunft wird gearbeitet! Und, solange du deine Füße unter meinen Tisch streckst, hast du meinen Befehlen zu gehorchen und für deine Mutter da zu sein!"

Die gesamte Hausarbeit erledige ich allein. Außer Kochen, das obliegt weiterhin unserer Mutter und Schwester, damit erstere es noch besser lernt. Der Vater zieht zwei Mal am Tag frische, von mir geputzte, Dienstschuhe an. Ist die Fläche an der Sohle, zwischen Absatz und Fußspitze, nicht schwarz und blank genug, stellt er das Paar zurück und ich darf es noch einmal putzen.

Wenn der Vater vom Dienst kommt, muss der Tee auf dem Tisch stehen und die Fransen am Stubenteppich müssen gebürstet sein. Während der Kluntje in der Tasse knistert und schmilzt, will er von unserer Mutter wissen, wie ihr Tag war und ob sie sich über mich ärgern musste. Anschließend erteilt er mir die Aufgaben, die er sich im Laufe des Tages ausgedacht hat. Taschengeld gibt es wenig und nur, wenn er gute Laune hat, und das ist selten der Fall. Deodorant, Körperlotion, überhaupt Kosmetika werden nicht geduldet, derartige Kinkerlitzchen benutzen Tunten und Nutten, sind nur dazu da, den dummen Leuten das Geld aus der Tasche zu ziehen. Meine Mutter kommt mit ihrem Fläschchen „Echt kölnisch Wasser" meine gesamte Jugend aus.

Möchte ich mich nach getaner Arbeit in mein Zimmer verziehen, Musik aus dem kleinen Radio hören oder in einem Buch aus seinem Bücherregal lesen, bedeutet das oft für ihn, das ich mich von der Arbeit drücken will und mich dazu noch an seinem Eigentum vergreife, was er zu gern bestrafen würde, sich aber nicht mehr traut, seitdem ich achtzehn bin.

Ich weiß nicht, wie es weitergehen soll. Mir fällt kein Mensch ein, der mich aufnehmen würde. Eine Lehrstelle im Dorf gibt es nicht, alle wissen über meine Vergangenheit Bescheid, angeblich will keiner ein Risiko eingehen.

Hin und wieder kommt mein großer Bruder zu Besuch und spricht mir Mut zu. „Irgendeine Ausbildung wird sich schon noch finden!"

Freunde habe ich zurzeit keine; überhaupt keinen Kontakt zu Jugendlichen, außer zu meinen Geschwistern. Fremde Leute haben in unserem Haus nichts zu suchen.

Meine Eltern entledigen sich des Bruders mit der Brille, indem sie ihn gleich nach Abschluss seiner Berufsausbildung rausschmeißen. Er heult und bettelt, sie mögen ihm doch

etwas mehr Zeit lassen. Doch der Vater braucht das Zimmer für seine ausgestopften Jagdtrophäen. Er besorgt seinem Sohn eine kleine Soldatenwohnung in der Nähe und stellt die wenigen Habseligkeiten, darunter auch das Akkordeon, an die Straße.
Kaum ist dieser ausgezogen, wird das Zimmer neu tapeziert und zum Jagdzimmer gemacht. Ich muss dabei helfen, vielleicht findet sich ja noch ein handwerklicher Betrieb, der mich nimmt.


Als der große Bruder wieder einmal zu Besuch ist, erzählt er von einer Bekannten, die den Beruf Hebamme ausübt. Er fragt mich, ob das nichts für mich wäre. Weil ich nur einen einfachen Schulabschluss habe und dazu noch eine abgebrochene Lehre, mache ich mir keine großen Hoffnungen. Doch auf sein Drängen hin bewerbe ich mich an der nächstliegenden Hebammen-Lehranstalt. Mein Vater will mir den Text erst diktieren, besinnt sich aber: „Das wird eh nichts." Schon nach fünf Tagen kommt ein Brief, indem ich zu einem Vorstellungsgespräch geladen werde.
Bei dieser Unterredung wünscht mein Vater unbedingt dabei zu sein. Er will denen erzählen, „reinen Wein einschenken", wie es zum Abbruch meiner Lehre gekommen ist und, dass ich ja eigentlich ein zuverlässiges Mädchen sei, das nur eine gute Führung bräuchte.
Unterwegs im Auto gibt er mir Instruktionen, wie ich mich

richtig zu verhalten habe, um wenigstens eine kleine Chance zu bekommen. Ich soll meinem Gegenüber zur Begrüßung anständig die Hand geben, keinen schlaffen Händedruck, und bei jedem Wort tief in die Augen schauen.

Die Lehrhebamme lässt meinen Vater kaum zu Wort kommen, schickt ihn kurzerhand raus, als der zum wiederholten Male einen Ansatz macht, meine Lage zu schildern. Sie möchte sich mit mir allein unterhalten. Total schüchtern sitze ich dieser strengen Frau gegenüber und beantworte jede ihrer Fragen mit Blickkontakt. Dass ich meine Lehre abgebrochen habe, findet sie überhaupt nicht schlimm, eher mutig, diesen Schritt gewagt zu haben. „Wenn man sich nicht sicher ist, ob der Beruf der richtige für einen ist, sollte man Konsequenzen ziehen." Sie will auch wissen, ob mein Vater viel Strenge walten lässt. Zum Schluss nimmt sie meine Hände in die ihrigen, hält sie fest und schaut sich meine langen Finger an. Dann lächelt sie lieb und gutmütig und meint: „Mit diesen Händen können Sie eine gute Hebamme werden."

Allerdings muss ich die drei Monate bis zum Beginn der Ausbildung ein Praktikum absolvieren, am besten in einer Frauenklinik, da man mir meine abgebrochene Berufsausbildung nicht anerkennen kann. Sie ruft meinen Vater noch einmal zu sich, um ihm das zu sagen. Dann verabschiedet sie sich mit „Na denn, bis dann" und winkt uns nach.

Auf dem Nachhauseweg löchert mein Vater mich mit Fragen, will wissen, ob ich ihn vor der bezaubernden Schwester schlecht gemacht hätte.

Mein Vater telefoniert wegen des Praktikums sämtliche Kliniken im Umkreis höchst persönlich ab, damit ich bloß nichts verpatzte. Letztendlich bekomme ich eine Zusage aus dem Krankenhaus, in dem meine Mutter damals mit ihrer Fehlgeburt lag.
Für freie Kost und Logie darf ich den Beleghebammen im Kreissaal helfen und, wenn keine Geburt ansteht, mich auf der angrenzenden Wochenstation nützlich zeigen.

Meine Eltern bringen mich direkt am nächsten Tag hin. Ich habe nur eine Einkaufstasche mit einigen Anziehsachen, mein kleines Kofferradio und fünf Mark von meinem Vater dabei. Nachdem wir drei, nach langem Herumirren in den unendlichen Gängen, die zuständige Schwester gefunden haben, verabschiede ich mich von meinen Eltern. Meine Mutter gibt mir die Hand und mein Vater drückt mir kurz und kräftig seine spitzen Bartstoppeln ins Gesicht und sagt: „Mach mir keine Schande!"
Die junge Schwester nickt meinen Eltern zum Abschied kurz zu und marschiert mit mir flotten Schrittes Richtung Personalheim, um mir das Apartment zu zeigen, indem ich ab jetzt wohnen soll. Das Zimmer ist klein, aber mit den nötigsten Möbeln ausgestattet. Auf dem Tisch stehen künstliche Blumen in einer Vase, daneben stelle ich meine Einkaufstasche und folge der Dame in Weiß zurück in die Klinik.

Vor einer Milchglastür, auf der „Gynäkologische Abteilung" steht, bleiben wir stehen. Dank meiner alten blonden Freundin weiß ich, was das Fremdwort bedeutet. Auf einer weiteren Tür steht „Wochenstation", darunter ein Pfeil mit „Kreißsaal".
Im Stationszimmer treffen wir die gesamte Belegschaft der Frühschicht an, sodass die Schwester mich gleich allen vorstellen kann. Viele Namen fallen, die ich vor lauter Aufregung sofort wieder vergesse. Sie berichten uns, dass im Kreißsaal nebenan nichts los ist. Trotzdem geht die Schwester mit mir dahin. Vom Anblick der eisernen Betten mit den Hebeln und den monströsen Beinstützen, bin ich dermaßen beeindruckt, dass mir mulmig wird. Die Räume gleichen einer Schlachterei, sind vom Boden bis zur Decke hellgrün gekachelt und kalt. Die Schwester bemerkt meine blasse Gesichtsfarbe und versichert: „Es sieht schlimmer aus, als es ist."
Wieder draußen auf dem Flur, öffnet die Schwester einen riesigen Wandschrank, misst mit geschultem Blick meine Konfessionsgröße, wühlt in den oberen Fächern herum und zieht zwei weiße Kittel hervor, die sie mir mit der Bemerkung, „die müssten passen", in die Arme drückt. Sie verabschiedet sich von mir mit einem „Herzlich Willkommen!", gibt mir den Zimmerschlüssel und für den Rest des Tages frei.
Auf dem Weg zu meinem Zimmer kommt mir ein Schwarm weißer Leute entgegen; angeführt von einem Riesenkerl mit braunem Schlapphut und dicker Zigarre, die ihren Qualm

bereits auf der ganzen Station verteilt hat. Sein Kittel steht weit offen und gleicht, bei jedem Schritt den er macht, großen Schwanenflügeln. Neben ihm laufen drei jüngere Männer akkurat zugeknöpft und anscheinend sehr darauf bedacht, den stattlichen Riesen nicht einen Schritt zu überholen. Jetzt erkenne ich auch die Schwester wieder, die mir im Dienstzimmer vorgestellt wurde. Sie schiebt einen Wagen mit Krankenakten vor sich her. Als sie mich sieht, stoppt sie die Männergruppe und gibt mir ein Zeichen zu kommen. Auffällig höflich tuend, spricht sie den großen Mann an und fragt, ob sie ihm die neue Praktikantin vorstellen dürfe.
Der packt meine Hand und drückt mit überirdischen Kräften so fest zu, dass ich die meinige hinterher massieren muss, um den Schmerz loszuwerden. Das ist also der Chef, samt Oberarzt und Assistenten.

Den angebrochenen Tag verbringe ich im Ort. Nach langem Herumschlendern stehe ich vor einer Kneipe, in der sich anscheinend Gleichaltrige aufhalten. Nach dem zweiten Glas Cola mache ich Bekanntschaft mit Jugendlichen, die sich billardspielend die arbeitslose Zeit vertreiben. Sie laden mich ohne Umschweife zum Mitspielen ein. Ich gewinne die erste Partie, was mir eine gewisse Anerkennung verschafft. Die Gruppe nimmt mich mit in den Hinterhof, um dort die neue Bekanntschaft mit einem dicken Joint zu besiegeln.
Nach monatelanger Abstinenz wirkt der Stoff heftiger, als es mir lieb ist. Auf dem Weg zurück zur Klinik und bis zum Personalheim kostet es mich reichlich Mühe, einigermaßen

unauffällig daherzugehen.

Im Zimmer finde ich nur ein dünnes Bettlaken und eine ausgewaschene Wolldecke. Ein Kopfkissen fehlt ganz, stattdessen lege ich mir meine Einkaufstüte unter den Kopf. Ich kann vor lauter Aufregung auf den ersten Arbeitstag, vor Hunger und high sein, nicht einschlafen. Dazu ist es furchtbar laut in dem Haus. Im Apartment über mir wird in Intervallen geschrien und gestöhnt; vermutlich zwei Frauen. Unmittelbar neben mir, Wand an Wand, dröhnt ein durch Mark und Bein strömender Bass von irgendeiner Popmusik, von dem selbst die künstlichen Blumen auf meinem Tischchen zittern. Händereibend vertreibe ich mir den Höllenlärm und die Angst vor Morgen.

Als ich meinen Dienst antrete, fühle ich mich unausgeschlafen und wie gerädert. Die Schwestern von der Station schicken mich gleich in den Kreißsaal, denn dort herrscht keineswegs die Stille mehr vom Vortag. Die alte Hebamme, die von ihrer Statur her eher einem japanischen Ringkämpfer gleicht, stellt sich mir nur kurz vor und meint, ich käme just recht. Mit ihrem blutverschmierten Gummischuh schleudert sie blitzschnell einen Hocker herbei und befielt mir, mich neben ein Eisenbett zu setzen, in dem sich, herzzerreißend schreiend, eine junge Frau von einer Seite auf die andere wälzt. Sie scheint vom Weh und Leid völlig aufgelöst. Mir werden die Knie weich und mein nüchterner Magen macht sich bemerkbar. Ich frage mich noch, ob der Beruf Hebamme wohl das Richtige für mich ist, als die werdende Mutter auch schon meine verschwitzte Hand ergreift und sie tierisch fest drückt. Ich versuche die Frau instinktiv zu beruhigen und bekomme auch das Gefühl, dass es mir gelingt, weil sie sich auf einmal wieder ruhig verhält. Bis wieder dieser schreckliche Schmerz, die Wehe, kommt und sie mich von sich stößt und von neuem zu brüllen beginnt.

Gott sei Dank kommt die Hebamme. Mit hoch erhobenen, behandschuhten Händen und mit einer dicken Gummischürze versehen, rollt sie wie eine Walze in den Raum und fragt: „Wie geht es uns?" Routiniert greift sie in eine Schüssel mit Wasser und Watte und untersucht die mittlerweile ziemlich erschöpfte Patientin. „Es wird noch dauern, nur Mut." Dann nimmt sie ein Hörrohr aus Metall, setzt es auf den dicken, nackten Bauch der Schwangeren und kontrolliert die Herztöne des Kindes; trommelt den Rhythmus des ungeborenen Herzens auf die Kante des Eisenbetts und nickt uns aufmunternd zu. Schnell eilt sie wieder hinüber in den anderen gefliesten Raum, aus dem noch schlimmeres Gejammer ertönt und gibt der Frau dort Anweisungen, wie sie zu pressen und zu atmen hat.

Auf dem Flur ertönen Stimmen. Die Putzfrau der Station spaziert, mit Eimer und Wischer unter dem einen und eine sich vor Schmerzen krümmende Schwangere unter dem anderen Arm, in den Kreißsaal. Sie ruft laut: „Hallo! Arbeit!", und bittet die Hochschwangere, sich erst einmal ins Untersuchungszimmer zu setzen.

Meine Gebärende wird zunehmend unruhiger. Sie bezieht die Kommandos aus dem Nachbarraum auf sich und fängt ebenfalls an zu pressen. Ich bekomme es mit der Angst und rufe nach der Hebamme, aber die hört mich nicht, weil sie „Pressen, pressen, hecheln, hecheln!" schreit. Meine Patientin presst wie von Sinnen mit und drückt dabei meine Hände so fest, dass es weh tut.

Die Putzfrau erscheint Kaugummi kauend, immer noch mit ihrem Feudel in der Hand, an unserem Kreißbett und fragt, ob wir zurechtkämen und hebt neugierig die Bettdecke hoch, um zu schauen, was sich da tut. Kaum hat sie das getan, stellt sie auch schon ihren Wischer beiseite, streift sich in Windeseile Gummihandschuhe über und befiehlt der Frau, tief durchzuatmen und mir, schnell frisches warmes Wasser in eine Schüssel zu füllen und ein bestimmtes Stoffpaket aus dem Glasschrank zu holen. Ich bin total geschockt und durcheinander, dass ich erst wie angewurzelt stehenbleibe und auf den haarigen, schwarzen, von Blut verschmierten Punkt starre, der der schreienden Frau zwischen den Beinen hervorlugt und der jedes Mal wieder verschwindet, wenn die Frau keine Wehe mehr hat und wie von Sinnen hechelt.

Im anderen Kreißsaal wird die Patientin ebenfalls zum Hecheln angehalten. Die Hebamme ruft mich, auch für sie soll ich Wasser und das Stoffpäckchen bereitstellen. Dann ruft mich wieder die Raumpflegerin, ich soll gefälligst bei ihr bleiben, damit wenigstens eine Schwester während der Geburt anwesend ist. Die Hebamme faucht die kauende Putzfrau durch die Milchglasscheibe an, dass immer noch sie das Sagen habe. In dem Moment formt sich das glitschige Haar zwischen den Beinen meiner Patientin zu einem runden Köpfchen. Die Putzfrau legt ihre behandschuhte Hand darauf, um es so zu bremsen. Doch vergebens, das Köpfchen macht was es will, eine halbe Drehung und nach einem weiteren unaufhaltsamen Pressen liegt ein kleines Baby blutverschmiert und lauthals schreiend in einer riesigen Blut- und Wasserlache, zwischen den zitternden Beinen der vor Glück weinenden Mutter. Ich bin so was von gerührt, dass mir die Tränen in die Augen schießen und ich mitheulen muss.

Es ist keine Zeit für Gefühle. Ich soll schleunigst ans Telefon gehen und eine Nummer wählen, damit endlich ein Arzt kommt. Es nimmt keiner ab. Also schickt man mich auf die Station, um Hilfe zu holen. Die Patientin im Untersuchungszimmer ist inzwischen kreidebleich und atmet meines Erachtens viel zu schnell, doch ich eile an ihr vorbei, um nach einem Doktor zu sehen. Auf der Station wird gerade die Visite abgehalten. Als ich angerannt komme, stellt sich mir der schwanenhafte Hüne mit Schlapphut und Zigarre in den Weg und brummt: „Immer ruhig mit den jungen Pferden." Ganz außer Atem erzähle ich, weshalb man mich geschickt hat. Einer der Assistenzärzte, ein Türke, der anscheinend kaum deutsch spricht, begleitet mich gemächlichen Schrittes zurück in den Kreißsaal. Dort hat sich die Schwangere aus dem Untersuchungszimmer auf den Fußboden gelegt. Der junge Doktor und ich hieven die weinende Frau wieder hoch und legen sie auf die

Untersuchungspritsche. Er zeigt auf die Unterhose der Schwangeren, woraus ich entnehme, dass ich ihr die Hose ausziehen soll. Dann geht der Türke nach nebenan in die Kreißsäle und kommt nicht wieder. Meine Patientin auf der Liege krallt während der teuflischen Wehen ihre Fingernägel so tief in meinen Unterarm, dass ich Mühe habe, ihr die Hose abzustreifen. Als ich dabei ihrem Genitalbereich näher komme, fühle ich einen vorgewölbten, flauschigen, etwas härteren Gegenstand. Beim Hinsehen sehe ich, aus neuester Erkenntnis, dass es das kindliche Köpfchen ist. Ich rufe panisch nach Hilfe, aber anstatt einer Antwort, wir kommen sofort! schreit die Hebamme zurück: „Jetzt nicht, wir haben hier andere Dinge zu tun!" Durch die Erfahrungen, die ich bereits mit der ersten Entbindung gemacht habe, lasse ich die Kreißende tief ein- und ausatmen und in den Presswehen hecheln, damit das Köpfchen bloß nicht herausschießt. In dem hinteren Kreißsaal höre ich Instrumente klappern und Wasser plätschern, zwischendurch Kommandos der Hebamme wie: „Gleich geschafft! Gleich geschafft! Drücken, drücken!"
Inzwischen hat die Putzfrau ihr Baby, das immer noch an seiner Nabelschnur hängt, in trockene Tücher gewickelt und der glücklichen Mutter in den Arm gelegt. Mächtig stolz auf ihre heldenhafte Tat, will sie gerade den Feudel nehmen und ihrer eigentlichen Arbeit nachgehen, als sie mich im Untersuchungszimmer erblickt, wie ich hemmungslos von der Gebärenden malträtiert werde. Mir baldige Hilfe versprechend eilt sie in den hinteren Kreissaal, um

nachzuschauen, wie weit dort die Geburt ist. Als der Wind, durch das Öffnen der Türen, ein leises Babygewimmer herüber weht, überwältigt mich abermals eine so starke Rührung, dass ich wieder weinen muss; nur erlaubt dies die von schrecklichen Schmerzen geplagte Frau neben mir nicht. Sie kneift und beißt mich, dass ich meinen Tränen dann doch freien Lauf lasse, bis die Hebamme endlich kommt und mich erlöst.

Mit einem „lass mich mal machen" schickt sie mich in den hinteren Kreissaal, dem Doktor zu helfen. Als ich durch den mittleren Raum schleiche, sehe ich die Mutter mit ihrem Baby im Arm schon wieder pressen. Ich hebe, es der Putzfrau gleichtuend, die Bettdecke ein Stückchen hoch, schaue ob vielleicht noch ein zweites Kind kommt, doch, was sich jetzt vor meinen Augen abspielt entzieht sich jäh meiner Vorstellungskraft. Ein riesiger, schwammiger Blutfladen, durchzogen von dicken blauen Adern, samt Nabelschnur macht sich, in einem Meer von Blut und Fruchtwasser, auf dem Laken breit. Ich rühre nichts an, lass die Decke fallen, gehe in den angrenzenden Raum und erzähle das schüchtern und verstört dem Doktor. Der ahnt sofort wovon ich rede und trägt mir auf, in einem ziemlich unverständlichen Deutsch und einer Art Gebärdensprache, Handschuhe anzuziehen und mit einer Klemme die Nabelschnur abzuklemmen. Danach soll ich zurückkommen und ihm assistieren. Ich bleibe kurz stehen, seine Patientin strahlt mich mit ihrem süßen, schlafenden Baby im Arm überglücklich an, obwohl ihre Beine unbequem in Schalen liegen und der Doktor eine

Riesenwunde näht. Beim Anblick dieses gewaltigen Schnittes, wird mir schlecht und ich muss mich hinsetzen. Seit dem vorherigen Tag habe ich immer noch nichts gegessen und getrunken. Der türkische Doktor beobachtet mich und grinst, nimmt mir die Klemme aus der Hand und geht selbst die Nabelschnur versorgen.
Die Hebamme im Untersuchungszimmer erblickt ihn durch die Scheibe und ruft ihn zu sich. Ich reiße mich zusammen und folge ihm. Die junge Schwangere im Untersuchungszimmer ist mittlerweile mit ihren Kräften völlig am Ende. Der Kopf ihres Kindes sitzt fest und will trotz heftiger Wehen und Schmerzen keinen Millimeter tiefer rücken. Die selbstbewusste und dominante Hebamme legt just den monströsen Beckenzirkel beiseite und murmelt in sich hinein: „das muss doch passen!" Sie bittet den jungen Doktor, eine Elektrode an das kindliche Köpfchen anzubringen, um die Herztätigkeit des Ungeborenen besser kontrollieren zu können. Als das Kabel liegt, können wir den Herzschlag laut hören und auf einem Papierstreifen aufgezeichnet sehen. Arzt und Hebamme sind sich sofort einig, dass es dem Ungeborenen schlecht geht. Die Herztöne sacken nach jeder Wehe bedrohlich ab und erholen sich nur langsam. Der Arzt alarmiert sofort seinen Chef. Als dieser den Kreissaal betritt - ohne Schlapphut und ohne Zigarre - wirft er nur kurz einen Blick auf das Papier und schon reicht die Hebamme ihm sterile Handschuhe an, damit er sich ein genaues Bild der Lage machen kann. Dazu setzt er sich auf den Liegenrand, und während er vorsichtig die Frau

untersucht, schließt er seine Augen. Ich habe das Gefühl, dass die alte Hebamme die Gedanken des großen Mannes lesen kann. Ohne Absprache bringt sie ihm das richtige Stoffpaket und breitet die sterilen Instrumente vor ihm aus. Er zögert nicht lange, nimmt die beiden schweren Metalllöffel in seine großen Hände und steckt sie zusammen. Hochkonzentriert simuliert er den Eingriff in der Luft, bevor er die Geburtenzange real ansetzt. Der junge Türke macht im rechten Moment einen Dammschnitt und innerhalb kürzester Zeit wird an diesem Morgen das dritte Baby geboren. Vor lauter Rührung muss ich schon wieder heulen.

Der Kreißsaal sieht aus wie ein Schlachtfeld, überall Blut, Kot, Wasser und schmutzige Instrumente. Mittendrin überglückliche Mütter mit ihren Säuglingen im Arm.
Der große Chef überlässt seinem Assistenten die weitere Arbeit. Der sitzt auf einem kleinen Hocker und näht einen Schnitt nach dem anderen. Als er fertig ist, lässt er alles stehen und liegen und schlendert so gemächlich und hochnäsig hinaus, wie er gekommen ist.
Die Putzfrau feudelt das Blut von den Wänden und von den Fußbodenfliesen und wir kümmern uns um die Mütter und deren Babys. Die Kleinen werden gewaschen, gewogen und gemessen und die Hebamme notiert alles. Die ungefähre Geburtszeit schätzen wir nur und ich mache mir um das richtige Horoskop oder Kosmogramm der Kinder noch keine Gedanken.
Die korpulente Hebamme, in deren Händen die Babys noch

winziger anmuten als sie in Wirklichkeit sind, wickelt sie zum Schluss von oben bis unten in stramme Tücher ein, sodass sie wie kleine Maden aussehen. Ich wiege eines der Kindlein ein Weilchen im Arm und mag es gar nicht wieder hergeben, bis eine Schwester aus dem Säuglingszimmer kommt und es mir wegnimmt.
Ich habe immer noch nichts im Magen und bete zu Gott, er möge bloß nicht noch eine Schwangere schicken. Wir waschen die blutverschmierten Frauen und lassen sie in frische, weiche Betten krabbeln.
Endlich marschiert die Hebamme mit mir in die Kantine und zeigt mir, wie es mit dem Essenbekommen funktioniert.

Nach dem Mahl beginnt das große Putzen. Die Reinmachefrau selbst hat schon längst Feierabend; die Betten und die vielen Instrumente hätte sie ohnehin nicht saubermachen dürfen, das ist ausschließlich Aufgabe der Hebammen. Während ich das Blut von den Entbindungsbetten wasche, kommt mir der Gedanke, das eine Hebamme auch medizinische Putzfrau ist.

Nach zwei Wochen besuchen meine Eltern mich. Mein Vater ist mächtig stolz darauf, eine zukünftige Hebamme in der Familie zu haben. „Erzähl doch mal!" Mache ich aber nicht; er will ohnehin nur intime Einzelheiten wissen. Ich bin heilfroh, als sie endlich wieder wegfahren. Vorher öffnet mein Vater noch gönnerhaft sein Portemonnaie und gibt mir fünfzig Mark. Bis zum Ende des Praktikums soll ich ja nicht wieder „angeschissen" kommen.

Das Praktikum macht mir Spaß. Manchmal darf ich auch im gynäkologischen OP helfen, muss dann stundenlang schwere Eisenhaken halten und unnatürlich krumm stehen. Erst finde ich das ziemlich anstrengend, doch während einer langen Operation kommt mir plötzlich die Idee, es wie bei meinen mentalen Ausflügen zu machen. Es funktioniert. Die Operateure loben mich tatsächlich wegen meiner unermüdlichen Ausdauer.

Es liegt eine Patientin im dritten Monat schwanger vor uns, mit Blutungen und starken Schmerzen im Unterleib. Der Stationsarzt untersucht sie und stellt fest, dass das Kind nicht mehr zu retten ist. Kaum hat er die Diagnose laut ausgesprochen, kommt uns der Fötus, in seiner intakten Fruchtblase, auch schon entgegen. Fasziniert starre ich das kleine, noch nicht lange tote Geschöpf in der Metallschüssel an und sehe, dass es ein Junge ist, der sich an seiner Nabelschnur festhält.
Ich muss an meine Mutter denken. Dass so ähnlich mein kleiner Bruder ausgesehen haben muss. Ich kann meinen Blick nicht von diesem Embryo wenden. Das bemerkt der Doktor und erklärt belehrend: „Es ist äußerst selten, dass ein Fötus nach einem Abort noch so gut erhalten ist."
Ich möchte wissen, was mit ihm passiert. Die OP-Schwester neben mir meint: „Der wird weggespült!" Weggespült? Der Doktor fragt mich, ob ich ihn vielleicht haben will. Ich will

ihn natürlich nicht. Doch da sagt dieser Mann bereits zur Schwester: „Stecken sie ihn in Formalin und geben sie ihn unserer zukünftigen Hebamme!" Murrend besorgt sie von der Station ein Jakobs-Kaffeeglas mit einer gewebserhaltenden Flüssigkeit und legt den kleinen toten Menschen hinein.
Ich nehme ihn mit in mein Zimmer und nenne ihn Jonas. Anfangs finde ich es widerlich und abartig, so einen Jonas zu haben, und erzähle es auch keinem. Wenn Besuch kommt, decke ich ihn zu, bin ich mit ihm allein, rede ich manchmal mit ihm.


Zufällig sitze ich außerhalb meiner Arbeitszeit im Dienstzimmer unserer Station. Es ist gerade Besuchszeit. Die jungen Ärzte und Schwestern trinken Kaffee und unterhalten sich über alles Mögliche.
Da klopft es an die Tür. Es ist die Wahrsagerin aus dem Ort. Sie besucht regelmäßig das Personal und auch die Patientinnen, weissagt ihnen die Zukunft, aber nur, wenn diese es wünschen. Wir bitten die kleine, rothaarige Frau herein und bieten ihr einen Platz in unserer Runde an. Ihr Gesicht ist glatt und schön, und während die Schwestern ihr Tee und Kekse reichen, lächelt sie verschmitzt in die Runde. Den Ärzten und Schwestern im Raum hat die gute Frau bestimmt schon mehrmals aus den Händen gelesen und auch die Karten gelegt. Doch als sie mich erblickt, freut sie sich und die anderen sich gleich mit, dass da endlich jemand sitzt, dem sie noch nicht geweissagt hat. Sie fragt mich

selbstverständlich, ob ich das möchte und ich sage: „Meinetwegen", obwohl mir das unheimlich und peinlich ist. Bis jetzt hat noch nie jemand versucht, mir meine Zukunft vorauszusagen und schon gar nicht in einer geselligen Runde von Leuten, die ich eigentlich kaum kenne. Die anderen bemerken sofort meine Verlegenheit und verlassen, einer nach dem andern, den Raum. Nur die Stationsschwester geht zu ihrem Schreibtisch und tut so, als hätte sie wichtige Arbeit. Es kostet mich einiges an Überwindung, meine faltigen rauen Hände auf den Tisch zu legen. Die Wahrsagerin sagt auch gleich, dass sie so ein Chaos von Linien selten einmal gesehen hätte.

„Dein Leben wird ungewöhnlich und aufregend verlaufen. Viele Jahre wirst du davon im Ausland verbringen, zwei Kinder und einen großen, blonden Mann bekommen." Dann schreit sie fast: „Ist das vielleicht der Chef von dieser Station? Er sieht aus wie unser großer Doktor!" Sich nur langsam wieder einkriegend mischt sie die Tarotkarten und schlürft nebenbei ihren Tee und beißt von ihrem Keks ab.

Jetzt soll ich eine Karte ziehen. Es ist der Tod. Die Schwester am Schreibtisch schaut hoch und sagt: „Oh!" Gleich darauf erklärt die kleine Frau: „Das hat nichts Schlimmes zu bedeuten." Sie legt die Karten mit der Rückseite nach oben auf den Tisch. Damit fertig, dreht sie eine nach der anderen um. Sie findet die Konstellation anscheinend interessant, denn immerzu schüttelt sie den Kopf. „Ein großes Familienfest steht bevor. Ein Mensch, der dir nahe steht, wird sterben, oder auch nicht. Über deine finanzielle Zukunft

brauchst du dir keine Sorgen machen, du wirst immer genug zum Leben haben. Viele Jahre werden nicht einfach für dich sein, aber letzten Endes hast du ein schönes und erfülltes Leben."
In meiner Familie glaubt keiner an solch einen Hokuspokus. Auch die Blonde sagte immer: „Ich glaube nur das, was ich wirklich sehe."
Dass ich in meinem Leben keine finanziellen Nöte haben würde, ist eine gute Botschaft, eine, die ich auch gern glauben mag. Allerdings zwei Kinder von einem Mann, der so alt ist und so aussehen soll wie der Hüne von Chef, das finde ich doch reichlich irre. Dass einer sterben könnte, finde ich ganz normal, immerhin ist meine Oma nicht mehr die Jüngste. Vielleicht meint sie ja die? Die anderen Prophezeiungen nehme ich überhaupt nicht ernst und vergesse sie schnell.

Es ist soweit. Das Praktikum ist zu Ende. Ich werde von der dicken Hebamme und den Schwestern aufs Herzlichste verabschiedet. Der große Chef und seine Assistenten winken zum Abschied, bevor sie im OP verschwinden.
Draußen im Hof kommt mir eine kleine, krumme Gestalt entgegen. Die Wahrsagerin. Sie schließt mich in ihre dünnen Arme - wobei ich mich tief bücken muss - und flüstert mir ein „auf Wiedersehen" ins Ohr und, dass ich gut auf mich aufpassen soll. „Du machst das schon! Alles wird gut!"
Einiges von dem, was sie prophezeit hat, huscht mir noch einmal durch den Kopf und brennt sich fest. Ich hätte mir die Zukunft vielleicht doch nicht vorhersagen sollen. „Was ich

nicht weiß, macht mich nicht heiß."
Mein Vater wartet auf dem Parkplatz.

Die noch verbleibende Zeit bis zum Beginn meiner Hebammen-Ausbildung verläuft ohne Krach und Demütigungen seitens des Vaters. Der ist stiller geworden. Meine Schwester ist ausgezogen und nun muss er sich um unsere Mutter kümmern.

Leider ist unsere Schäferhündin krank. Sie ist erst sechs Jahre alt und ihre Hüften sind kaputt. Sicherlich eine Veranlagung, aber auch, weil ihr Herr sie viel zu hart rangenommen hat. Die Befehle, die er ihr immer noch gibt, führt sie trotz Schmerzen gehorsam aus.

Er hat extra auf mich gewartet. Sagt: „Ohne dich schaffe ich das nicht."
Der Tierarzt gibt ihr die Spritze unten in der Garage, auf dem kalten Betonboden. Ich kraule ihr den Hals und weine, spreche ihr gut zu, bis ihr ansonsten so wacher Blick ins Unendliche geht und das Herz aufhört zu schlagen.
Tags zuvor ist mein Vater mit ihr in den Wald gefahren, um ein tiefes Loch zu graben. Sie hat ihm dabei treu Gesellschaft geleistet.
Wir fahren mit dem toten Tier im Kofferraum dorthin und legen es in die Grube. Sein Herrchen heult sich an meiner Schulter und am Hals die Augen aus. Dabei streichelt er meinen Rücken, rauf und runter, dass mir vor Starre die

Traurigkeit im Halse stecken bleibt.
Gleich nach dem Ableben der Hündin kauft mein Vater sich für die Jagd einen kleinen Rauhaardackel. Der hilft mit seiner Niedlichkeit tatsächlich, den Tod der Schäferhündin schnell zu überwinden.


Mein großer Bruder findet nach dem Verlust seiner Norwegerin zurück zur langjährigen Freundin und demnächst wollen sie sogar heiraten. Der Tod der Geliebten hat all seine vagen Zukunftspläne zerstört. Deswegen ist er wieder zurück zur Polizei gegangen.
Das junge Paar mietet sich in dem kleinen Dörfchen ein Haus, die zukünftige Schwägerin übt ihren Lehrerinnenberuf aus und er fährt zwischen seinen Lehrgängen „Streife".

Die Hochzeit soll ganz groß gefeiert werden. Da ich meinen Eltern schon mehr als genug auf der Tasche liege, sieht es mein Vater nicht ein, für einen einzigen Tag und Abend ein neues Kleid für mich zu kaufen. „Die zieht den „Fuddel" danach sowieso nie wieder an!" Meine Mutter soll mir eines nähen. Seit kurzem versucht sie sich wieder an der Nähmaschine und kann sich, laut Vater, bei dieser Gelegenheit einmal beweisen. Sie bringt den Beweis nicht.
Das Kleid passt hinten und vorne nicht. Die Seitennähte verlaufen schief und bilden hier und da komische Wülste, die ich den ganzen „großen Tag" über vergebens versuche glattzustreichen. Das grelle Lila des glänzenden Stoffes sorgt

auch dafür, dass man mich in der dunkelsten Ecke noch sieht und ich mich ständig angegafft fühle.


Jonas ist sicher auf dem Dachboden versteckt. Meine Anziehsachen liegen in der ledernen Reisetasche aus Afrika, in der ansonsten die Dias aus diesem Land beherbergt sind. Die Tasche darf ich aber ausnahmsweise benutzen, weil mein Vater glaubt, sie gleich wieder mit nach Hause nehmen zu können. Voll ist die schöne Afrikatasche nicht, denn Kittel und Stoffhauben werden vom Krankenhaus gestellt.
Mein Vater bringt mich in die Hebammen-Lehranstalt. Dass meine Mutter nicht mitkommt, ist mir recht.


Zwölf aufgeregte Frauen versammeln, begrüßen und beäugen sich vor dem Büro der Lehrhebamme. Die Eltern oder andere Begleitpersonen verabschieden sich relativ zügig und wünschen winkend: „Alles Gute!" Mein Vater möchte natürlich noch bleiben und etwas mit der netten Lehrhebamme plaudern, ihr sagen, dass ich weich wie Wachs sei, wenn man mich nur hart genug rannehme, oder etwas in dieser Art, aber es bietet sich ihm keine Gelegenheit. Er ruft mich zu sich und sagt: „Ich brauche unbedingt meine Ledertasche! Wo soll ich denn mit den Sachen hin, die da hinein gehören?" Ich weiß es auch nicht. Endlich geht er, verärgert, ohne Ledertasche. Die blasse Lehrhebamme mit den braunen Knopfaugen einer Ratte zeigt uns zwölf Schülerinnen die zukünftigen Wohnräume im

Schwesternwohnheim und treibt uns zur Eile an, denn herumtrödeln duldet sie nicht. Ich soll mir ein Zimmer mit einer kleinen Rothaarigen teilen, die einige Jahre älter ist als ich. Die Lehrhebamme meint: „Lernen Sie sich erst einmal kennen. Wenn es sein muss, dürfen sie noch einmal untereinander tauschen."
Wir Mädchen stellen unser Gepäck - einige haben auch ihre Kuscheltiere und Fotos ihrer Liebsten dabei - ab und laufen im Gänsemarsch zurück zur Frauenklinik, in unseren zukünftigen Unterrichtsraum. Dieser befindet sich im Erdgeschoss, direkt unter den Kreißsälen. Im fensterlosen Vorraum steht eine Trage, daneben hängt an einem Metallständer, ein menschliches Skelett aus echten Knochen. In der Mitte des dahinter liegenden Klassenzimmers steht ein großer, rechteckiger Tisch, an dem rechts und links sechs Personen Platz finden. Davor, am kurzen Ende zur Schreibtafel hin, thronen zwei wesentlich feudalere Lehnstühle für das Lehrpersonal. Wir suchen uns einen Platz aus und behalten ihn bis zum Ende unserer Ausbildung. In der Ecke zum Fenster hin auf einem Wagen, mit weißem Tuch abgedeckt, ruht ein weiblicher Unterkörper aus Stoff und Leder, nur die Oberschenkel gucken hervor. Darunter, in einer Kiste, liegen die dazu gehörende Stoffpuppe und diverse innere Organe; ebenfalls aus diesem altertümlichen Material. Die, wie sich schnell herausstellt, autoritäre Hebamme hält mit ihrer mitunter unangenehm hoch klingenden Stimme einen Vortrag darüber, was uns in dieser schwierigen Ausbildung von zwei Jahren noch alles

bevorstünde und benutzt in dieser relativ kurzen Zeit der Einleitung die beiden Wörter „nicht wahr?" am Ende eines Satzes, wobei sie ihre Stimme noch eine Oktave anhebt, bestimmt an die dreißig Mal. In einer späteren Unterrichtsstunde zählen wir über siebzig Mal das „nicht wahr?"

Auf dem Tisch liegt ein Stapel Leinentücher, schneeweiß und bretthart gestärkt, aus denen wir, nach Anweisung der Hebamme, unsere traditionelle Kopfbedeckung knicken lernen müssen. Diese Häubchen nennen wir Quarktaschen.

Des Haubenknickens kundig, teilt die Lehrerin uns mit, auf welcher Station wir uns anderntags einzufinden haben. Es sollen immer zwei Schülerinnen in einer Schicht arbeiten. Jeden Nachmittag, Punkt siebzehn Uhr, beginnt der theoretische Unterricht, aus zwei vollen Zeitstunden bestehend und entweder von ihr oder einem Arzt abgehalten, egal, ob ein Teil der Schülerinnen frei hat oder nicht. Als das alles gesagt ist, geht sie mit uns durch die Frauenklinik und stellt uns dem leitenden Personal auf den Stationen vor.

Punkt sieben Uhr in der Früh betreten eine Kurskollegin und ich die uns zugeteilte Wöchnerinnen-Station. Eine aufgedunsene Oberschwester reifen Alters mit blutunterlaufenen Augen und schlechten Zähnen springt von ihrem Bürostuhl auf und begrüßt uns laut stöhnend, als habe sie schon zwölf Stunden gearbeitet. Sie vermittelt den Eindruck, sie sei schon viel zu alt und durcheinander für diesen Job. Ihr graues Haar hängt nachlässig gekämmt in

fettigen Strähnen herunter, die Quarktasche sitzt locker und schief. Auf ihrem Schreibtisch stehen, zwischen durcheinander gewühlten Krankenunterlagen, verstreuten Medikamenten und Brötchenkrümeln zwei Eierbecher, in denen sich bereits aufgeschlagene, sehr dünnflüssige Eier befinden; daneben platziert, ein Unterteller mit einem großen Stück Butter darauf. Sie lässt uns Hebammen-Schülerinnen ohne weitere Worte in der Tür stehen und setzt sich wieder an ihren Schreibtisch; taucht, in genüsslichen Gedanken versunken, mit einem kleinen Teelöffel abwechselnd erst in die Butter und dann in eines dieser Eier, um es sich weiter ungestört schmecken zu lassen. Plötzlich, in den Mundwinkeln noch die gelbe Substanz klebend, gibt sie schlürfend einer Schwester nebenan in der Stationsküche irgendwelche Anweisungen, die diese, nach Verdrehen der Augen, nur sehr widerwillig befolgt. Drei junge Krankenschwestern-Schülerinnen, im zweiten oder dritten Lehrjahr, lungern untätig, auf neue Befehle wartend, auf dem Flur herum und grinsen in sich hinein.
Ihr mächtiges Frühstück intus, marschiert die unförmige Oberschwester mit uns beiden Schülerinnen im Schlepptau, von Krankenzimmer zu Krankenzimmer und kontrolliert die von den anderen Schwestern bereits gemachten Betten. Dabei begrüßt sie kurz und unhöflich die frisch entbundenen Frauen, um gleich darauf ihre roten Augen über den Fußboden schweifen zu lassen, auf der Suche nach Hausschuhen, die dort nicht hingehören. Überhaupt scheint es ihre größte Sorge zu sein, Hausschuhe nachlässig

abgestreift auf dem Fußboden zu finden, anstatt ordentlich im Nachttisch verstaut.

Nachmittags, müde nach der langen, ungewohnten Arbeit, räumen wir in unseren Zimmern die letzten persönlichen Sachen in die Schränke. Die ersten Kontakte untereinander finden statt.
Wir sind eine Gruppe junger Frauen zwischen achtzehn und dreißig Jahren. Alle haben bereits eine höhere Schulbildung oder eine abgeschlossene Berufsausbildung hinter sich. Ich bin die einzige, die nichts vorzuweisen hat.
Eine Spindeldürre unter uns, deren Gesicht voller dicker Pickel strotzt, lacht mit ihren viel zu großen Schneidezähnen in einer Tour. Fast stolpert sie über ihre eigenen, langen Beinchen, so ungeschickt stellt sie sich an. Jeder fragt sich, was dieses fahrige Mädchen hier bloß zu suchen hat. Die Arme teilt ihr Zimmer mit einer Matrone von Frau, die schon ohne Hebammen-Ausbildung aussieht wie eine waschechte und sich auch so aufführt. Die Schülerin, mit der ich zusammen wohne, finde ich anfangs auch etwas merkwürdig, weil sie kaum spricht und wenn, dann nur wenig und ganz langsam. Selbst ihre körperlichen Bewegungen, samt Kauen der Nahrung, vollziehen sich so lahm, dass ich in der gleichen Zeit das Dreifache an Anstaltskost verspeise.
Eine andere Kursteilnehmerin beobachte ich aus meiner Zimmerecke dabei, wie sie mit ihren meines Erachtens viel zu kurzen Wurstfingern und daher für den Hebammen-Beruf ungeeignet, ihre Wäsche akkurat nach Farben ordnet, sogar

ihre Socken und Unterhosen so platziert, dass man eine Wasserwaage dranhalten könnte. Immer wieder zupft sie mit Daumen und Zeigefinger an den Stapeln herum, bis es, Gott sei Dank, irgendwann für sie in Ordnung ist.
Ihre Zimmerkollegin dagegen ist unordentlich und lustig. Sie stammt aus einer Familie, aus der schon zwei tüchtige Hebammen hervorgegangen sind. Sie weiß „wie der Hase hier läuft" und ist deswegen wesentlich gelassener als wir anderen.

Das Mädchen mit den großen Zähnen und den dürren Beinchen soll die Probezeit nicht überstehen. Nicht nur die Schülerinnen, auch die Ärzte im Unterricht machen sich über ihr Ungeschick lustig. Der Anatomielehrer schickt sie während des Unterrichts los, Eis für uns zu holen, und fährt in ihrer Abwesenheit rücksichtslos mit dem Lehrstoff fort.
Wir sind nur noch zu elft und der Druck, vielleicht doch nicht geeignet zu sein, wächst.
Die akkurate Wäschestaplerin aus dem Nebenzimmer hält es mit dem Unterricht ähnlich wie mit ihren Wäschestücken. Um Bestnoten zu erzielen, lernt sie das gesamte Hebammen-Lehrbuch einfach Wort für Wort auswendig.
Die kleine, immer witzige Familien-Folge-Hebamme sitzt im Unterricht neben mir. Wir müssen so manches Mal über das viele „nicht wahr?" lachen, erst leise, dann immer lauter, bis die ganze Klasse gackert und die Lehr-Hebamme uns Anstifterinnen vor die Tür schickt, in den dunklen Vorraum, zum Knochenmann.

Auf den Stationen wird das Frühstück und Abendbrot für die Patientinnen von Hand zubereitet. In den Küchen- und Kühlschränken stapeln sich kiloweise Butter, Käse und andere Lebensmittel. Das warme Mittagessen kommt in riesigen Töpfen und Pfannen auf Rollwagen und wird direkt vor den Zimmertüren der Patientinnen verteilt. Die Portionen werden immer so bemessen, dass das Personal ebenfalls gut und reichlich versorgt ist. Die Küchenarbeiten erledigen schwangere, alleinstehende Frauen, die arbeitslos und ohne Finanzen dastehen. Über das Sozialamt können sie auf diese Weise ihre Entbindungskosten abarbeiten. Einige von ihnen wohnen direkt über der Entbindungs-Abteilung auf dem Dachboden. Uns Schülerinnen ist der Umgang mit ihnen untersagt.

Wenn wir Schülerinnen nachts noch Hunger bekommen, schleichen wir uns heimlich durch die langen Gänge des gruseligen Kellers, hinauf auf die Wochenstation, und verschlingen die frischen Vorräte, die eigentlich für die Patientinnen gedacht sind.
Eine Kurskollegin steckt sich regelmäßig nach so einer nächtlichen Fressorgie den Finger in den Hals, um sich wieder leichter zu fühlen und wenn das nichts hilft, nimmt sie auch schon mal ein Abführmittel.
Im großen Kühlschrank stehen immer drei Karaffen, eine mit frischer Vollmilch, die zweite mit Buttermilch und die dritte mit abgepumpter Muttermilch. Die letztere wird von allen

stillenden Müttern gesammelt und nachts den hungrigen Säuglingen gefüttert. Einmal verwechsle ich in meiner Gier die Milchflaschen und trinke nichtsahnend mehrere Schlücke Muttermilch. Die Geschmacksirritation ist gewaltig. Wie konnte die nur meinem Vater schmecken?

Jedes zweite Wochenende bekommen wir frei und dürfen nach Hause. Mein Vater holt mich ab und ich nehme meine schmutzige Wäsche mit, denn im Krankenhaus gibt es keine Möglichkeit zum Waschen. Für die zwei Wochenenden im Monat nimmt mein Vater dreißig Mark Kostgeld, ein Drittel meines Lehrlingslohnes. Ich muss unserer Mutter nicht mehr im Haushalt helfen, darf kommen und gehen, wann ich will und bekomme einen eigenen Hausschlüssel. Meinen ersten.
Ich nutze diese Freiheit in meinem Heimatort aus, tanze bis zum Morgengrauen in meiner alten Stammdisco. Manchmal meine ich, das Auto meines Vaters zu sehen oder zu hören. Tagsüber schlafe ich so gut es geht aus, um anschließend den ganzen Tag vom Elternhaus fern zu bleiben.
Meine blonde Freundin ist nicht mehr da. Ich habe keine Ahnung, wo genau sie abgeblieben ist und will es auch nicht wissen.
Die Leute im Dorf, so habe ich das Gefühl, interessieren sich immer noch für mich, weil ich von zu Hause abgehauen war. Darunter auch ein großer, schlaksiger Junge, den ich zwar vom Sehen kenne, aber erst näher kennenlerne, als ich mir eine Schülerband im alten Soldatenheim anschaue, deren Auftritt er organisiert hat.

Er schleicht wichtig tuend im Saal umher, immer wieder an mir vorbei und als die Vorstellung vorbei ist, kommen wir ins Gespräch. Wir reden und reden und irgendwann geben wir uns den ersten Kuss. Er ist jünger als ich, sieht aber älter aus. Er kennt meinen Vater vom Hörensagen, aber es macht ihm nichts aus, dass er so schlecht angesehen ist. Er interessiert sich für mich. Wir verabreden uns für den nächsten Tag und er fährt mich auf dem Gepäckträger seines frisierten Mofas nach Hause. Wir sind ein Paar, sehen uns aber nicht oft, denn er arbeitet jedes Wochenende in einem Ausflugslokal als Kellner. Das macht er schon seit seinem elften Lebensjahr; immer im schwarzen Anzug, weißen Hemd und mit Fliege. Er hasst diesen Job und auch die Leute, die dort hingehen. Aber getrieben von nur einem Ziel, spätestens mit vierzig Jahren Millionär zu sein, hält er es wacker aus und spart jeden verdienten Pfennig. Ich glaube ihm das mit dem Millionär werden sofort, denn er ist wirklich sehr bescheiden, um nicht zu sagen geizig. Er trägt immer dieselben Klamotten und feilscht und handelt mit jedem und um alles. Auf dem humanistischen Gymnasium, auf das er geht, schreibt er sehr gute Noten und seine Eltern sind mächtig stolz auf ihn. Besonders seine Mutter. Die ahnt natürlich sofort ein Hindernis und eine Leistungsbremse in mir und lässt es mich auch bei jeder Gelegenheit spüren, indem sie mir, so ganz nebenbei, spitze Bemerkungen wie „Willst ihn wieder vom Lernen abhalten?" zuflüstert, was eigentlich nur dazu führt, dass ihr Sohn sich noch mehr von ihr abwendet und immer seltener zur Schule geht.

Der lange schlaksige Junge ist fest davon überzeugt, dass das, was er vorhat, auch ohne Schule und Studium zu schaffen ist. Dass die Zeit in der Schule sogar vertane Zeit ist.
Nach ein paar Wochen wird er achtzehn und hat einen Führerschein. Jetzt holt er mich mit seiner uralten schwarzen Ente vom Schwesternwohnheim ab.
Ich warte jedes Mal total aufgeregt im Zimmer der Akkuraten, weil von dort aus der Parkplatz zu überblicken ist. Sie lernt indes ihr Hebammen-Lehrbuch auswendig. Selten beteiligt sie sich an gemeinsamen Gesprächen oder Albernheiten. Die kleine Kecke, Lustige, die mit ihr zusammen wohnt, hat es nicht leicht mit ihr.


Zu Hause wartet kein eigenes Zimmer mehr auf mich. Das gemeinsame Mädchenzimmer, in dem es nie aufgehört hat, nach giftiger Holzlasur zu stinken, wurde ruck zuck zu einem Funk- und Computerraum umgebaut. Bevor mein Vater das in Angriff nimmt, schnüffelt und sortiert er all meine persönlichen Sachen durch. Das, was in seinen Augen noch brauchbar ist, deponiert er in einer Holzkiste auf dem Dachboden, direkt unter Jonas. Die von mir gesammelten, zumeist ganz persönlichen Dinge, wie kleine Stöckchen, Steinchen und Figuren, darunter auch eine Schlümpfe-Sammlung und meine kleinen Frösche aus der Lungenarztpraxis, schmeißt er weg. Wenn ich an meinen freien Wochenenden komme, schlafe ich in dem kleinen Zimmer meines zweitältesten Bruders, das als Gästezimmer dient.

Da ich keinen Besuch mit nach Hause nehmen darf und es auch bestimmt nicht will, und die Mutter meines Freundes so schrecklich eifersüchtig ist, mich nur ungern mit ihrem Sohn zusammen sieht, haben wir frisch Verliebten kaum eine Gelegenheit, ungestört allein zu sein. Außer in seiner kleinen Ente. Nur ein einziges Mal bleibe ich über Nacht in seinem Elternhaus und setze mich am nächsten Morgen an den Küchentisch. Die Mutter kann ihre aggressive Abneigung mir gegenüber kaum im Zaum halten.

Mein Freund will so bald wie möglich ausziehen, weiß nur nicht wohin. Die Schule hat er längst geschmissen, was die Eltern noch gar nicht wissen, und den Kellnerjob macht er halbherzig und nur des Geldes wegen.

An einem schönen, gemeinsam verbrachten Abend fahren wir beide in seiner lahmen Ente an dem Ausflugslokal vorbei, in dem er die meisten Wochenenden seiner Kindheit verbracht hat. Auf dem großen Parkplatz stehen in Reih und Glied an die zwanzig sehr protzige Limousinen, die blankgeputzt auf ihre reichen Besitzer warten. Uns überkommt beim Anblick dieser teuren und gepflegten Karren ein übereinstimmender Hass auf die „bessere Gesellschaft" und eine spontane Lust, deren Prestigeobjekte zu beschädigen. Die ersten zwei Kühlerfiguren sind relativ schnell abgedreht und die Türen und Kotflügel damit zerkratzt. Aus der Ente holen wir einen dicken Schraubenzieher, der uns die Arbeit erleichtert, und eine Plastiktüte, in der wir die abgehebelten Sterne verschwinden lassen. Insgesamt achtzehn.


Jede Hebammen-Schülerin absolviert während ihrer zweijährigen Berufsausbildung ein Praktikum in der benachbarten Kinderklinik.
Für mich kommt diese Zeit bereits im ersten Winter. Auf der Station, die mir zugeteilt ist, liegen keine Frühgeburten oder kranke Säuglinge, sondern ein- bis dreijährige, die an ganz unterschiedlichen Krankheiten leiden. Manche von ihnen sind bereits Wochen da und schaukeln vor Einsamkeit und Traurigkeit in ihren Gitterbetten hin und her. Besuche von ihren Eltern bekommen sie meist nur an den Wochenenden, wenn überhaupt. Ärzte und Schwestern sind der Ansicht, familiäre Kontakte täten den kleinen Patienten nicht unbedingt gut, die Kinder würden dann noch trauriger und seien nach dem Abschied der Eltern noch verwirrter.
Ein kleines, besonders süßes Mädchen liegt, nach Angaben der Schwestern, bereits eine Ewigkeit auf der Station und ist dem Hospitalismus vollends verfallen. Wenn es nicht schläft, wippt und schaukelt es. Die Eltern lassen sich nicht blicken, deshalb nehmen wir Schülerinnen das Kind sooft wie möglich aus seinem Bettchen. Das beobachtet die leitende Schwester und stellt uns zur Rede. „Das Kleine wird sich an euch gewöhnen und emotional binden! Ihr seid schließlich nur eine begrenzte Zeit hier! Lasst das gefälligst sein und macht eure Arbeit!"
Jetzt kümmern wir uns nur noch heimlich und mit schlechtem

Gewissen um das arme, kranke Geschöpf.

Draußen schneit es. Ich halte verbotenerweise das kleine verheulte Mädchen auf dem Arm und zeige ihm die Schneeflocken am Fenster. Eine Schwester ermahnt mich, ich soll das Kind endlich wieder ins Bett packen. „Es gibt genug zu tun!"
Etwas später kommt eine ältere Schwester ins Kinderzimmer, die ich noch nie gesehen habe. Sie schaut ernst in die Runde und ruft mit fragendem Unterton meinen Namen. Ich weiß sofort, dass etwas passiert ist. Als ich zu ihr gehe, sagt sie: „Ihr Vater sitzt unten in der Eingangshalle und wartet. Weshalb er gekommen ist, erzählt er Ihnen besser selbst." Sie geht voraus. Auf dem langen Weg nach unten denke ich als Erstes, dass unsere Mutter bestimmt wieder versucht hat, sich umzubringen und dass sie es diesmal vielleicht geschafft hat. Der nächste Gedanke ist, dass meine Oma sich vielleicht für immer verabschiedet hat. Aber deswegen kommt der Vater doch nicht extra vorbei. Vielleicht leiste ich auch nicht genug und die Lehrhebamme hat sich über mich beschwert, obwohl ich da keinen Grund sehe.
Als ich in die große Empfangshalle komme, sitzt mein Vater käseweiß mit blutunterlaufenen Augen auf der Besucherbank und weint. So hemmungslos laut, dass ein Mann mit seinem kleinen Kind auf dem Arm die Halle verlässt. Die Schwester versucht noch ein liebevolles Lächeln und geht dann auch. Mein Vater gibt mir ein Zeichen, mich zu setzen. Er versucht sich zu beruhigen, zu sammeln, indem er tief ein und aus

atmet. Mit seinem Bundeswehrtaschentuch wischt er sich das Gesicht trocken. Nach längerem Schweigen stammelt er den Namen meines lieben großen Bruders. Ich frage: „Was ist denn mit ihm?" Da sagte er: „Tot".

Ich kann das nicht glauben. Warum tot? Warum er? Warum nicht der mit der Brille? Warum nicht meine Mutter oder irgendein anderer? Warum denn gerade er?

Mein Vater heult weiter. Ich sitze stumm da und denke an die letzten Begegnungen mit meinem geliebten Bruder. Erst vor kurzem hatte ich ihm meinen neuen Freund vorgestellt. Und letztes Wochenende saßen wir noch beim Bruder mit der Brille und zogen hemmungslos über den Alten her. Auf dem Weg nach Hause liefen der große Bruder und ich Arm in Arm und er meinte noch: „Was bin ich stolz auf dich!"

Ich kann das alles nicht begreifen.

Wir fahren hinüber zur Frauenklinik, wo meine Lehrhebamme bereits auf uns wartet. Sie spricht mir ihr herzliches Beileid aus und gibt mir ein paar Tage frei.

Auf der Heimfahrt dauert es, bis der Vater endlich imstande ist grob zu schildern, was und wie es passiert ist: Der Bruder ist mit seiner Frau und einigen Freunden kegeln. Um genau zweiundzwanzig Uhr dreißig verheddern sich die schweren Holzkegel, hinten in dem kleinen Raum, am Ende der Kegelbahn.

Die fröhliche Gesellschaft versucht durch wiederholtes Drücken auf den Startknopf, die Puppen wieder nach oben zu bewegen, um weiter kegeln zu können. Vergeblich. Keiner denkt sich etwas dabei, als der Bruder nach hinten geht und

die Tür zur kleinen Kammer öffnet, hinter der sich der ganze Kegelbahn-Mechanismus befindet und darin verschwindet. Ob er aus Neugierde seinen Kopf in die Maschine steckt?
Seine Frau und die anderen Freunde lachen weiter und drücken den Startknopf noch einige Male. Sie sehen ihn stehen, vielmehr seine Beine, mitten zwischen den immer noch umgekippten Puppen. Sie glauben, er wird das schon hinkriegen und scherzen und lachen weiter. Drücken den Knopf weiter. Jeder. Dann rufen sie ihn, er soll doch endlich kommen, sie haben dem Wirt Bescheid gesagt. Mein Bruder bleibt stehen. Keine Antwort. Bis einer von ihnen nach hinten geht und nachschaut.
Mit einem Lächeln auf den Lippen, ohne Leben in den Augen, hängt er in der Maschine fest. Eine Eisenstange, die dazu dient, die Kegel nach oben zu befördern, hat ihn mit voller Wucht am Hals getroffen, wie ein gezielter Karateschlag, und einen Herzstillstand ausgelöst. Die ausgelassene Gesellschaft bemerkt das Unglück zu spät. Er ist tot.
Es kommen die Kollegen von der Polizei und auch die Mordkommission, um den mysteriösen Tod zu untersuchen. Jeder Einzelne aus der Gruppe wird befragt, wann er das letzte Mal den Knopf gedrückt hat, was keiner mehr weiß. Einer seiner besten Freunde, vielleicht sogar die eigene Ehefrau hat ihn unwissentlich ins Jenseits befördert.

Mein Vater und ich fahren langsam durch den verschmutzten und glitschigen Schnee nach Hause. Ich denke, dass meine

Mutter vor lauter Kummer krank sein muss, doch sie sitzt wie immer im Esszimmer, mit einer Handarbeit auf dem Schoß und zeigt von Traurigkeit keine Spur. Ich schließe sie kurz in die Arme, mehr weiß ich nicht zu tun. Sie klopft mir mehrmals auf die Schulter und sagt: „Ja, so ist das Leben." Mein Vater meint: „Sie wird es schon noch begreifen." Ich mache ihr keinen Vorwurf, habe es ja selbst noch nicht begriffen.

Meine Schwester kommt schluchzend auf mich zu und nimmt mich lange in die Arme. Sie weiß, wie nahe wir uns standen. Ich starre nur vor mich hin.

Nach dem Tee, den meine Schwester unter Heulkrämpfen serviert, ruft mein Vater mich zu sich. Ich soll mitfahren, zur Kegelbahn, wo der Bruder immer noch ist. „Das ist gut für dich, so wirst du es schneller begreifen."

Nach einstündiger Fahrt, rollen wir langsam auf den Hof einer Gaststätte, sehen, dass der Eingang mit weiß-orange gestreiftem Plastikband abgesperrt ist. Wir parken vor einem silbernen Leichenwagen, der kurz vor uns eingetroffen sein muss. Ich will unbedingt im Auto sitzen bleiben, auf keinen Fall mit rein. Mein Vater sagt: „Das musst du selber wissen", und steigt aus. Ich warte.

Mir schwebt eine andere Erinnerung an den geliebten Bruder vor Augen. Er zeigt mir ein großes Maisfeld, eines der ersten in unserer Gegend und meint: „Bald steht hier überall nur noch Mais. Die Kornblumen und der Mohn werden verschwinden, ich sag's dir."

Im Seitenspiegel beobachte ich, wie der Leichenbestatter mit

einem anderen Mann aus dem großen Kombi einen Zinksarg hievt und über die Absperrung trägt. Viel Zeit vergeht. Dann kommen die beiden Männer mit dem Sarg zurück. Diesmal müssen sie sich anstrengen. Sie schieben den langen silbermatten Behälter in den mit Gardinen ausgestatteten Kombi, verschließen die Hecktür und gehen zurück in die Gaststätte. Ein Polizist entfernt die Absperrung. Von meinem Vater ist nichts zu sehen. Langes Warten.
Mein Bruder befindet sich nur wenige Meter von mir entfernt, tot, in dem Blechkasten. Er wird nie wieder an meinem Leben teilhaben. Ich reibe meine Hände, konzentriere mich und schaffe es nicht, wegzukommen.
Irgendwann kommen die beiden Männer, dann mein Vater aus dem Gebäude. Mein Vater riecht nach Alkohol. Angeblich haben sie besprochen, wann und wie die Beerdigung stattfinden soll.
Wir fahren nicht direkt nach Hause, sondern zur Polizeistation, seine Sachen abholen. Außerdem will mein Vater mit einem Vorgesetzten sprechen, denn mein Bruder soll unbedingt mit einer Deutschlandfahne zu Grabe getragen werden. Der hätte das nicht gewollt, aber mein Vater meint: „So kann man ihm noch alle Ehre erweisen."

Die Nacht dauert eine Ewigkeit. Ich höre meinen Vater laut schluchzen und, dass er zwischendurch den Flur auf und ab geht. Ich verhalte mich mucksmäuschenstill und hoffe, dass er irgendwann Ruhe gibt.
Ich kann nicht weinen.

Am nächsten Tag, der grau und verregnet ist, fahren wir alle zur Leichenhalle. Wir sollen unseren Bruder noch einmal sehen. In dem schummrigen, schön hergerichteten Raum ist kaum Luft zum Atmen. Es riecht intensiv nach Blumen und Kerzen; außerdem erfüllt ein ganz besonderer, strenger, süßlicher, nie zuvor wahrgenommener Geruch das Zimmer. Er muss vom Tod selbst stammen.
Als würde der Bruder schlafen, so entspannt wirkt sein Gesicht und solch eine Ruhe geht von ihm aus. Ich trete ganz nah an ihn heran, streichle seine Wange und seine gefalteten Hände. Seine Haut ist kalt und hart, härter als Granit. Meine Mutter wirft nur einen kurzen Blick auf ihren Sohn und geht dann schnell zurück zum Auto. Mein Vater und meine Geschwister weinen.
Als wir zurückkommen, wartet schon die Bäuerin auf uns, diejenige, bei der mein Bruder immer gewesen ist. Sie wimmert herzzerreißend in ihr Taschentuch, dann nimmt sie einen nach dem andern von uns in die Arme.
Ich kann nicht weinen; alles ist wie ein böser Traum.
Die Bäuerin soll später mit uns Mädchen in ein Textilgeschäft fahren und schwarze Kleidung kaufen. Mein Vater bittet sie, nur solche Sachen zu kaufen, die auch hinterher noch zu gebrauchen sind. Unserer Mutter sollen wir eine schwarze Bluse mitbringen, Rock und Jacke hat sie noch. Die beiden Brüder wollen für sich einkaufen.
Die Zeit vergeht mit Händereiben und Löcher in die Luft starren. Mein Vater macht sich angeblich Sorgen um mich, weil ich immer noch nicht in Tränen ausgebrochen bin.

In der zweiten Nacht liege ich wieder wach. Das Haus ist still. Meinen Vater höre ich nicht, er schläft. Gott sei Dank.
Vielleicht wegen dieser Totenstille wächst die Traurigkeit in mir, die in Selbstmitleid fließt, sodass ich endlich weinen kann; erst leise vor mich hin, dann, als der Schmerz sich voll entfaltet, immer lauter, bis ich schreie.

Die Zimmertür öffnet sich. Mein Vater steht vor meinem Bett und sagt: „Weine nur". Dann hebt er meine Bettdecke ein Stück hoch und steigt zu mir ins Bett. Dabei schiebt er mich zur Seite, um mehr Platz für sich zu haben. Ich will das nicht, möchte gern allein sein und weine wegen des aufgezwungenen Trostes fast schon zornig gegen die Wand. Das versteht er falsch, schiebt seinen Arm unter meinen Kopf, und mit der anderen Hand berührt er meinen Busen. Ich höre sofort auf zu heulen. In meinen Rücken, zum Kreuzbein hin, bohrt sich ein harter Gegenstand. Ich versuche mich noch weiter an die Wand zu drücken und drehe mich dabei halb auf die Seite. Er sucht nach meiner Hand, streicht dabei über meinen Bauch. Als er sie findet, zieht er sie in seine Schlafanzughose und flüstert leise in mein Ohr: „Ich bin so traurig, niemand kümmert sich um mich." Ich spüre sein steifes Glied an meinem Handrücken und springe schreiend aus dem Bett, reiße die Schlafzimmertür auf und renne in den Flur. Er kommt mir hinterher und fleht: „Sei doch bitte, bitte leise! Bitte, bitte!" Zitternd und jaulend gehe ich zurück in mein Zimmer und er zu meiner Mutter.

Am nächsten Tag kommen die Nachbarn und andere Bekannte, um ihr Beileid auszusprechen. Einer hat die von uns nie gekaufte Bildzeitung dabei. Auf der unteren Titelseite steht, in großen Lettern: „MORD IN DER KEGELBAHN"! Vorher haben wir in unserer Lokalzeitung gelesen: „WIE SICHER SIND DEUTSCHLANDS KEGELBAHNEN?"
Wie lieb und einfühlsam die Menschen doch sein können, auch wir Geschwister untereinander, wenn Traurigkeit und Ratlosigkeit einen vereint. Jeder schaut voller Mitgefühl und Mitleid auf den anderen. Das tut gut. Die Bäuerin bringt ein Mittagessen, das stillschweigend und in Harmonie gegessen wird.
Gegen Abend fährt der nun älteste Bruder mich zu meinem Freund. Dieser hat von dem Unglück gehört und ist sichtlich gerührt und geschockt. Von dem Vorfall mit meinem Vater erzähle ich nichts. Mein Freund benimmt sich sehr einfühlsam und versteht es gut, mich auf eine ehrliche Art zu trösten. Auch seine Mutter ist milde gestimmt und bekundet ihre aufrichtige Anteilnahme.

Am Tag der Beerdigung ziehen wir alle unsere neuen schwarzen Sachen an und jeder prüft, bestaunt und lobt die Kleidung des andern. Händeringend sitze ich auf der Bettkante und wünsche mir, dass es losgehen möge. Der Bruder soll endlich unter die Erde, damit alles ein Ende hat.

Wir fahren mit zwei Autos zur Kirche. Vorher verfrachten der ältere Bruder und der Vater ihre neuen, von „Übersee" mitgebrachten, Fotoausrüstungen im Kofferraum. Sie wollen Erinnerungsfotos machen.

Vor dem Trauergottesdienst dürfen Freunde und Verwandte noch einmal Abschied nehmen. Wir fahren direkt auf den Hof der Leichenhalle, so brauchen Vater und Sohn ihre Fotoapparate samt Stative nicht weit zu schleppen.

Mein lieber Bruder ruht, gekleidet in seinem Hochzeitsanzug, in einem mit silbernem Stoff ausgekleideten Sarg. Um ihn herum stehen Blumen und brennende Kerzen.

Erst mag ich nicht noch einmal zu ihm gehen, aber mein Vater meint, es ist besser, anständig Abschied zu nehmen, auch wegen der Leute.

Diesmal sieht er nicht mehr friedlich schlafend aus, sondern fleckig grau und eingefallen. Richtig tot. Als ich meine Hände auf seine lege, ist das ein merkwürdiges Gefühl. Sie sind natürlich immer noch kalt, aber weich und schwammig, mit ersten Anzeichen der Verwesung.

Neben dem toten Bruder und mir werden die Stative aufgestellt und die Spiegelreflexkameras angeschraubt. Mein Vater bittet mich, näher an den Sarg zu treten, damit er uns beide zusammen auf das Bild bekommt. Das kann ich nicht. Da macht es Klick in meinem Kopf und ich stehe auf einer Theaterbühne, ganz allein. Die Akteure nehme ich wie durch Watte wahr. Ich wandle zum Ausgang, wo die Zuschauer stehen. Einzeln treten die Familienangehörigen und ehemaligen Freunde an den Sarg, halten mit gesenktem Haupt eine geraume Zeit inne und gehen dann zurück auf den Hof. Jedes Mal blitzt eine Kamera auf. Abwechselnd schieben die beiden Fotografierenden ihre Stative hin und her, um ihn aus allen Richtungen abzulichten. Draußen sind Stimmen zu vernehmen: „Ist das denn unbedingt nötig?" Ich schaue mir diese Aufführung aus weiter Distanz an. Das Knipsen und das Kratzen der Stative auf dem Steinfußboden sind unheimlich laut zu hören. Bei jedem Klicken und Blitzen leuchtet das fleckige Gesicht meines Bruders horrorhaft auf. Ich schäme mich für die beiden Männer, die keine Ehrfurcht vor dem Tod zu haben scheinen. Mein Vater schraubt seinen Fotoapparat vom Stativ und macht aus freier Hand Aufnahmen. Der Film muss doch einmal voll sein!

Da renne ich in die Leichenhalle zurück und schnappe mir das leere Stativ, schiebe es zusammen und laufe damit nach draußen, auf das erstbeste, feste Objekt zu, das mir in den Weg kommt und dresche drauf rein. Es ist das Auto vom Kirchendiener. Die umher stehenden Trauergäste beobachten das und reißen mich von der Kühlerhaube weg, damit kein noch größerer Schaden entsteht. Meine Schwägerin versucht, mich festzuhalten und redet auf mich ein. Ich entziehe mich wimmernd ihrem Griff, wende mich von ihr ab und schmettere das Stativ an den Stamm einer großen, alten Lärche neben ihr. Immer wieder, bis ich nichts mehr spüre und sie mir das demolierte Gestänge aus den Händen nimmt. Ich kralle mich an den Baum und heule, bis meine Mutter kommt und sagt: „Jetzt sei doch mal lieb!"
Auf dem Weg zum Trauergottesdienst will mein Vater sich bei mir unterhaken. Das kann ich nicht ertragen. Wie durch

einen Nebel verfolge ich die Andacht, bekomme kaum was mit, nur, dass mein Bruder sechsundzwanzig Jahre alt geworden ist.

Die große Schar von Abschied-Nehmenden schlängelt sich über den Friedhof, hinter dem mit der Deutschlandfahne und seiner Polizeimütze versehenen Sarg, als trügen sie einen Kriegstoten zu Grabe.

Der Sarg, ohne Fahne und Mütze, wird in die Tiefe gelassen und der Pastor hält seine Rede am Grab. Am Ende wirft er seine drei Schaufeln Sand hinein. Dann sind wir mit unseren roten Rosen dran. Meine fällt dem lieben Bruder direkt in die Hände.

Mein Freund bringt mich noch am selben Tag zurück in die Hebammen-Lehranstalt. Die Mitschülerinnen, besonders die Akkurate und die Älteste aus dem Kurs, sind sehr einfühlsam. Beide haben, wie ich, einen Bruder verloren.

Mit der Ältesten verstehe ich mich recht gut. Wir arbeiten zurzeit beide auf der gynäkologischen Abteilung und unternehmen auch privat einiges.

Wir Hebammen-Schülerinnen marschieren gemeinsam den langen Flur zum Unterrichtsraum entlang. Gut gelaunt und mit einer Engelsstimme beginnt die Älteste ein Lied: „Die Fahne hoch, die Reihen fest geschlossen ...". Einige von uns stimmen mit ein. Mir ist nicht nach Singen zumute, aber ab und zu summe ich mit. Sie singen immer ein und dieselbe

Strophe. Das Lied kenne ich irgendwie, habe es aber nie kritisch betrachtet. Politik und Geschichte interessieren mich wenig.
Der Oberarzt taucht auf und ist entsetzt, ja empört und stellt uns zur Rede: „Wisst ihr denn nicht, dass das Lied verboten ist? Schämt euch was!"
Mir ist das ziemlich peinlich und abends suche ich ein Gespräch mit der Vorsängerin. Sie erzählt, dass sie mit solchem national-sozialistischen Gedankengut groß geworden sei und, dass sie sich beim Singen dieses Liedes überhaupt nichts Schlimmes gedacht hätte.

An einem freien Wochenende lädt mich die Älteste zu sich nach Hause ein. Sie wohnt noch bei ihren Eltern, in einem kleinen Städtchen nahe der Küste. Vorher weiht sie mich ein, ich soll bloß nicht erschrecken. Ihr Vater sei fast doppelt so alt wie ihre Mutter und hätte den zweiten Weltkrieg als erwachsener Mann miterlebt. Er wäre mittlerweile so alt, dass die Mutter ihn pflegen müsse. „Vielleicht bekommst du ihn ja gar nicht zu Gesicht."
Ich bekomme den Vater aber doch zu Gesicht. Er sitzt in einer Art Herrenzimmer, in einem Lehnstuhl stumpf vor sich hin glotzend und raucht eine Zigarette. Die Älteste stellt mich ihm vor und umgekehrt. Seine Hand, mit den vom Rauchen ganz gelben Fingern, fühlt sich unangenehm kalt und knöchrig an. Er ist tatsächlich schon uralt. Die Kurskollegin zeigt, um dem Vater zu gefallen, auf die Schreibtischlampe neben ihm. Ich zucke, nicht verstehend, mit meinen

Schultern. Da sagt sie: „Judenhaut, aus echter Judenhaut."
Der Vater schmunzelt und zieht genüsslich an seiner
Zigarette. Die wässrig hellblauen Augen, vom grauen Star
umrandet, freuen sich. Mir wird ganz anders.


Der Tod meines Bruders hat mich verändert. Ich kann keine
Freude und Fröhlichkeit empfinden. Mir scheint, das wäre
wie ein Verrat an ihn. Grenzenlose Traurigkeit beherrscht
mich und lässt nichts Schönes zu. Im Unterricht bei unserer
Lehrhebamme ist es besonders schlimm. Da wandern meine
Gedanken immerzu zum toten Bruder, dass ich Mühe habe,
nicht zu heulen. Die Lehrerin ermahnt mich nach einer
verpatzten Klassenarbeit: „Reißen Sie sich gefälligst
zusammen! Sie sind nicht die Einzige auf der Welt, die ein
verstorbenes Familienmitglied zu beklagen hat!"


Ungefähr drei Monate später habe ich einen Traum. Ich laufe
über einen belebten Marktplatz einer mir unbekannten Stadt.
Mein lieber Bruder kommt mir, in Begleitung dreier mir
ebenfalls unbekannter Jungen, fröhlich entgegen und bleibt
einige Meter vor mir stehen. Er sagt: „Du darfst mich nicht
berühren. Keiner darf wissen, dass du mich gesehen hast. Es
geht mir gut. Sei nicht mehr traurig. Ich bin es auch nicht."
Als ich aufwache, will mir diese Begegnung im Traum erst
nicht aus dem Kopf. Ich fühle mich aber erleichtert, fast
schon glücklich. Von da an geht es mir besser.

Mein Freund schafft es, zu Hause auszuziehen. Die Zwei-Zimmer-Wohnung über den Garagen einer schönen alten Villa finden wir gemeinsam und richten sie mit einigen Möbeln, die nichts kosten, ein. Den alten Küchenschrank, der bei einem unserer Bauern im Hühnerstall steht, möchten wir auch zu gerne haben, doch die Bäuerin rückt ihn nicht heraus. Sie weiß dann nicht, wohin die Hühner ihre Eier legen sollen. Ein durchgelegenes französisches Ehebett übernehmen wir für wenig Geld vom Vormieter und die Wand dahinter streiche ich auf Wunsch meines Freundes knallrot. Jonas darf aus seinem Versteck und steht jetzt auf dem Küchenregal vor einer dunkelgrünen Wand.
Ich wohne nur an meinen freien Tagen dort und das schon bald widerwillig. Meist lungern Kumpels von meinem Freund bei uns herum. Freaks, die wie er nichts zu tun haben und sich die Zeit mit Kiffen und schlauen Unterhaltungen vertreiben. Ich muss im letzten Jahr meiner Ausbildung viel lernen und habe deswegen das Kiffen aufgegeben, was das Zusammenleben mit meinem Freund oft sehr schwierig macht.
Ist es ausnahmsweise einmal ruhig in der Wohnung, benutzten die Kinder der Villenbewohner die blechernen Garagentore unter uns als Fußballtore. Geschieht das schon am Vormittag, hat das zur Folge, dass wir beide nicht ausgeschlafen sind und uns angiften.

Wir unternehmen einen Trip nach Amsterdam. Voller Freude

und Entdeckungseifer stellen wir die schwarze Ente auf einen Parkplatz neben einer der vielen Grachten und schlendern vergnügt los. Als unsere Beine müde sind und wir vollgepackt zurück zum Auto wollen, haben wir überhaupt keinen Schimmer mehr, wo wir es abgestellt haben. Mein Freund macht mir sofort Vorwürfe: „Warum hast du dir die Stelle nicht gemerkt?" Ich blaffe genervt zurück: „Warum hast du es denn nicht getan?" Wir schimpfen in einer Tour, eine endgültige Trennung steht bevor. Volle fünf Stunden dauert es, bis wir die verflixte Karre endlich finden.

Es sind nur noch wenige Monate bis zum Hebammen-Examen. Endlich kommt meine Zeit im Kreißsaal. Gleich bei der ersten Patientin darf ich unter Aufsicht der Hebamme einen Dammschutz ausüben, was heißt, selbst mit Hand anlegen, dem Kind auf die Welt helfen. Als ich nach dem großen Ereignis das kleine verschmierte, schreiende Kindchen in Händen halte, muss ich wieder vor lauter Rührung weinen. Das soll auch nie anders werden.
Nach fast jeder Entbindung sieht es im Kreißsaal aus, als hätte eine Bombe eingeschlagen. Überall blutverschmierte Tücher und Instrumente. Wenn Mutter und Kind wohlauf sind, ziehen sich die examinierten Hebammen ins Dienstzimmer zurück und wir Schülerinnen dürfen die eigentliche Arbeit machen. Spritzen und Instrumente werden per Hand in starker Desinfektionslösung gewaschen, vorschriftsmäßig verpackt und in den Sterilisator gesteckt. Gummiunterlagen und Handschuhe kommen in riesige Waschbecken und werden

abgeschrubbt und auf Wäscheleinen zum Trocknen gehängt. Dabei fließt einem das kalte, hellrote Wasser bis in die Achselhöhlen.

Als ich meine erste Nachtwache im Kreißsaal abhalte, muss ich, wie jede andere Schülerin auch, am frühen Morgen die Nachgeburten in den Keller bringen. Unten ist es lausekalt. Ich ziehe meinen Mantel an, nehme den Plazenteneimer und während die Nachtschwester mir den Weg durch die Unterwelt beschreibt, drückt sie mir einen großen, uralten, eisernen Schlüssel in die Hand.
Ich finde es gruselig, allein mit dem Fahrstuhl in die Kelleretage zu fahren; als führe man in eine andere Welt. Vor lauter Angst schaue ich, unten angekommen, erst einmal nach rechts und links, indes sich der Fahrstuhl geräuschvoll wieder nach oben bewegt. Vielleicht bringt er gleich meinen Mörder?
Vor mir liegt ein Labyrinth schummrig beleuchteter Flure. Alle drei, vier Meter tauchen dunkle Nischen oder Abzweigungen auf, die nicht zu überblicken sind und alles noch unheimlicher machen. Die Wege erscheinen mir endlos lang und bevor die große alte Holztür auftaucht, die zum Plazentenraum führt, sterbe ich mehrere Tode. Luftanhaltend zucke ich zusammen, als eine Ratte meinen Weg kreuzt.
Um die Tür zu öffnen, muss ich den schweren Eimer absetzen. Es ist kaum Licht, um das Schlüsselloch zu finden. Als ich es endlich ertaste, den Schlüssel reinstecke und umdrehe, die dicke Tür mit dem Fuß aufstoße, die sich wie in

einem billigen Horrorfilm, mit einem gewaltigen Quietschen nur langsam bewegt, schaue ich mich erst einmal im Raum und hinter der Tür um, ob auch ja nichts Böses dort lauert. Rechts an der langen Wand steht die voluminöse Gefriertruhe. Mit der freien Hand wuchte ich den riesigen Truhendeckel hoch, mit der anderen Hand kippe ich den Eimer mit den schwammigen, blutigen und süßlich riechenden Fladen in den extra dafür vorgesehenen Behälter. Vom Anblick dieser klumpigen Masse wird mir so schlecht, dass ich mich in den gerade leergewordenen blutverschmierten Eimer übergebe. Diesen ganz eigenen Geruch der Plazenten werde ich nie wieder los. Der Weg zurück zum Fahrstuhl und das Warten auf ihn sind nicht weniger gruselig.
Oben „auf Erden" angekommen, ist meine Angst schlagartig vorbei, ich fühle mich, trotz vollen Eimers, gut. Irgendwie erhaben.
Sind alle Behälter unten in der Gefriertruhe voll, holt eine Firma die kostbare, menschliche Hormonspende ab. Die Hebammen erhalten für jede Nachgeburt ein paar Mark, wovon sie in regelmäßigen Abständen essen gehen, allerdings ohne Schülerinnen.


Gegenüber dem Krankenhaus befindet sich eine Bundeswehrkaserne. An den Wochenenden und an Mittwochabenden treffen sich die jungen Leute beider Seiten in einer nahe liegenden, kleinen Diskothek. Nicht wenige

Schwestern und Hebammen-Schülerinnen beginnen ein Verhältnis mit einem jungen Soldaten. Auch welche aus unserem Kurs.
Ein Bundeswehrsoldat kommt für mich sowieso nicht infrage und die Musik gefällt mir auch nicht; trotzdem gehe ich manchmal aus Solidarität mit.
Eine Schülerin von der Wöchnerinnen-Station, die eine Freundschaft mit einem Soldaten eingegangen ist, wird, nachdem sie sich wochenlang morgens übergeben muss, immer ernster, stiller und dazu noch dicker um die Hüften. Wir Mädchen denken uns nichts dabei, keiner denkt sich etwas dabei; schieben es auf das zu viele Essen und auf den Stress, so kurz vor ihrem Examen.
Die dicke Schülerin verheimlicht ihre Schwangerschaft oder verdrängt sie so gut, dass sie selbst nicht dran glaubt. Auf Station arbeitet sie hart weiter, als ob nichts wäre. Doch dann, beim Bettenmachen, läuft ihr das Fruchtwasser die Beine herunter.
Als die Lehrkräfte es erfahren, sind sie schockiert. Wie weit die Schwangerschaft gediehen ist, vermag die Schülerin nicht zu sagen. Sie unterschlägt vielleicht ein paar Wochen aus Angst, oder sie weiß es wirklich nicht. Chefarzt und Lehrhebamme sind sich einig, die Geburt einzuleiten, was bei einem so frühzeitigen Blasensprung durchaus verständlich ist.

Als ich nichts ahnend meinen Dienst im Kreißsaal antrete, verhalten sich die Schwestern und Ärzte dort auffallend geheimnisvoll. Die Lehrhebamme nimmt mich sofort zur Seite und erklärt flüsternd, dass eine Schülerin am Vormittag ein Kind geboren hätte, allerdings viel zu früh, unreif und Gott sei Dank nicht lebensfähig. Es ist gerade alles vorbei. Das mir bekannte Mädchen liegt sichtlich erleichtert in sauberen Tüchern. Ich drücke mich in den anderen Kreissälen herum und überlege, wie und wo ich mich unauffällig nützlich zeigen könnte. Vielleicht sind irgendwelche Instrumente zu waschen oder Gummiunterlagen aufzuhängen?

Als ich den Waschraum betrete, sehe ich das kleine nackte Baby in einer Nierenschale liegen. Es ist ein relativ großer Junge, viel, viel größer als Jonas. Er lebt, wimmert leise vor sich hin, schnappt nach Luft und zittert vor Kälte. Sofort laufe ich zum Dienstzimmer und will wissen, ob ich das Kind mit einem Tuch zudecken darf und, wann denn endlich die Kinderklinik kommt. Sie hören mir gar nicht zu. Die leitende Hebamme beratschlagt sich gerade mit dem Oberarzt, wie die Ausbildung der Schülerin noch zu retten sei. Ich höre auch, wie sie sagen: „Das wirft kein gutes Licht auf unser Haus."

Man schickt mich auf die Wöchnerinnen-Station, um dort auszuhelfen; im Kreißsaal ist für mich nichts zu tun.

Nach Feierabend sitzen wir Schülerinnen zusammen und sind fassungslos. Einige meinen, es ist gut so, wie es gekommen ist. Andere sprechen es laut aus: „Was für eine Gottlosigkeit!"

Am nächsten Tag habe ich Frühdienst. Als erstes gehe ich in den Waschraum, um nachzusehen. Da liegt das kleine Baby

immer noch. Tot.
Händeringend stehe ich vor der Nierenschale. All mein Leid und Kummer der Vergangenheit kriechen wieder hoch, so stark, dass ich laut heulen muss.
Die diensthabende Hebamme ruft: „Wir haben Arbeit!"

Die Ausbildung geht langsam dem Ende zu. Wir Schülerinnen müssen nach dem Dienst und auch an den Wochenenden lernen. Keine Zeit für Unternehmungen oder andere Ausschweifungen.

Die letzten vier Wochen arbeite ich auf der Neugeborenen-Station. Die Oberschwester verteilt uns Schülerinnen auf die beiden großen Säuglingszimmer und sie selbst geht zu den wenigen Babys der privat Versicherten.
Ohne Zeit für Emotionen werden die kleinen Maden aus ihren Bettchen gehoben und wie am Fließband in Windeseile ausgewickelt, gewaschen, gewogen, neu eingewickelt und, wer es nötig hat, mit einem Nuckel versehen.
Eine Säuglingsschwester, bestimmt zwei Meter groß, dazu passend breit, wickelt besonders schnell; als stünde ein großer Meister mit Stoppuhr daneben. In ihren prankenhaften Händen wirken die Neugeborenen wie kleine Püppchen. Bevor die hungrigen Geschöpfe bei dieser Geschwindigkeit überhaupt protestieren können, liegen sie bereits wieder in ihren Bettchen, mit vor lauter Schreck weit aufgerissenen Augen. Sind alle Kinder versorgt, schieben wir die große Bettchenschar, gleich Einkaufswagen im Supermarkt über

die langen Flure, in die Zimmer der Mütter, wo sie endlich die Flasche und im Ausnahmefall auch die Brust bekommen.

In dieser Zeit wird ein Kind geboren, von dem Hebammen und Ärzte nicht sagen können, ob es ein Junge oder ein Mädchen ist. Schon direkt nach der Entbindung wird es von allen Anwesenden begafft, seine Windel immer wieder geöffnet, damit auch jeder einen Blick auf die anomalen Genitalien werfen kann. Im Säuglingszimmer hat das besonders hübsche Kind überhaupt keine Ruhe mehr. Kinderärzte und Spezialisten kommen, um es zu begutachten. Alle Schülerinnen sämtlicher Jahrgänge, auch die der Kinderklinik, sollen das Kind sehen, viel mehr dessen Geschlechtsorgane. Nachts schleichen sich die Nachtwachen der anderen Stationen ins Säuglingszimmer und nach kurzem Betteln reißen sie dem Neugeborenen erneut die Windeln vom Leib. Die türkische Mutter strahlt nach wenigen Tagen. Sie ist glücklich über ihr schönes Baby. Der Vater bleibt frustriert, als wisse er mit seinem Nachwuchs nichts anzufangen.

Unser Hebammen-Examen besteht aus einer mündlichen und einer praktischen Prüfung. Die schriftlichen Zensuren stehen bereits fest.
Am Tag unserer mündlichen Prüfung bekommen wir Schülerinnen, bevor wir vor die Prüfungskommission treten

müssen, von unserer Lehrhebamme, die noch aufgeregter ist als wir, einen Weinbrand eingeschenkt. Einige von uns fangen danach an zu kichern und verlieren tatsächlich ihre Prüfungsangst. Andere werden noch panischer.
Die Lehrhebamme macht uns auch diskret darauf aufmerksam, dass der Medizinaldirektor heftig schielt; wenn er die zweite Schülerin links neben einem anschaut, man selbst gemeint ist.
Ich bekomme es richtig mit der Angst, dadurch vielleicht abgelenkt zu sein, mich nicht auf die Fragen konzentrieren zu können, die dieser Herr mir stellen wird. Doch als wir vier Mädchen in einer Reihe vor den Prüfern stehen und ausgerechnet die lustige Folge-Hebamme neben mir, muss ich mir das Lachen so verkneifen, dass ich mir auf die Lippe beiße und Blut schmecke.
In der praktischen Prüfung verwechsle ich vor lauter Aufregung meine eigenen Worte. Am Phantom soll ich die Lage der kleinen nostalgischen Stoffpuppe tasten und den richtigen Geburtsvorgang schildern. Der Oberarzt, der die Nazilieder von uns gehört hat, steht neben mir und muss mich beurteilen. Allein das sorgt schon für Panik. Zum Glück fühle ich gleich die Becken-Endlage des Kindes. Doch anstatt zu sagen: „Dann suche ich mit meinem Mittelfinger den Mund des Ungeborenen", sage ich: „Dann suche ich mit meinem Mund den Mittelfinger ..." Der Oberarzt lacht und entlässt mich mit einer guten Note.

Schon zwei, drei Monate vor dem Examen schreiben wir

Bewerbungen an andere Frauenkliniken. Ich schicke meine an ein kleines Krankenhaus in unserer Stadt und werde prompt genommen. Wir feiern unseren Erfolg mehrmals feucht und fröhlich. Dann trennen sich unsere Wege.

Ich ziehe ganz zu meinem Freund und richte mir das kleine Durchgangszimmer ein. Meine neue Arbeitsstelle ist zu Fuß zu erreichen.

Die ersten Monate im Krankenhaus sind ziemlich aufregend. So frisch nach dem Examen habe ich oft das Gefühl, vieles falsch zu machen oder irgendetwas Wichtiges zu vergessen. Jedes Mal vor Dienstbeginn, wenn ich vor der schalldichten Kreißsaaltür stehe, sie öffne, horche ich erst einmal in die Räume hinein, ob mir Gestöhne und Gejammer entgegenkommt. Wenn das der Fall ist, steigt meine Nervosität noch ein Quantum an. Erst wenn ich richtig „mit anpacken" kann, lässt die Spannung nach.

Nach Feierabend, zwischen den bekifften Kumpanen meines Freundes, fühle ich mich unwohl. Deren Geschwätz geht mir dermaßen auf die Nerven, dass ich mich gleich in mein Zimmer verziehe und angespannt auf den nächsten Arbeitstag warte.

Wegen des medizinischen Fortschrittes, der Modernisierung überhaupt, stellen sich die Krankenhäuser auf Einmalartikel oder auch Wegwerfartikel um. Spritzen, Unterlagen und

andere Gegenstände, die ständig gebraucht werden, sind jetzt aus Kunststoff und werden nach Gebrauch weggeworfen. Lag früher nach einer Entbindung ein kleines Tütchen Müll in der Abstellkammer, sind es jetzt mehrere Säcke.
Eine OP-Schwester nimmt sich regelmäßig einen Stapel Einmalunterlagen mit nach Hause. Ich frage sie: „Wofür brauchst du die denn?" Da gesteht sie mir lachend: „Damit das Bettlaken beim Vögeln nicht dreckig wird!"


Es dauert nicht lange und ich bin es leid, nach Hause zu kommen, die Bude voller Leute, oder mein Freund immer noch im Bett, selig schlafend. Der Abwasch vom Vortag noch in der Küche und nichts eingekauft. Wir streiten uns immer öfter.

Da ich wenig Miete zahle, kein Auto besitze, nur selbstgedrehte Zigaretten rauche und meist in der Krankenhauskantine esse, spare ich viel Geld.
Ich will in Urlaub fahren. Weit weg. Am liebsten nach Indien oder Afrika.
Doch mein Vater, der sich immer noch gern in meine Angelegenheit mischt, macht mir den Vorschlag: „Fahr´ doch nach New York! Zu unseren Verwandten!" Im selben Atemzug meint er: „Dann kannst du mir Patronen für den einen Colt mitbringen!" Plötzlich ist er total aufgeregt, so, als müsse er selbst fahren, ruft sofort seinen Bruder in den Staaten an und bespricht alles mit ihm.

Ich brauche nur den Flug zahlen. Für alles andere kommt der Onkel auf.


Es ist gebucht. Drei Wochen sollen es werden.
Als es soweit ist, bringt mein Vater mich zum Flughafen; mit meinem Freund bin ich wieder einmal auf Kriegsfuß. Während der Fahrt gibt der Vater mir Anweisungen, wie ich mich in Amerika bei den Verwandten zu verhalten habe. Die eine Tante in New York, von der wir damals den kleinen Jungen hatten, soll ich auf keinen Fall besuchen, mit der ist er verkracht. Warum, sagt er nicht.
Das Wichtigste aber ist: „Wenn du die Munition hast, musst du sie gut verstecken und darfst mit niemandem darüber reden, außer mit deinem Onkel, der besorgt sie ja schließlich."


Dieser Onkel hat vier Kinder. Einen erwachsenen Sohn, den ich überhaupt nicht zu Gesicht bekomme, und drei Töchter. Die älteste ist verheiratet und hat zwei Kinder. Die Mittlere ist so alt wie ich, also zwanzig, und das kleine Nesthäkchen so um die dreizehn Jahre.
Die Mutter meiner Gastfamilie, also die Schwägerin meines Vaters, holt mich mit ihrem alten Mercedes vom Kennedy-Airport ab und fährt, sich gut auskennend, rasant über den Highway nach Queens. Die Fahrt bis zu deren Haus dauert lange.
Die ganze Familie freut sich über mein Kommen und

präsentiert zum Empfang ein Riesenessen. Mit der Cousine, die so alt ist wie ich, verstehe ich mich auf Anhieb bestens, obwohl mein Englisch wirklich zu wünschen übrig lässt und sie überhaupt kein Deutsch spricht.
Am selben Abend noch, so kaputt und müde ich von der langen Reise und der Zeitumstellung auch bin, nehmen die Gleichaltrige und ihre zwei Freundinnen mich mit.
Laut Musik hörend gleiten wir in einem lindgrünen Straßenkreuzer, zu viert vorn auf der Kunstleder-Bank sitzend, über hell erleuchte Straßen. Die eine Freundin holt einen dünn gedrehten Joint aus ihrer Handtasche und zündet ihn an. Dann reicht sie ihn mir. Ich schüttle den Kopf, worauf die Mädchen sich enttäuscht anschauen. Eigentlich will ich das nicht mehr machen, nehme aber, um keine Spaßbremse zu sein, den qualmenden Stick und ziehe, erst einmal und, nachdem die anderen ihn hatten, noch einmal daran. Es dauert nicht lange und wir kichern. Mein Englisch sprudelt nur so, kommt völlig hemmungslos heraus. Die Mädchen sagen: „Nice girl!" Unterwegs halten wir an, um unseren Heißhunger zu stillen, essen Eis aus Bechern, die so groß wie Siegerpokale sind.
Bis zum Platzen vollgestopft kutschieren wir das Schiff zum Freund meiner Cousine. Nachdem die Mädels dem jungen Mann mit Zopf an der Haustür versichert haben, dass ich „sauber" sei und das es vor mir nichts zu befürchten gäbe, lässt er uns rein.
Die Wohnung ist klein und muffig, die Wände dunkelgrau, fast schwarz gestrichen und die Einrichtung im altdeutschen

Stil. Nach einigen Minuten Konversation öffnet er einen auf „alt" getrimmten Kleiderschrank. Darin befinden sich, säuberlich gestapelt, wohl an die fünfzig große, durchsichtige Plastikbeutel mit Marihuana. So viel von dem Zeug habe ich noch nie gesehen. Der junge Mann vollführt eine Geste des Stolzes, indem er seine rechte Hand vom Herzen, im großen Bogen, in die Weite schweifen lässt und gleichzeitig verkündet: „Acapulco-Gold!" Dann nimmt er einen der Beutel, reißt ihn auf und schüttelt den Inhalt auf einen runden Gelsenkirchener Barocktisch. Wir Mädchen machen uns an die Arbeit und packen einen Teil der gelbgrünen Dollen in kleine Tüten, während der Dealer es abwiegt und das Zuviel auf den Tisch fallen lässt. Allein vom intensiven Grasgeruch fühle ich mich benebelt. Die Mädchen laden sich schnatternd und gackernd ihre Handtaschen voll, dann verabschieden wir uns von dem Freund.

Mitten in der Nacht, die beiden lustigen Freundinnen sind zu Hause abgeliefert und ich kann meine Augen kaum noch aufhalten, fährt meine Cousine mit mir zu einer Kundin, die unbedingt noch versorgt werden muss. Sie wohnt in einer Gegend, in der zu dieser späten Stunde noch reges Treiben herrscht.

Der Fahrstuhl braucht Ewigkeiten zu einer der oberen Etagen. Nach mehrmaligem Klopfen wird eine demolierte, einst blau gestrichene Haustür von einer jungen Frau geöffnet. Meine Cousine stellt uns gegenseitig vor, ihren Namen kann ich nicht verstehen. Aus dem einzigen Raum nebenan dröhnt eine Fernseh-Frauenstimme. Als uns das Mädchen dort hinein

bittet, sehen wir einen kleinen Jungen, nicht älter als vier Jahre, in der einen Hand eine riesige Tüte Chips, in der andern den Can von Babi, dicht vor dem Bildschirm hocken und mit seinem Oberkörper hin und her schaukeln. Das erinnert mich sofort an mein Praktikum in der Kinderklinik. Das Kind nimmt überhaupt keine Notiz von uns; schaukelt weiter und starrt durch den Fernseher hindurch. Außer einer großen Matratze mit zerknittertem Bettzeug, auf dem das Kind hockt, und einem Fernsehapparat gibt es nichts in dem Zimmer. Saubere und schmutzige Anziehsachen liegen zwischen Krümeln und billigem Spielzeug auf dem Boden verstreut.
Meine Cousine tauscht ohne Aufhebens ein Tütchen für Geld, unterhält sich noch ein paar Takte mit der jungen Mutter; wuschelt währenddessen dem Bübchen durchs Haar, dann verabschieden wir uns auch schon wieder und fahren heim. Bevor wir aus dem Auto steigen, steckt meine Cousine mir noch schnell eines ihrer Tütchen zu.

Am nächsten Tag muss meine Gastfamilie arbeiten, bzw. zur Schule gehen. Ich soll erst einmal richtig ausschlafen und wenn ich Hunger bekomme, in die Küche gehen und mich bedienen. Um sechzehn Uhr würde meine Tante als Erste zurückkommen und dann etwas später auch die andern.
Ich wache morgens von dem familiären Trubel auf und kann nicht wieder einschlafen. Als alle das Haus verlassen haben, packe ich meinen Koffer aus, mache mich fertig und lese lange in meinem Buch über Amerika. Irgendwann habe ich keine Lust mehr und langweile mich. Den Fernseher

einzuschalten traue ich mich nicht; an fremde Sachen geht man nicht.
Da fällt mir das kleine Tütchen ein.
Ich drehe mir einen Joint nach deutscher Manier, nicht so wie die Amerikaner, hauchdünn, den Rest noch mit einer Haarspange oder Pinzette haltend, sich die Lippen verbrennend. Nein, aus Unwissenheit, wie stark das Gras von der anderen Seite der Welt sein kann, bastle ich mir ein typisch deutsches „Ofenrohr" und stecke es mir oben auf dem Doppelbett genüsslich an. Nach ein paar Zügen muss ich bereits eine Pause einlegen, nehme aber, um das gute Stück nicht verqualmen zu lassen, noch einige Züge hinterher. Auf halber Strecke muss ich dann doch passen. Den Rest schaffe ich nicht mehr.
Die Wirkung schleicht, kommt aber heftig. Ich strecke mich auf dem Bett aus und schließe die Augen. Musik oder andere Unterhaltung fehlen leider, um mich auf angenehme Weise dem Rausch hinzugeben. Dafür schwirren mir meine eigenen Gedanken und der ganze Stress von der Reise im Kopf herum und bringen mich auf unangenehme Weise fürchterlich durcheinander. Schon bald bete und hoffe ich, der Rausch möge bald vorüber sein. Im Gegenteil, es wird immer schlimmer. Die Muster auf der hellen Tapete nehmen tierische Formationen an, die sich bewegen und immer neue Arten schaffen, sobald ich länger drauf schaue. Ich muss mich aufsetzen, um das verkraften zu können. Die Möbel im Zimmer wanken, drohen umzukippen. Krampfhaft kralle ich mich ans Bettgestell. Die Gegenstände, wie Fläschchen und

eingerahmte Fotos auf der Kommode weisen grelle, leuchtende Farbränder auf. Ich bekomme es mit der Angst und rede mir gut zu: „Bloß ruhig Blut bewahren!" Bei allem Zuspruch, den ich mir selbst gebe, gelingt es nicht, meine wirren Gedanken einzufangen.
Bald wird meine Tante zurück sein, und mein Zustand hat sich noch keinen Deut gebessert, eher verschlimmert. Als sie irgendwann im Zimmer steht, fühle ich mich außerstande sie zu begrüßen, geschweige denn, auf ihre Fragen, wie ich denn den Tag verbracht hätte, einzugehen. Ein Blick in meine roten Augen genügt und sie weiß Bescheid, geht in die Küche, holt mir reichlich zu trinken und lässt mich in Ruhe. Erst gegen Abend traue ich mich wieder unter die Menschheit. Die Familie sitzt unten in der Stube und lacht mir entgegen. Mein Onkel gesteht, dass er öfter zum Feierabend einen kleinen Joint raucht, um abzuschalten. Wohl bemerkt, einen kleinen. Ich kann es nicht glauben, dass das der Bruder meines Vaters ist.

Am nächsten Morgen, nach einem deftigen Frühstück mit Eiern und Schinken, nimmt meine Tante, die als Röntgenassistentin in Manhattan arbeitet, mich mit zu ihrer Arbeitsstelle.
Wir steigen in die U-Bahn. An jeder Haltestelle steigen Massen von Menschen ein und aus. Die, die zufällig einen Sitzplatz ergattert haben, schauen stumpf geradeaus, schlafen oder lesen. Es kommt ein etwa zehnjähriges, mexikanisch aussehendes Mädchen mit einem kleinen Jungen an der Hand

in unser Abteil. Beide stimmen ein rührendes Lied an und als das zuende gesungen ist, geben nicht wenige Fahrgäste ihnen Geld. Auch meine Tante hat in ihrer Jackentasche gleich welches parat. Plötzlich verdunkelt sich das Abteil. Meine Tante flüstert mir zu: „Wir sind unter dem East River!" Irgendwann steigen wir aus und strömen mit hunderten, wenn nicht tausenden nach oben ans Tageslicht.

Beim Überqueren einer sehr belebten Straße, mitten im Gewühl der sich entgegen kommenden Scharen, überholt und spricht ein junger Mann mich an. Er zeigt verstohlen zwischen seinen Fingern einen herrlich glitzernden Ring. Meine Tante zerrt mich energisch weiter. Ein Heroinsüchtiger. Meine Tante belehrt mich während des strammen Weitergehens: „Lass dich auf Deals mit solchen Boys niemals ein! Gar nicht beachten, stur weitergehen!"

Unter einem der schwindelerregend emporragenden Gebäude bleiben wir stehen. Hier, im neunundvierzigsten Stockwerk, arbeitet meine Tante.

Während sie oben in ihrem engen, fensterlosen Raum die Röntgenaufnahmen entwickelt, darf ich mit dem Fahrstuhl wieder nach unten fahren und mich in der Nähe des Häuserblocks umschauen. Bevor ich gehe, gibt sie mir noch einen kleinen Stadtplan mit, damit ich auch wieder zurückfinde.

Die unzähligen Menschen auf der Straße jagen dahin, als hätte jeder Einzelne einen Befehl im Kopf. Stundenlang streife ich an den Fassaden entlang, Haus für Haus, Block für Block und beobachte nur.

Zwischendurch lasse ich mich bei meiner Tante blicken, damit sie beruhigt ist, und esse Sandwichs mit Cola, die ein Hausbote gebracht hat. Dann geht es wieder nach unten, jetzt in die Geschäfte.
Als meine Tante Feierabend hat, fühle ich mich so satt und matt von den vielen Bildern und Eindrücken im Kopf, dass ich kaum noch aufnahmefähig bin.

Die gleichaltrige Cousine arbeitet in einem Stadtteil, indem auch ihre ältere Schwester samt Familie wohnt. Deswegen schläft und weilt sie in der Woche bei denen.
Am Wochenende treffen wir uns alle dort.
Die ältere Cousine steht in der nach gebratenem Fleisch riechenden Wohnküche und ihre zwei kleinen Jungen hängen ihr am Bein und wollen nicht loslassen, als wir in der Tür stehen. Die schöne Frau, liebe Mutter und hervorragende Köchin serviert uns gleich nach der Ankunft - es ist noch früh am Vormittag - ein riesengroßes Steak mit Senf, so riesig, dass es den Teller weit überlappt.
Neben dem Herd an der Wand hängt ein knallrotes Telefon mit einer mindestens zehn Meter langen, geringelten Hörerschnur. Von dem Apparat aus rufe ich meine Eltern an. Mein Vater macht es kurz, erinnert mich eigentlich nur an seine Munition.
Der Ehemann meiner großen Cousine hat gleich drei Jobs, um den relativ luxuriösen Lebensstil seiner Familie finanzieren zu können, wozu auch ein Boot gehört. Mit dem fahren wir später über den Hudson River und angeln bei strömendem

Regen kleine Fische. Zwischendurch essen wir wieder, diesmal Tunfisch-Sandwichs mit dick Mayonnaise. In den drei Wochen Amerika nehme ich dreizehn Kilo zu.
Meine Tante und mein Onkel nehmen sich ein paar Tage frei, um mir New York und die Umgebung zu zeigen. Als Erstes schippern wir hinüber zur Freiheitsstatue. Von drinnen geht´s dann mit dem Fahrstuhl bis in die Krone, wo wir in einem Restaurant eine Kleinigkeit essen, obwohl es in New York keine Kleinigkeiten gibt.
Weiter, auf das Empire State Building. Durch engen Maschendraht hindurch blicken wir auf die gigantischen Zwillingstürme, auf das Chrysler Building und andere monströse Bauten. Wir laufen mehrmals in die Runde, schauen auf den Central Park und blicken nach unten, in den Mikrokosmos, wo das Gewimmel auf den Straßen eine ganz andere Welt zu sein scheint.

Am Wochenende unternehmen wir eine größere Tour. Nach Washington vor das weiße Haus und zu den Mennoniten nach Philadelphia, wo die Menschen noch wie vor zweihundert Jahren leben. Die jungen Mädchen mit ihren weißen Häubchen und die Jungs mit ihren breiten Hosenträgern machen auf mich einen durchaus glücklichen Eindruck, obwohl sie auf vieles, wie z. B. Radio und Fernsehen, verzichten müssen.
Auf dem Highway überholen wir stolze, bärtige Männer in Pferdekutschen.

An meinem vorletzten Urlaubstag will der Onkel mit mir die Patronen für meinen Vater besorgen. Wir müssen mit dem Auto erst einige Zeit auf dem Highway und dann noch mindestens drei Stunden auf einer Landstraße fahren, bevor wir den holperigen Weg zu dieser Sandkuhle erreichen, wo angeblich der Waffenhändler wohnt. Wie ein riesiger Mondkrater liegt sie vor uns, mitten drin eine kleine Hütte. Bagger und andere Fahrzeuge gibt es schon lange nicht mehr, nur hier und da ein Autowrack. Wir schlittern langsam den steilen, sandigen Berg hinunter, verfolgt von einer dicken, gelben Staubwolke.

Vor der Hütte soll ich im Wagen sitzen bleiben und warten. Mein Onkel steigt aus und klopft, erst den Staub von seiner Kleidung und dann drei Mal an die Lattentür. Es macht keiner auf. Weiter weg hören wir Gewehrsalven, auf jede folgen mindestens zwei Echos. Mein Onkel flucht: „Ich habe uns angemeldet, jetzt kann ich mein Auto hier in dieser elenden Sandwüste ruinieren!" Er steigt wieder ins Auto und fährt den Schüssen entgegen. Weit muss sich der alte Mercedes nicht quälen, denn der Schütze schaukelt uns bereits mit Schießeisen in der Achselhöhle und sagenhaften O-Beinen entgegen. Auf dem Kopf trägt er einen Cowboyhut. Hinter ihm, hin und her laufend und die Ohren spitzend, ein sehr schöner Schäferhund. Der alte Mann begrüßt uns mit seinem zahnlosen Mund laut und herzlich, hält sich mit wankendem Schritt am Seitenfenster unseres Autos fest und unterhält sich mit meinem Onkel in einem nicht zu verstehenden Kauderwelsch. Mittlerweile sind es mindestens 50 Grad in

der Kuhle. Vor der Hütte soll ich wieder im Auto warten. Der schöne Schäferhund sitzt neben meiner Beifahrertür und schlabbert meine aus dem Fenster hängende Hand ab, bis der Onkel mit einer Plastiktüte zurückkommt. Das Tier erinnert mich an unsere alte, treue Hündin, die jetzt im Wald liegt.
Um es bis über den Sandkuhlenrand zu schaffen, muss der Onkel mit seinem alten Benz zweimal Anlauf nehmen. Ich frage mich, ob mein Vater das auch für seinen Bruder getan hätte.


Der Koffer ist gepackt. Meine gleichaltrige Cousine kommt am Vorabend meiner Abreise und bringt wie besprochen eine Stange Zigaretten und einen Beutel Gras mit. Nach dem Essen gehen wir in mein bzw. ihr Zimmer und setzen uns auf das Etagenbett, mit dem Rücken zur Tür, um der wachsamen Tante, sollte sie hereinkommen, die Sicht zu versperren. Nervlich angespannt öffnen wir an einer Seite die Papierumhüllung der Zigarettenstange und legen die beiden vorderen Päckchen beiseite. Vorsichtig, ohne die Verpackung zu beschädigen, nehmen wir die restlichen Schachteln heraus, öffnen sie und entfernen das goldene Einlegepapier. Dann ziehen wir die Zigaretten alle heraus und schneiden sie mit einer Schere, ungefähr einen Zentimeter unterhalb des Filters, durch. Das Schachtel für Schachtel. Die Matratze ist voller Zigarettenstummel und Tabakkrümel, letzteres klebt wie Pech an unseren verschwitzten Händen. Meine Cousine holt das Marihuana hervor und wir füllen die Schachteln damit auf, soweit, dass die abgeschnittenen Zigarettenstummel wieder gut darauf passen. Anschließend fummeln wir das Goldpapier wieder darüber, so, wie es vorher gewesen ist. Als am Schwierigsten erweist es sich, die präparierten Schachteln wieder zurück in die Papierhülle zu kriegen, ohne dass diese zerknittert. Zum Schluss stecken wir die beiden nicht manipulierten Päckchen hinein; eine davon lässig geöffnet, mit zwei fehlenden Zigaretten. Die rauchen wir beide nach getaner Arbeit bei weit aufgerissenem Fenster und träumen von einem Wiedersehen. Gleich nach meiner Ankunft soll ich ihr schreiben, wie es gelaufen ist, und ihr ein Stückchen Hasch schicken, egal wie. Ich verspreche beides. Wir nehmen uns lange in die Arme und verabschieden uns unter Tränen.

Den letzten Tag verbringe ich mit Ausruhen und Abschiednehmen. Das Nesthäkchen steht in der Tür und weint. Sie hat sich an mich gewöhnt und will nicht, dass ich wegfahre. Die Patronen für meinen Vater liegen zwischen Socken und Unterwäsche im Koffer, den ich vor dem Einchecken aufgeben muss. Die Zigarettenstange, die unvermeidlich ihren typisch süß-modrigen Geruch ausstrahlt, kommt in mein Bordgepäck.
Onkel, Tante und Nesthäkchen bringen mich zum Airport. Wir geben zusammen den „Munitionskoffer" auf und sagen uns „Alles Gute!", umarmen und drücken uns, als wüssten wir, dass wir uns nie wiedersehen werden.

Erst nach der sanften Landung, - alle Passagiere klatschen

erleichtert in die Hände - packt mich die Angst. Meine Handtasche hängt mir locker um die Schulter, die Zigarettenstange guckt etwas heraus. Es soll ja aussehen, als hätte ich sie an Bord als zollfreie Ware gekauft. Mir ist kalt und heiß zugleich, mein Herz hämmert. Beim Einatmen rieche ich das Marihuana und bin fest davon überzeugt, dass das die anderen auch riechen. Ich stelle mich in die Warteschlange, die zur Pass- und Gepäckkontrolle führt. Endlich stehe ich am Tisch vor den beiden Beamten, die mein Handgepäck durchwühlen dürfen. Wegen der stinkenden Zigaretten droht mein Herz fast zu explodieren. Auf das Schlimmste gefasst, wird meine Handtasche aber nicht durchsucht. Stattdessen klopft mir einer von hinten auf die Schulter. Erschrocken drehe ich mich um und sehe einen jungen Mann in Jeans und Sweatshirt, der unverschämt laut in mein Ohr flüstert: „Bitte folgen Sie mir diskret!" Mitgereiste vor und hinter mir verfolgen neugierig, wie ich das mit hochrotem Kopf mache. Wir marschieren quer durch die Flughafenhalle in ein Büro, das bis auf ein kleines Oberlicht keine Fenster hat. Drinnen stehen vier Uniformierte, Hand am Pistolenhalfter. Ein älterer Herr in Zivil sitzt am Schreibtisch und fordert mich auf, ihm gegenüber Platz zu nehmen. Ich begreife nicht, was das alles soll. Meine Handtasche mit dem Marihuana steckt unter meiner schweißnassen Achselhöhle und keiner interessiert sich dafür? Doch dann sehe ich auf einem Tisch, hinten in der Ecke, meinen Koffer aufgeklappt und durchwühlt. Die Patronen obenauf.

Es ist die Zeit der RAF, gerade haben sie den Schleyer ermordet.
Der Herr am Schreibtisch will wissen, für wessen Revolver die Patronen sind.
„Den hat mein Vater."
„Na!"
Ziemlich eingeschüchtert wiederhole ich das noch einmal.
„Wo sind Sie in Amerika gewesen? Bei wem haben Sie gewohnt? Nennen Sie uns die Adresse!"
Ich weiß die Anschrift meines Onkels nicht aus dem Kopf und muss in meiner Handtasche kramen, um mein Notizheft zu finden, dabei die Zigarettenstange hin und her bewegen. Es strömt verstärkt Grasgeruch in meine Nase und, wie ich glaube, in den ganzen Raum. Mir schießt der Angstschweiß aus sämtlichen Poren und rinnt an meinem Rücken hinab. Nachdem die Beamten die Daten meines Onkels überprüft und der auf dem anderen Kontinent beteuert, von Nichts zu wissen, versichert der Beamte mir in Zivil: „Ich kann auch anders!"
Was er genauer damit meint, erfahre ich nicht, denn plötzlich fällt denen ein, nach der Telefonnummer meines Vaters zu fragen.
Zu Hause nimmt keiner ab.
Mittlerweile sitze ich schon über eine Stunde in dem Büro. Mein Freund will mich abholen und wartet bestimmt schon, oder auch nicht. Ich muss solange bleiben, bis die Sache geklärt ist. Der junge Mann, der mich hergebracht hat, versucht es weiter am Telefon, aber es hebt keiner ab. Der

unfreundliche Herr mir gegenüber fragt schließlich nach anderen Angehörigen, die evtl. wissen könnten, wo mein Vater sich aufhält. Da fällt mir mein jetzt ältester Bruder ein, von dem ich aber leider die Telefonnummer nicht weiß, weil ich nicht noch einmal in meiner Handtasche kramen will. Das ist kein Problem. Innerhalb kürzester Zeit haben die die Nummer und Gott sei Dank nimmt der Bruder ab. Wo der Vater sich aufhält, kann er nicht sagen. Ich bitte den jungen Polizisten in Zivil, mir den Hörer zu geben, ich will selbst mit meinem Bruder sprechen. „Wenn Papa nicht gleich kommt, kommst du und hilfst mir hier aus der Scheiße!" Er dann: „Stell dich man nicht so an, ich finde den Alten schon noch, gib mir mal die Telefonnummer von da!" Es bleibt nichts als zu warten. Die haben mittlerweile begriffen, dass ich keine RAF-Terroristin bin. Stummes Warten. Noch immer kein erlösender Anruf.

Endlich klingelt das Telefon. So laut, wie sich die Stimme am anderen Ende anhört, ist das mein Vater. Der Mann vor mir spricht in die Muschel: „Ja, bringen Sie ihren Waffenschein mit." Dann steht er auf, geht zu meinem Koffer und nimmt die beiden Schachteln Munition heraus. „Sie können gehen oder draußen auf Ihren Vater warten."

Mein Freund hat gewartet und nimmt mich voller Hoffnung, es könne mit uns beiden ja noch einmal gut werden, in die Arme. Er dirigiert mich hinaus aus dem Flughafengebäude, bis hin zu seiner schwarzen Ente. Ich bitte ihn, bloß schnell loszufahren. „Bevor der Alte kommt!"

Aus der Stadt raus, auf der Autobahn, nehme ich eine der

präparierten Zigarettenschachteln aus der Stange und drehe einen dünnen Joint, so wie die Amerikaner es machen. Mein Freund wundert sich, dass ich wieder kiffe, freut sich aber darüber, denn selbst kauft er sich so gut wie nie Hasch, Gras oder überhaupt Tabak. Dafür ist er viel zu geizig. Jetzt, wo ich ihm die Tüte hinhalte, zieht er gierig dran, wie ein Ertrinkender an einem Strohhalm. Dabei erzählt er lang und breit, was alles in meiner Abwesenheit passiert ist und saugt in aller Ruhe weiter. „Nicht schlecht, das Zeug" sagt er, und erzählt, zieht noch einmal und reicht mir den glühenden Rest. Nach ungefähr zehn Minuten fängt er an zu stöhnen: „Ich kann nicht mehr! Überall laufen Kühe auf der Straße, zwischen den Autos und am Rand! Siehst du die nicht?"
Er meint es wirklich erst, fährt Schlangenlinien, als weiche er irgendwelchen Objekten aus. „Ich fahre jetzt rechts ran!", schreit er. Bis zur naheliegenden Autobahnraststätte halte ich das Lenkrad fest und flehe ihn energisch an durchzuhalten.
Die Kühe machen mir keine Angst, vielmehr, dass mein Vater uns am Straßenrand entdecken könnte.
Nach geschlagenen zwei Stunden traut er sich endlich weiterzufahren.


Unsere gemeinsame Wohnung ist in den drei Wochen meiner Abwesenheit nicht ein einziges Mal saubergemacht worden, kein Bett bezogen, geschweige denn, Geschirr abgewaschen. Jonas steht oben auf dem Küchenregal, außer Sichtweite, hinter allerlei Angesammeltem. Ich marschiere sofort zum

nächsten Kiosk und kaufe mir eine Zeitung. Studiere auf der Stelle die Wohnungsanzeigen und umrande eine mit dem Stift. In der nächsten Telefonzelle spreche ich mit einer freundlichen Herrenstimme, die mir versichert, gleich am nächsten Tag zur Besichtigung erscheinen zu dürfen.
Die Lage ist gut, ein Neubau, das Wohnzimmer groß, mit Blick auf den Hinterhof. Das Schlafzimmer dagegen klein, mit halb zugemauertem Fenster, ohne Ein- und Ausblick. Ich nehme sie trotzdem, weil ich so schnell wie möglich aus der alten Wohnung raus will und weil mein Urlaub zuende geht.

Ich trage die Hausschlüssel in der Tasche. Als Erstes kaufe ich mir Farbe und was dazu gehört und mische mir ein Dunkelbraun zurecht, das ich bis spät in die Nacht an Wohnzimmerwände, Decke und, weil noch etwas übrig ist, auch an den langen Heizkörper verstreiche. Das kleine Schlafzimmer wird am nächsten Tag taubenblau, aber schön sieht es immer noch nicht aus.

Mein Freund verkauft mir unser französisches Ehebett; er mag nicht mehr drin liegen.
Ein Bekannter meiner Schwester hilft beim Transport. Und beim Jonglieren des sperrigen Bettes die Treppe hinauf, demolieren wir die nagelneuen Mauern an allen Ecken und Kanten, dass mir ganz anders wird.
Meine restlichen Habseligkeiten passen in einen einzigen Umzugskarton. Mein Freund sitzt in seiner Küche und schmollt. Jonas muss ich später holen.

Trotz „Freisein" fühle ich mich in der neuen Wohnung nicht wohl. Um im Schlafzimmer die Tür schließen zu können, muss ich erst in den Raum gehen. Liege ich im Bett, schaue ich auf das zugemauerte Fenster.

Ich mag da nicht sein. Mich treibt es raus. Sobald mein Dienstplan es erlaubt, gehe ich weg. Anfangs ziellos durch die Stadt, dann immer öfter in ein und dieselbe Kneipen-Disco. Da kenne ich bald die gesamte Belegschaft und die Stammgäste, die mir irgendwie etwas Familiäres geben.

Nach meinem Auszug sehe ich meinen Ex-Freund lange nicht mehr. Einige Male versuche ich, Jonas zu holen, aber die Tür ist immer verschlossen. Irgendwann öffnet mir ein fremder Freak: „Nö, der is wech, nach Amerika. Nen Embryo ham ma nich hier."

Während meines Urlaubs fängt eine neue Schwester im gynäkologischen Operationssaal an. Später trinken wir im Dienstzimmer gemeinsam Kaffee und schließen Freundschaft. Sie erzählt, dass sie mit ihrer fünfjährigen Tochter in einer Wohngemeinschaft lebe und wie schön, praktisch und günstig das sei und, da bei ihnen demnächst ein Zimmer frei werden würde, dass sie sich für mich einsetzen wolle. Ich wohne keine zwei Wochen in meiner neuen Wohnung und suche einen Nachmieter.

In meiner Disco sehe ich ein großes, blondes Wesen. Ich muss es immerzu anschauen. Es fasziniert mich durch seinen einmaligen Tanzstil. Es tippelt wie eine steife Puppe hohen Hauptes, streng im Takt über die gesamte Tanzfläche, hin und her, von einer Ecke in die andere. Es könnte ein Junge sein, aber bei näherem Hinsehen ist es ein Mädchen. Nach Annäherung und kurzem Geplauder erfahre ich, dass sie dringend eine Wohnung sucht. Sie scheint nicht ganz richtig im Kopf zu sein, ziemlich verwirrt, aber sie sucht eine Wohnung und ich schwärme ihr von meiner vor.
Am nächsten Tag spricht sie in meine Sprechanlage: „Da bin ich!" Bereits im Treppenhaus bricht sie in zügellose Begeisterung aus und versichert mir hoch und heilig, dass sie die Miete auch wirklich zahlen kann. Die Wohnung selbst, in ihrem Zustand, findet sie „total abgefahren". Wir besiegeln alles auf einem Zettelchen, auch die eventuell anfallenden Renovierungskosten und zum Dank schenke ich ihr meinen neuen Hosenanzug aus den Staaten, der mir nicht mehr passt.

Das Zimmer in der WG ist noch nicht frei. Der Typ, der ausziehen will, macht keine Anstalten. Angeblich hat er noch nichts gefunden. Seine Ex-Frau schläft mittlerweile mit ihrem neuen Freund, einem ständig jammernden Exoten aus Berlin, im winzigsten Zimmer. Das gemeinsame Kind verweilt mal beim Vater, mal bei der Mutter und ihrem elend aussehenden Partner.
Außer denen wohnen noch die ältere Schwester meiner OP-Schwester und ihr Nochfreund im Haus. Sie ist eine vom

Kommunismus begeisterte Grundschullehrerin, die zu gern süßen Sherry aus nostalgischen Gläsern auf einem noch nostalgischeren Sofa trinkt und Roxy Music liebt. Er ist Beamter bei der Bundesbahn und oft von einem mehr oder weniger starken Herzschmerz geplagt. Er wohnt im zweitkleinsten Zimmer.
Meine Arbeitskollegin lebt mit ihrer kleinen Tochter im größten Zimmer, das zu achtzig Prozent mit Matratzen ausgelegt ist, auf denen das Kind genauso herumschaukelt wie der kleine Junge aus Queens.
Neben all denen logiert noch ein kleinwüchsiger, stiller, wunderschön fotografierender Student im Haus, der seine vier Wände mit den neuesten Aufnahmen der kleinen, süßen OP-Schwester-Tochter tapeziert hat, obwohl er mit der Mutter kaum spricht; überhaupt mit der ganzen chaotischen Bande nichts zu tun hat.

Die WG-Leute besuchen dasselbe Lokal wie ich, und bevor es dorthin geht, wird zu Hause mit den verschiedensten Drogen gehörig vorgeheizt.

Der Typ zieht endlich aus. Große Umwälzungen finden im Haus statt.
Wie das französisches Ehebett aus dem taubenblauen Verschlag in meine neue Bleibe gelangt, weiß ich nicht. Das neue Zimmer streiche ich wieder braun; allerdings nicht ganz so dunkel. Ein Dritte-Welt-Tuch kommt unter die Decke und eine Palme aus dem Supermarkt vor die weiß belassene

Heizung.

Ich habe noch keinen Führerschein, will eigentlich auch keinen machen, denn ich finde, dass genug Autos auf den Straßen sind. Autofahren kann ich schon seit meiner Kindheit, der zweitälteste Bruder hat es mir in seinem alten Taunus beigebracht.

Zu Beginn meiner WG-Zeit verpasse ich einmal den Bus zur Klinik und bitte die OP-Schwester, mich zur Arbeit zu bringen. Sie sagt: „Der Schlüssel steckt. Ich brauche den Wagen nicht. Die Papiere liegen im Handschuhfach. Ich habe keine Lust."
Bevor ich mit ihrem Käfer losfahre, sammle ich zwei Einkaufstüten voll leere Magenbitter-Fläschchen ein, die unter den Sitzen, im Handschuhfach und im Kofferraum liegen.
Anfangs ist das „Schwarzfahren" noch aufregend, doch je öfter ich das mache, desto normaler und selbstverständlicher kommt es mir vor. Ich bringe meine Leute überall hin, wohin sie wollen, wenn es sein muss, zu den entferntesten Orten.
Die beiden Schwestern wollen Freunde aus früheren Zeiten besuchen. Meine OP-Schwester hat schon viel zu viele Magenbitter intus und ihre Schwester fürchtet die Autobahn, also muss ich fahren.
Aus heiterem Himmel, während der Fahrt auf der Autobahn, bekommt meine OP-Schwester neben mir einen Anfall von Verfolgungswahn. Sie glaubt, die Polizei sei hinter uns her.

„Falls die Bullen uns anhalten, müssen wir sofort die Plätze tauschen, am besten noch vorher, während der Fahrt!" Ich versuche sie zu beruhigen: „Wird schon nicht geschehen", doch sie gibt keine Ruhe, will den fliegenden Wechsel unbedingt sofort üben. „Damit im Notfall auch alles klappt!" Und manövriert ihr linkes Bein bereits in meinen Fußraum, was gleich leichtes Schlenkern auf der Fahrbahn zur Folge hat. Ihr rechtes Bein will gerade folgen, als die ältere Schwester auf dem Rücksitz das bemerkt. Die schlägt mit ihrer ansonsten so angenehm tief klingenden Stimme dermaßen hohe Töne an, dass meine Beifahrerin augenblicklich von ihrem verbissenen Vorhaben ablässt.


Ich beschließe, den Führerschein doch zu machen, und besuche den theoretischen Unterricht. Wenn's geht, regelmäßig.
Einmal, knapp an der Zeit, fahre ich mit dem alten Käfer der OP-Schwester zum Unterricht. Die Stunde ist wieder langweilig, obwohl der Lehrer sich Mühe gibt. Die Schüler gähnen und starren müde vor sich hin. „Gleich ist's geschafft", denke ich so. Da stellt der Fahrlehrer noch eine letzte Frage.
„Was bedeutet dieses Verkehrsschild? Ja, Sie da hinten!", und zeigt auf mich.
„Achtung!", sage ich vor lauter Schreck, aus meinen Gedanken geweckt, wie aus einer Pistole geschossen.
Woher kommen Sie denn!" Alle Anwesenden glotzen mich

an und lachen.

„Achtung sagt man bei der Bundeswehr!", höhnt der Fahrlehrer.

Deprimiert gehe ich mit den anderen Fahrschülern auf den Hof. Dort steht der junge Typ, dessen Blicke sich jede Unterrichtsstunde in meinen Nacken bohren und fragt: „Wo musst du denn hin? Ich begleite dich gern ein Stück!"

Ich stehe vor dem Käfer und stecke den Schlüssel ins Türschloss, ganz selbstverständlich, und setzte mich hinein. Bevor der junge Mann noch irgendetwas sagen kann, antworte ich: „Gleich hier um die Ecke", und bin schon weg. Im Rückspiegel, noch kurz sichtbar, ein weit aufgerissener Mund und fuchtelnde Arme.


Wir benutzen das Auto natürlich auch für unsere Discobesuche. Fahren zwischendurch mal kurz in eine ruhige Seitenstraße und rauchen ungestört einen Joint oder eine Pfeife, damit es drinnen besser „abgeht".

Ich sitze auf dem Fahrersitz. Die Pfeife kreist. Der neben mir dreht den Kassettenrekorder auf und schwärmt von Nina Hagen, wie die es drauf hat, den Beton aus ihrer Kehle zu singen, als plötzlich an meine Fensterscheibe geklopft wird. Vor lauter Qualm ist nicht zu sehen, wer da was von uns will. Ich leiere behutsam, um nicht wieder die Kurbel abzudrehen, die Scheibe herunter. Durch den breiter werdenden Spalt beugt sich ein hustender und nach Luft schnappender, älterer Polizist. Schaut mit tränenden Augen prüfend in die Runde, jedem einzelnen in die roten Augen. Dann schüttelt er den

Kopf und ermahnt uns mit väterlicher Stimme: „Mensch Kinder, lasst den Scheiß! Macht das Ding aus! Seht zu, dass ihr wegkommt!" Jeder zieht noch schnell einmal und dann geht's, nach dreimaligem Abwürgen des Motors, lauthals lachend zurück zur Disco.

Meine leicht verwirrte Nachmieterin sehe ich jetzt öfter. An einem Freitagabend, auf der Damentoilette unserer Disco, gibt sie mir einen LSD-Trip. Den ersten meines Lebens. Ein kleines Löschpapierfetzchen mit einer Micky-Maus drauf, das ich mir, ohne groß nachzudenken, direkt in den Mund schiebe. Die hochgepriesene Wirkung will sich erst nicht einstellen, deswegen teilen wir uns nach kurzer Zeit noch eine Maus. Doch dann, unmittelbar vor Ladenschluss, geht's los. Meine Trip-Gefährtin ist spurlos verschwunden. Die laute Musik, die vielen Menschen und die grellen Lichter, die fast schmerzhaft im großen Raum aufflackern und lange Schweife hinter sich herziehen, sobald ich die Augen bewege, sind nicht mehr auszuhalten. Unterwegs ist nichts mehr wie es war. Die Straße gleicht einer hügeligen Landschaft. Abzweigungen münden in leuchtende Täler.
Verwirrt aber unversehrt zu Hause angekommen, scheint draußen bereits die Sonne. Die beiden kleinen Mädchen hocken im Flur und spielen Barbie. Ich steige über sie hinweg und steuere ins gemeinsame Badezimmer. Die getrockneten Spritzer an Spiegel und Fliesen, der ganze Staub und Dreck, alles ist in Bewegung. Mutig betrachte ich mich im Spiegel und stelle fest, dass ich das nicht bin. Ein fließender Wechsel

zwischen gruseliger Maske und Schönheitskönigin. Meine Augen zerlaufen wie rohe Eier.
Den ganzen Tag über und die darauf folgende Nacht ist an Schlaf nicht zu denken. Kaum ist das Zeug aus mir heraus, muss ich auch schon wieder zur Arbeit.

Zwei Wochen später weckt mich früh am Morgen, es ist noch keine sieben, ein lieber, alter Bekannter aus der gemeinsamen Zeit mit meinem ehemaligen Freund. Es ist der Sohn des Hauptkommissars aus unserem Heimatbezirk. Wir mochten uns schon immer gern, haben uns nur aus den Augen verloren. Nach dem Frühstück fragt er mich, ob ich nicht Lust hätte, mit ihm auf die Reise zu gehen. Erst verstehe ich nicht richtig, denke, er will mit mir und seinem Auto irgendwohin in die Ferien fahren. Doch dann zeigt er mir einen kleinen Gegenstand, nicht größer als eine abgebrochene Bleistiftspitze. Ich kann mir gleich denken, was es ist, und sage: „Nie wieder!"
Er schwört bei seiner Mutter, dass das, was er da hat, ganz anders ist, harmloser und viel schöner. „Du brauchst keine Angst haben! Ich bin doch bei dir!"
Der schöne Sohn des Kommissars nimmt sein Taschenmesser und teilt die Bleistiftspitze in zwei gleiche Teile, passt dabei höllisch auf, dass ihm keine Hälfte davonfliegt.
Wir spülen das Krümelchen mit Kaffee hinunter und unterhalten uns über alte Zeiten und über das, was jeder von uns danach so erlebt hat.
Als das Halluzinogen anfängt zu wirken, gehen wir in mein

Zimmer und legen uns auf das französische Ehebett. Wir hören Schallplatten auf meiner neuen Anlage, für die ich mich höllisch verschuldet habe. Diesmal ist es wirklich anders.
Ich spüre in mir eine intensive, aber angenehme innere Anspannung; gleichzeitig selige Ruhe und Gelassenheit. Ängste und Bedenken habe ich keine. Ich fühle mich sicher und geborgen.
Eine Zeitlang reden wir nicht. Jeder hängt seinen eigenen Gedanken nach; meine sind klar und unheimlich geistreich.
Als wir irgendwann miteinander sprechen, schauen wir uns an.
Neben mir liegt ein traumhaft schöner Mann, ein leibhaftiger Märchenprinz. Sein Gesicht strahlt, als sei es auf wundersame Weise erhaben und glücklich. Über seinen Augen, bis hin zu den Schläfen und durch das lockige, lange, schwarze Haar, blitzen in allen Farben der Welt abermillionen von Sternenlichter, fliegen und zerstreuen sich bei jeder geringsten Bewegung in den Raum. An seinem makellosen Körper fließen pures Gold und Edelsteine hinab. Seine warmen, schönen Hände tasten sich mit einer beispiellosen Sanftheit vor und als sie mich berühren kommt es einem Feuerwerk gleich.
Stundenlang beschäftigen wir uns miteinander im Bett, bis wir Lust auf andere Abenteuer haben. Wir ziehen uns an, nehmen jeder mit einem Schluck Sekt ein zweites Stückchen Bleistiftspitze zu uns und fahren mit seinem Auto aufs Geratewohl los. An einem Wegesrand parken wir den Wagen

und spazieren philosophierend querfeldein, durch Gestrüpp und über schmale Gräben, in einen Wald hinein, immer tiefer, und versetzen uns in die Zeit der Jäger und Sammler.

Vor dem Dunkelwerden stehen wir wieder vor seinem Auto. Wir haben es nicht gesucht, sondern intuitiv gefunden. Mit einer lauwarmen Cola spülen wir einen dritten Bleisplitter hinunter.

Es regnet in Strömen. Die Scheibenwischer schaffen die Wassermassen nicht. Was draußen vor sich geht, sieht man nicht. Die Reifen drehen durch. Wir sitzen fest. Lachend steigen wir aus und landen mit den Füßen im Matsch. Wir lachen noch lauter, krümmen uns vor Lustigkeit; selbst als flackerndes Blaulicht sich nähert und neben uns zum Halten kommt. Wir können beim besten Willen nicht innehalten.

„Polizei! Bitte den Führerschein und die Fahrzeugpapiere! Haben Sie etwas getrunken?"

Wir stehen uns, jeder auf einer Wagenseite, gegenüber und blicken kichernd über das Dach. Einer der Polizeibeamten schleicht um unseren Wagen, dabei stets auf seine sauberen Dienstschuhe achtend, und richtet den Schein seiner Taschenlampe auffällig lange auf das Nummernschild und auf die Reifen. Der andere Beamte fordert erneut und diesmal noch energischer die Fahrzeugpapiere ein, schnippt mehrmals mit Daumen und Mittelfinger vor unseren Augen herum.

Mein schöner Prinz reicht ihm grinsend die Papiere, die auf den Namen seines Vaters ausgestellt sind. Der Schutzmann grabscht danach. Ein kurzer Blick darauf und das Benehmen

des Beamten ändert sich schlagartig. Er reicht seinem Kollegen die Ausweise. Auch der ist gleich ein anderer Mensch. Beide scheinen nicht recht zu wissen, wie man mit dem Sohn eines Hauptkommissars umzugehen hat und entschuldigen sich erst einmal für die unangenehme Störung. Dann fragen sie noch, ob sie uns helfen dürften.
Bis zu den Fußknöcheln im Wasser, sich rechts und links am hinteren Kotflügel festhaltend, schieben sie uns mit schlammbespritzter Miene aus dem Dreck. Als die Reifen endlich festen Boden fassen, wird unser Auto schneller und einer der uniformierten Männer hat ernsthaft Mühe, Balance zu halten.
Laut Danke! schreiend und hupend verabschieden wir uns von den Helfern in der Not. Langsam sind wir hungrig und müde vom vielen Lachen. Die Reise ist zu Ende. Der Prinz muss gehen.


Der Nochfreund unserer nostalgischen Lehrerin ist an glücklichen Tagen ein lustiger und einfallsreicher Mensch. Er schafft es, uns Mitbewohner mit seiner originellen und witzigen Art immer wieder zum Staunen und Lachen zu bringen, ob uns danach ist oder nicht.
Einmal sitzen wir alle in der kleinen Küche und debattieren über den Haushaltsplan, als er, ohne Vorwarnung und völlig geräuschlos, erst auf den Geschirrspüler, dann mit einem Satz auf den hohen Küchenschrank hechtet, ohne dabei die Küchenwaage oder andere Gegenstände zu berühren, um von

dort, wie eine geschickte Katze, über die vollgestellte Fensterbank wieder zurück auf seinen Stuhl zu gleiten.

Unser Akrobat verfügt über einen wunderschönen Körper, ein leibhaftiger Adonis. Die edle Erzkommunistin weiß das zu schätzen, allerdings nur, wenn sie Lust auf ihn verspürt. Verspürt sie kein Verlangen, benimmt sie sich ihm gegenüber ablehnend. Der schöne Adonis versucht dann alles, fährt sämtliche Zaubertricks auf, damit sie ihn sieht. Ihr Verhalten ist für ihn oft nicht nachvollziehbar und aus Verzweiflung kann er dann auch schon mal handgreiflich werden. Das ist sicher ein Grund mit, weshalb die Gute erwägt, sich von ihm zu trennen.

Es wird wieder heftig gestritten. Sie verweigert ihm abends ihr mehr oder weniger gemeinsames Lager. Da betrinkt er sich ganz fürchterlich und tänzelt laut lästernd durch die Flure, immer an ihrer Tür vorbei, und das die ganze Nacht hindurch. Bis er den Entschluss fasst, sich zu rächen.

Die von ihm so angebetete Lehrerin erwartet am nächsten Tag Besuch von ihren Kolleginnen und Kollegen aus der Schule. Sie hat sie eingeladen, was selten vorkommt, und ist deswegen furchtbar aufgeregt. Den Vormittag wischt und putzt sie, saugt Staub und hält auch uns an, den Flur von herumliegenden Sachen frei- und unsere Zimmertüren geschlossen zu halten. Mittags zieht sie sich schön an und stellt den selbst gebackenen Kuchen und das Teegeschirr auf den alten Tisch vor das nostalgische Sofa. Sie wartet angespannt mit einem Glas Portwein in der Hand auf ihr Lehrerkollegium. Ihr Nochfreund lungert betrunken im Flur

herum. Jedes Mal, wenn sie sich in die Quere kommen, hält er um gut Wetter an, aber sie zischt nur ungnädig zurück: „Lass mich in Ruhe! Verschwinde! Meine Gäste kommen gleich!"
Es klingelt. Dem schönen Adonis eine letzte Ermahnung zufauchend, öffnet sie die Haustür und begrüßt lächelnd ihre zahlreichen Kollegen; nimmt deren mitgebrachten Blumenstrauß entgegen und bedankt sich aufs Höflichste.
Indes schleicht sich der Adonis in ihr Zimmer.
Die meisten der Geladenen haben noch nie eine Wohngemeinschaft aus der Nähe betrachtet und schauen neugierig in alle Ecken. Als die Gruppe mit der Beamtin voraus in das Zimmer tritt, liegt der schöne Adonis nackt wie eine bleiche, antike griechische Statue, auf dem nostalgischen Sofa, hält seinen Wuschelkopf anmutig in der offenen Hand seines angewinkelten Armes und starrt mit verdrehten Augen träumerisch zur Decke. Anscheinend ohne zu atmen verharrt er so, als sei er wirklich aus Marmor gemeißelt. Die Gastgeberin schreit kurz in unbekannten Tönen auf und, bevor sie überhaupt Worte finden kann, erhebt sich der schöne Mann und geht ganz graziös, den Blick auf seine Geliebte gerichtet, aus dem Zimmer. Die Gemüter beruhigen sich bald. Es ertönt Roxy Music.

Tage später, morgens kurz vor sieben, komme ich von der Nachtwache und finde ihn. Er liegt in voller Montur auf seiner Matratze, nassgeschwitzt und käseweiß. Augen und Mund sind leicht geöffnet. Ich gehe mit meiner Wange ganz nah an sein Gesicht und spüre keinen Atem. Neben ihm liegen ein leeres Fläschchen Schlankheitstropfen und eine nicht ganz geschaffte Flasche Korn. Der Kasten Bier ist leer.

Seine Freundin hat nichts bemerkt, ist, wie jeden Morgen um diese Zeit, auf dem Weg in die Schule. Die Kinder weilen zum Glück beim anderen Elternteil und von den anderen Mitbewohnern ist auch keiner da.

Ich laufe zum Telefon und wähle irrtümlicherweise die Notrufnummer der Feuerwehr. Eine völlig gefühllose Frauenstimme sagt, dass sie nicht zuständig sei, und gibt mir die Nummer vom Rettungsdienst. Ich versuche es mehrmals, weil ich mich immer wieder verwähle. Als endlich einer abnimmt, werden erst einmal viele Fragen gestellt. Ich soll den Zustand des einst so lustigen Adonis beschreiben und grob schätzen, wie viel und was er alles getrunken hat.

Erst, als sie alles Wichtige erfahren haben, machen sie sich auf den Weg.

Das Warten neben dem Scheintoten kommt mir unendlich lange und grausam vor. Er reagiert auf nichts.

Die Retter lassen sich verdammt viel Zeit. Als sie endlich da sind und ihn auf die Trage hieven, zeigen sie immer noch keine sichtbare Eile. Ich soll mitfahren. Unterwegs versuchen sie mich zu beruhigen: „Es sieht meist Schlimmer aus, als es in Wirklichkeit ist."

Erst als Adonis gar nicht mehr atmen will, gibt der Sanitäter dem Fahrer vorn ein Zeichen, schneller zu fahren. Er tritt aufs Gas und stellt das Martins-Horn an. Der Helfer intubiert den Bewusstlosen, legt einen venösen Zugang und spritzt allerlei

hinein, damit er nicht wegstirbt.
Vor der Intensivstation schicken Ärzte und Pfleger mich weg; ich bin mit dem Patienten nicht verwandt. Sie sagen mir auch nicht, wie es ihm geht.
Am nächsten Tag besuchen wir ihn im Krankenhaus, die Lehrerin, ihre Schwester und ich.
Ein traurig aussehender Engel schleicht an die gläserne Tür, schaut benommen auf den Boden und sagt: „Ich will keinen mehr sehen." Dann schlurft er davon.

Nach Feierabend geselle ich mich manchmal zu den Berlinern, um noch etwas Abwechslung zu haben. Das Paar freut sich immer, wenn ich komme, denn dann bringe ich Tabak und Trinken mit und sie können, auf ihren indischen Tüchern liegend, mir von Berlin vorschwärmen; von den Läden dort, der Musik und der abgefahrenen Mode. In solchen Momenten betont der Jammerfreak immer und das in herablassendem Ton, wie „bescheiden" es sich doch in unserem kleinen Kaff lebe. „Provinz!"
Nie haben sie Geld. „Wenn wir Geld hätten, würden wir in den Süden fahren, in die Sonne, dann bräuchten wir ganz sicher kein Heroin mehr." Sie tragen dabei eine Leidensmine zur Schau, die mir, nach einer hart durcharbeiteten Schicht, völlig unverständlich ist.

Die theoretische Führerscheinprüfung ist bestanden. Während der praktischen Fahrstunden legt der Ex-Bundeswehr-Soldat von Fahrlehrer seine Hand auf mein

Knie, wenn er mir etwas erklären will, oder berührt meinen Hinterkopf an der Kopfstütze. Ich protestiere nicht, aus Angst, er könne mir noch weitere Fahrstunden aufbrummen.
Die Fahrprüfung bestehe ich nicht beim ersten Mal. Der Prüfer meint: „Schade, den Rückspiegel scheinen Sie wohl nur zum Schminken zu benutzen!"
Beim zweiten Mal klappt es mit dem Autofahren anstandslos. Nur das Motorradfahren bereitet mir Mühe. Die zwei Fahrstunden auf dem Supermarkt-Parkplatz haben nicht gereicht, um das Schalten in eine höhere Gangart zu erlernen. Deshalb wage ich nicht höher als in den zweiten Gang zu schalten und das auf der Autobahn, zum Glück dem Prüfer hinterher.


Bei meinen Eltern lasse ich mich lange nicht blicken. Sie wissen nicht, wo ich wohne und mit wem ich verkehre. Solange ich eine fleißige Hebamme bin, ist die Welt für sie in Ordnung.
Mein Vater hat alle Briefe meiner Cousine aus Amerika abgefangen, geöffnet, gelesen und vernichtet. Ein schlechtes Gewissen hat er deswegen nicht. Im Gegenteil, er fühlt sich als mein Retter; beschuldigt die Cousine, mich ans Haschen gebracht zu haben. Er wolle nur verhindern, dass ich auch auf die „schiefe Bahn" gerate.


In ruhigen Nachtdiensten schleiche ich durch die Labyrinthe

unseres sich ständig im Umbau befindlichen Krankenhauses und besuche die anderen Nachtwachen auf ihren Stationen; trinke Kaffee und rauche Zigaretten mit ihnen, indes sie mir den neusten Krankenhaus-Tratsch erzählen.
Die Entbindungs-Abteilung liegt einsam im Operationstrakt und es herrscht, wenn nicht gerade eine Geburt läuft, friedliche Stille.
Sobald sich die diensthabende OP-Schwester und der Stationsarzt in ihre Bereitschaftszimmer verzogen haben und der Chefarzt seinen allabendlichen Anruf getätigt hat, bin ich ganz allein auf der großen Etage.

Ich liege auf der Trage, um Schlaf nachzuholen. Da höre ich, wie sich die Doppeltür zum Kreißsaal öffnet und einer leise in die Räume schleicht. Durch die Milchglasscheibe sehe ich einen verzerrten Schatten. Nicht ohne Angst stehe ich auf, um nachzusehen. Ein älterer Herr mit offenem Morgenmantel schlurft schlaftrunken an mir vorbei und zielstrebig in die hinterste Ecke des Entbindungsraumes. Dabei schaut er immerzu auf den Boden, als suche er etwas Bestimmtes. Gerade will ich ihn fragen: „Was haben Sie denn hier zu suchen?" Da streift er auch schon seine Schlafanzughose herunter, hockt sich, mit einer Hand am Heizkörper festhaltend, auf die Fliesen und macht, in sehr geräuschvollen Tönen, einen großen Haufen dahin. Als die Sache für ihn erledigt ist, zieht er seine Hose wieder hoch und verschwindet gemächlich durch die Tür ins Treppenhaus. Ich rufe ihm hinterher: „Was soll denn der Scheiß!?" Doch der Alte hört mich nicht, läuft einfach weiter und lässt mich mit seinem stinkenden Haufen allein.

An einem anderen ruhigen Abend im Kreißsaal klingelt das Telefon. Die Säuglingsschwester ist dran, schreit in den Hörer: „Ein Kind hat aspiriert und atmet nicht mehr! Es muss abgesaugt werden und ich finde die Scheiß-Absauger nicht! Die sind anscheinend alle verbraucht! Kannst du nicht schnell kommen?"
Ich sage sofort unten in der Zentrale Bescheid, wo ich zu finden bin, schnappe mir einige der sterilen Schläuche und rase damit zum Aufzug. Es dauert, wie immer, eine Ewigkeit, bis der schwerfällige Kasten endlich angetuckert kommt und erst recht, bis sich die Tür öffnet und sich irgendwann hinter einem wieder schließt. Aber es geht schneller, als durch die endlosen Flure zu laufen.
Im Kinderzimmer läuft die Säuglingsschwester mit dem blau angelaufenen, schlaffen Baby im Arm, kopflos hin und her. Ich packe schnell einen Absaugkatheter aus und stöpsle ihn an den Gummischlauch des Sauerstoffgerätes. Die Schwester legt den leblosen Jungen auf den Wickeltisch und stellt das Gerät ein. Doch es tut sich nichts. Die Sauerstoffflasche ist leer! Wir starren uns entsetzt an. Der Wartungsdienst muss das Kinderzimmer total vergessen haben! Auf einem kleinen Papierschildchen am Flaschenhals steht ein längst überfälliges Datum.
Ich nehme das Schlauchende in den Mund und sauge so den Schleim ab. Das Kind reagiert auf diese unangenehmen Reize

nicht mehr. Seine Augen sind weit geöffnet, die Nase und der Mund blau gesprenkelt und darunter die Haut weiß. Seine kleinen Händchen fühlen sich eiskalt an. Im Reanimationswagen liegen verschiedene kleine Masken, eine davon stecke ich zittrig auf den Beatmungsbeutel. Alles das, was ich im Hebammen-Unterricht gelernt habe, krame ich mir aus dem Gedächtnis, um es jetzt - hoffentlich richtig - anzuwenden. Es ist zu spät.

Ich trage keine Schuld am Tod des Kindes, dennoch fühle ich mich irgendwie mitschuldig. Tage später erfahren wir, dass das Kind an einem „Plötzlichen Kindstod" gestorben ist. Die Kinderschwestern kontrollieren die Geräte jetzt alle Naselang, was nicht verhindert, dass einige Monate später ähnliches passiert. Nur stirbt dieses Kind nicht am „Plötzlichen Kindstod", sondern wirklich an seinem Erbrochenen. Die Säuglingsschwester sitzt derweil auf einer anderen Station und trinkt einen belebenden Kaffee.

In solch turbulenten Nachtstunden kann es auch schon mal vorkommen, dass meine Mitbewohnerin, die liebe OP-Schwester, plötzlich in der Kreißsaaltür steht und Valium von mir verlangt. Ihr Geliebter steht im Treppenhaus und krallt sich, vom LSD dem Wahnsinn nahe, am Geländer fest.
„Um wieder runterzukommen".
Sie spritzt es ihm routiniert intramuskulär zwischen Tür und Angel.

Der Jammerlappen aus Berlin hat Geburtstag. Und, weil er wieder einmal keinen Stoff hat und einen „Affen schiebt", bringe ich ihm, als Gag für seine kleine Feier, ein Kurznarkosemittel samt dazugehöriger Gummimaske aus dem Kreißsaal mit. Ich weiß, wie die Frauen während der Geburt auf das widerlich süß riechende, gelbe Zeug reagieren. In der geselligen Geburtstagsrunde löst die Anwendung schallendes Gelächter aus. Die „Harten" unter uns können von dem kurzen Turn nicht genug kriegen und schnuppern immer wieder an der Maske, bis sie gelbe, verklebte Mäuler haben.

Medikamentenmissbrauch im Krankenhaus kommt relativ häufig vor. Das Personal versorgt sich direkt am Arbeitsplatz. Die Obrigkeit weiß in einigen Fällen Bescheid und duldet es stillschweigend. Auch Alkohol wird konsumiert. Meine liebe OP-Schwester schafft in einer Frühschicht, zwischen den Operationen, in denen sie assistiert, eine Flasche Gin, ohne dass es ihr einer anmerkt. Einige Ärzte müssen nachts, wenn ein Patient kommt, mehrere Male und früh genug geweckt werden. Jeder von uns weiß das. Selbst die höchsten „Götter in Weiß" fahren nach einem geselligen Abend bei mehreren Gläsern guten Weines noch mit dem Auto zum Kaiserschnitt. Und wenn sie nicht mehr gerufen werden wollen, trauen sie ihren jungen Assistenzärzten mehr zu, als diese sich selbst.

Ich komme vom Spätdienst. Die Berliner sind leider nicht zu Hause. Nur die „rote Lehrerin" sitzt in ihrem Zimmer. An Wochenenden ist sie nicht gern allein, deswegen lädt sie mich, bevor ich eigene Pläne schmieden kann, gleich zu sich ein.
Wir sitzen gemütlich auf ihrem nostalgischen Sofa und kiffen, trinken Portwein und lauschen Musik. Schon bald höre ich ihre angenehme Stimme sagen: „Du hast aber schöne Wimpern!" Da bleibe ich die ganze Nacht und auch die nächste.
In der Woche möchte ich wieder zu ihr, nur ganz kurz, aber sie will nicht gestört werden. An ihre Zimmertür gelehnt, denke ich: „So muss sich der arme Adonis gefühlt haben." Wie er trommele jetzt ich gegen ihre verschlossene Zimmertür. Wie er, immer wütender werdend. Sie reagiert überhaupt nicht. Auch nicht, als ich noch meine Füße zur Hilfe nehme und die Tür fast eintrete.
Ohne Erfolg, den ich mir mittlerweile auch nicht mehr wünsche, ziehe ich grollend ab.

Die liebe OP-Schwester hat einen neuen Freund und ich kein Auto mehr, weil der junge Mann es benutzt. Ich beschließe, einen Kredit aufzunehmen und mir ein eigenes zu kaufen.

Das einzige, was an dem alten Käfer nicht funktioniert, ist die Tankanzeige. Der Autoverkäufer versichert, dass mehr als genügend Sprit drin ist, um nach Hause zu kommen. Ziemlich aufgeregt wegen des ersten eigenen Autos, fahre ich vom

Gelände der Firma Richtung Innenstadt. Mitten auf der belebtesten Kreuzung bleibt das gute Stück stehen. Ein aggressives Hupkonzert beginnt und bringt mich total aus der Fassung. Der Fahrer hinter mir steigt aus und schiebt meinen Wagen von der Fahrbahn. Von der Plackerei sichtlich erschöpft, gibt er mir den guten Rat, es doch einmal mit Benzin zu versuchen. Ich entschuldige und bedanke mich etliche Male und marschiere zum gegenüberliegenden Kaufhaus, um mir erst einmal einen Kanister zu kaufen. Von dort, quer durch die Stadt, zur nächsten Tankstelle und wieder zurück. Mittlerweile hoppeln dutzende, neugierig gewordene und völlig furchtlose Kaninchen um meinen Wagen herum und schnuppern während des Tankens frech an meinen Hosenbeinen.

Von dem Autokredit bleibt noch soviel Geld übrig, dass ich mein überzogenes Konto ausgleichen kann, das durch den Kauf der Stereoanlage, der vielen Klamotten und Drogen ziemlich ins Minus geraten ist. Jetzt sehen meine Finanzen wieder gut aus, nur, dass ich jeden Monat dreihundert Mark weniger zur Verfügung habe.

Abends sitze ich bei den Berlinern im Zimmer und begieße mit ihnen mein neues Auto. Sie fragen mich: „Hast du nicht mal Lust, mit nach Berlin zu kommen? Wir könnten dir die Stadt zeigen. Das Benzingeld teilen wir uns, in ein paar Tagen haben wir wieder Geld. Die Unterkunft kostet nichts, wir kennen so viele Leute da."

Ich freue mich und sage: „Ja, klar!"
Am nächsten Freitag fahren wir los. Das angeblich noch kommende Geld kommt natürlich nicht. Ich habe mich auf die Fahrt gefreut und möchte nur weg. Gleich um die Ecke beim Kiosk kaufe ich dem Berliner sechs Flaschen Bier, damit der leidende Gesichtsausdruck aus meinem Rückspiegel verschwindet.
Die Leute erzählen immer von der schrecklich maroden Transitstrecke, die durch die Deutsche Demokratische Republik führt. Ich finde sie abenteuerlich. Am Straßenrand stehen in regelmäßigen Abständen zum Bersten vollgepackte Kleintransporter. Die türkischen Gastarbeiter der BRD machen Rast, essen und unterhalten sich mit ihren Landsleuten. Das Ganze hat was Orientalisches.
In Berlin muss ich höllisch auf den Straßenverkehr achten. In Schöneberg angekommen bin ich heilfroh, das Auto endlich in einer Nebenstraße abstellen zu können.
Wir gehen in ein ziemlich renovierungsbedürftiges Reihenhaus aus dem letzten Jahrhundert und steigen fünf Stockwerke auf einer alten Holztreppe mit verschnörkeltem Geländer hinauf. In der Zwei-Zimmer-Wohnung unter dem Dach stehen keine Möbel, nur Matratzen mit schmuddeligem Bettzeug liegen auf dem Boden. Verblichene Übergardinen hängen an den schon eine Ewigkeit nicht mehr geputzten Fenstern.
Der Berliner kratzt sich am ganzen Leib und macht überhaupt einen noch jämmerlicheren Eindruck als zu Hause. Er leiht sich fünfzig Mark von mir, damit er was besorgen kann. Wir

beiden Mädchen richten in der Zwischenzeit das Nachtlager so gut es geht ein und warten. Warten, warten.

Nach ungefähr vier Stunden kommt der Yankee, mit Heroin nur so vollgepumpt, zurück, was seine Freundin fuchsteufelswild macht, weil sie mittlerweile auch schon stark an Entzugserscheinungen leidet. Nach lautem Streit zeigt er das Päckchen und was noch übrig geblieben ist. Seine Freundin teilt es in zwei kleine Häufchen.

Nur, um es auch einmal auszuprobieren, mitreden zu können, fordere ich meinen Anteil und ziehe ihn mit einem gerollten Zwanziger durch die Nase. Die beiden Anderen finden das verschwenderisch.

Ein widerlich bitterer und beißender Geschmack kriecht an meiner Rachenwand den Hals hinunter und verteilt sich gleichzeitig auch nach oben in die Nase, verwandelt sich dort zu einem fast schmerzhaften Kribbeln, das mir in die Augen steigt und sie zum Tränen bringen. Dieses unangenehme Prickeln kriecht weiter nach oben, bis unter meine Schädeldecke, wo es regelrecht tobt. Nase und Rachen werden langsam taub. Jetzt kribbelt es in meinen Adern, so, als würden tausende von Stecknadeln mich stechen. Allmählich weicht dieser unbekannte Schmerz einem wohligen Gefühl, das sich im ganzen Körper ausbreitet und mich hundemüde macht. Ich kann meine Augen nicht mehr aufhalten, überhaupt nichts dagegen tun und schlafe tief und fest ein. Erst am nächsten Morgen wache ich wieder auf; durch meine volle Blase und durch das nervöse Auf- und Abgehen des Berliners, der schon wieder einen neuen Schuss

braucht. Seine ältere Gefährtin tut so, als habe sie das Zeug nicht so dringend nötig; macht ihn aber ganz gezielt scharf drauf. Beide schaukeln sich gegenseitig hoch.
Gemeinsam gehen wir zum Geldautomaten. Ich hebe von meinem Konto dreihundert Mark ab und bezahle das Frühstück.
„Das gute Gift ist vielleicht schon nicht mehr zu kriegen", meinen sie. „Es ist nur wenig davon auf dem Markt, man muss sich beeilen, um noch ein Päckchen zu bekommen." Fünfzig Mark Anzahlung will der Dealer haben, den Rest können wir später zahlen. „Kannst du uns nicht noch einen Fünfziger vorstrecken?"
Ich lehne das erst ab.
Der Jammerlappen ist kaum auszuhalten, besonders, wenn er nichts intus hat. Abends wollen wir „gut drauf" ins Chez Romy Haag gehen. Das schlagen die Beiden mir vor, weil sie wissen, dass ich auf so etwas stehe und dass es mich umstimmen wird. In meiner Euphorie gebe ich ihnen das Geld.
Diesmal verhalten sie sich so, als gehöre der Stoff allein ihnen und ich hätte mich gefälligst anzupassen.
„Entweder du machst mit oder du lässt es sein."
Mir würde ein kleiner Joint genügen, um mit einem „guten Feeling" ins Romy Haag zu gehen, aber davon wollen die Berliner nichts wissen. Kiffen ist nicht unbedingt des Junkies Ding.
Erst kocht sich der Junge auf einem eigens dafür mitgebrachten Suppenlöffel seinen Teil. Zieht ihn durch

Watte in eine Plastikspritze und verschwindet damit außer Sichtweite. Nach zehn Minuten kommt er wankend zurück und hockt sich wieder über die Kerze, um den nächsten Schuss vorzubereiten.
Der soll für mich sein. Das Mädchen meint: „Besser ist, wenn noch einer klar bleibt, falls du schlapp machst."
Ich will nicht; möchte am liebsten an einen anderen Ort.
„Stell dich nicht so an, du bist doch mit nach Berlin gekommen, um was zu erleben!" Sie fängt an zu nerven. „Jetzt entscheide dich endlich!"
Ich will nicht. Daraufhin spritzt der Junge seiner Freundin das Zeug. Sie wirft den Kopf in den Nacken, gleitet auf die Matratze und sagt nichts mehr. Nach zehn Minuten steht sie auf, als sei nichts gewesen.
Nach einer ganzen Weile bekomme ich Hunger. Die zwei liegen aneinandergekuschelt auf dem Bett und wollen nichts; können angeblich nichts runterkriegen.
Ich gehe hinunter auf die Straße und kaufe in einem kleinen Laden Kekse und Cola, die wir dann doch gemeinsam vertilgen.
Abends schminken wir Frauen uns für das Transvestiten-Lokal und ziehen uns auch dementsprechend an. Der junge Mann bereitet sein Besteck auf dem Fußboden vor, teilt den Rest aus dem Tütchen in drei Teile und gibt sich den ersten Schuss. Dann komme ich. Sie hält mich fest. Es ist schlimm. Das Kribbeln. Der Schmerz. Alles wie beim ersten Mal, nur viel intensiver und viel unangenehmer. Ich frage mich noch, was daran so toll sein soll, wie man davon süchtig werden

kann und schwöre bei Gott, das nie wieder zu tun, bevor ich nach hinten kippe und fest einschlafe.

Stunden später im Tanzlokal kann ich meine Augen immer noch nicht aufhalten und nehme die schönen Menschen um mich herum nur verschwommen wahr. Es ist ein Gefühl, als sei nur mein Körper anwesend, ich selbst in weiter Ferne. Stimmen sagen: „Mein Gott, sieht die „zu" aus!"

Am nächsten Tag fragt der Berliner mich wieder nach Geld. Ich schlage seine Bitte aus. Für eine Flasche Wein und Benzin reicht mein Geld noch. Auf der dunklen Fahrt nach Hause herrscht außer gelegentlichem Stöhnen und Gejammer von hinten Stille.

Ich habe die Nase voll von der WG. Adonis ist weg. Die liebe OP-Schwester ist über beide Ohren in ihren neuen Typen verknallt und verbringt ihre freie Zeit auf der Matratzenlandschaft. Zu dem stillen Studenten fühle ich mich nicht hingezogen. Der Lehrerin gehe ich aus dem Weg und den Yankees erst recht.

Jetzt verbringe ich auch in der Woche viel Zeit in der Diskothek.

Einmal schleiche ich durch die Gänge dort, im Dämmerlicht, auf der Suche nach bekannten Gesichtern, da kneift mich plötzlich etwas in die Brust. Ich habe denjenigen ausgemacht und schaue in die Augen einer Marlene Dietrich. Ein kurzes Lächeln mit Schlafzimmerblick. Dann wendet sie sich wieder ihrem Begleiter zu, einem lockenköpfigen Vierziger, in knallrotem Rollkragenpullover und Latzhose.

Wie hypnotisiert stelle ich mich einige Meter von ihr entfernt an die Theke und bestelle ein alkoholisches Getränk. Ich kann den Blick nicht von ihr wenden.
Als wir ins Gespräch kommen, verzaubert sie mich mit ihrer tiefen, so melodisch klingenden Stimme vollends, und es dauert nicht lange und wir küssen uns in aller Öffentlichkeit. Der Dauerwellen-Kopf, ein angehender Therapeut von der Uni, ist nicht ihr richtiger Lebenspartner, sondern eher ihr Fels in der Brandung. Sie hat ihn nach ihrem letzten Entzug - insgesamt waren es sieben - in einer Klinik kennen und lieben gelernt. „Solange ich clean bin, darf ich bei ihm wohnen."

Bald besuchen die beiden mich in meinem WG-Zimmer. Der Lockenkopf macht auch gleich eine fachmännische Bemerkung über mein dunkles Zimmer. Sie lacht ihre über alles erhabene, tiefe Lache.
„Wir glauben, dass du trotz der vielen Menschen um dich herum einsam und unglücklich bist. Und, dass du unbedingt aus diesem Haus raus und von den versoffenen Mitmietern weg musst." Sagt der Therapeut, und im selben Atemzug: „Ich kann einen großen Bauernhof mieten, suche nur noch einen finanziell unabhängigen Mitmieter. Zu dritt wäre der Hof ideal!"
Ich mag zwar meine Mitbewohner nicht, aber deren vielen Gäste und die spontanen Feste im Haus dagegen sehr. Ich will es mir überlegen.

Ich muss wegen einer bevorstehenden Party den Tag danach

frei oder zumindest Spätdienst bekommen, deshalb versuche ich mit einer Kollegin zu tauschen. Diese hat leider an diesem Abend ebenfalls etwas vor und will nicht. Da fällt mir nichts Besseres ein, als mir noch rechtzeitig einen Zahn ziehen zu lassen. Einen, der wirklich behandlungsbedürftig ist, aber nicht weh tut.
Noch während des Dienstes mime ich heftige Zahnschmerzen und sage: „Ich muss unbedingt zum Zahnarzt."
Der Doktor würde meine Zahnruine noch mit großem Aufwand flicken, wäre da nicht das Wochenende für ihn und die Party für mich.
Nach der Extraktion rufe ich im Kreißsaal an, schildere der Hebamme mit jammervoller Stimme mein Drama und bitte sie unter unsichtbaren Tränen, mich am nächsten Tag doch Spätdienst machen zu lassen, worauf sie sich zähneknirschend einlässt.
Mit einigen Schmerztabletten, Alkohol, etlichen Joints und netten Leuten überstehe ich die turbulente Nacht relativ gut. Erst in den frühen Morgenstunden fängt die Wunde an zu pochen und zu schmerzen. Die Backe wird immer dicker. Ich lege mich, völlig fertig, noch für die wenigen Stunden ins Bett, und als der Wecker gegen Mittag klingelt, fühle ich mich hundeelend, richtig krank.
Das erste Mal in meinem Berufsleben mache ich blau und gehe nicht zur Arbeit. Die Kollegin mag es nicht glauben und wettert ins Telefon: „Das kann doch nicht wahr sein!" Mit einer guten Portion Restalkohol im Blut schleppe ich mich zum nächsten praktischen Arzt, der mich ohne zu zögern

gleich für die ganze Woche krankschreibt.

Meine Gedanken kreisen fast ausschließlich um Marlene Dietrich und natürlich auch um ihren Begleiter, dem ich wegen des Bauernhofes eine Zusage gemacht habe. Noch ist es nicht soweit. Die beiden sind oft und intensiv mit sich selbst beschäftigt, dass ich mich überflüssig fühle und zu den anderen, mir bekannten Discobesuchern gehe.
Da ist der alte Berliner, mit seinen langen schwarzen Haaren, wie ein Indianer, nur mit zu kurzen Beinen. Gerade aus dem Gefängnis entlassen, lebt er jetzt mit Freunden auf dem Lande. Ich höre ihm gerne zu, wenn er seine spannenden Knast-Geschichten am Tresen erzählt.
Als ich ihn das erste Mal zu Hause besuche, fragt er: „Willst du mit nach Berlin? Was abholen? Ich sage sofort „Ja", denn ich habe Urlaub und von Berlin nicht viel gesehen.

Der Indianer parkt seinen alten Opel in einer gepflegten Gegend mit schönen Häusern. Das Wetter ist herrlich. In einem modern eingerichteten Apartment ziehe ich mir mein indisches Kleid und die flachen Jesuslatschen an, mit denen ich den Indianer immer noch um eine Kopflänge überrage.
Wir schlendern den Kurfürstendamm entlang, bummeln durch Nebenstraßen und schauen in die Fenster verrückter Läden. Bis wir vor einer Postfiliale stehenbleiben und der Indianer mich bittet, draußen zu warten. Kurze Zeit später kommt er mit einem kleinen Paket zurück. Im Apartment öffnet er es unter größter Vorsicht und brummt dabei: „Dafür

habe ich fast zwei Jahre im Bau gesessen!" Unter diversen Schichten von Packpapier holt er einen dicken, braunen Briefumschlag hervor und öffnet ihn. Mindestens ein Pfund Morphium pur.
Gott sei Dank schnieft der Indianer nur. Trotzdem, die Wirkung ist ähnlich wie beim letzten Mal; versetzt mich wieder in einen komaähnlichen Zustand.
Der kleine Indianer liegt neben mir auf dem Bett und hat mit mir geschlafen. Mit einem leblosen Körper.
Jetzt schreit er meinen Namen: „Mach bloß keinen Ärger! Aufwachen!"
Ich kann nichts machen, schlafe weiter, stundenlang, tief und fest.
Als ich aufwache, sitzt er am Küchentisch und hackt sich eine Linie. Er hat gekocht und bereits gegessen. Gleich geht es wieder zurück.


Neben der schönen Marlene steht ein hübscher junger Mann, mit dem ich notgedrungen ins Gespräch komme, weil sie sich wieder ihrem Lockenkopf zuwenden muss, um irgendwelche Probleme zu lösen. Jedesmal, wenn ich sie sehe, wird mir ganz flau.
Der Hübsche erzählt, seine Freundin habe ihn verlassen und er wisse noch nicht, wohin. Ich nehme ihn mit zu mir in die WG. Nachdem er sich in meinem Zimmer eingenistet hat, zieht er meine Hosen an und benutzt auch unser gemeinsames Telefon, ganz selbstverständlich und das stundenlang, um auf

seine Verflossene einzureden.
Ich mag ihn. Er ist wie ein guter Freund, der Hilfe braucht.

Tage später liegt der große Junge auf meinem Bett und heult. Angeblich muss er ins Gefängnis, weil er seine Bankschulden nicht bezahlen kann. Es sei denn, er bringt binnen vierundzwanzig Stunden eine Anzahlung von neunhundert Mark hin. Ich gebe ihm das Geld, obwohl ich es nicht habe und auch genau weiß, dass ich es nie wiederbekomme.

Bei den vielen Anrufen, die meinem hübschen Zimmergenossen gelten, ist es kein Wunder, dass ich bald auch seine ehemalige Freundin am Apparat habe. Wir sind uns auf Anhieb sympathisch. Jetzt quatschten wir stundenlang miteinander und der Junge neben mir wird manchmal eifersüchtig. Allerdings grundlos, denn meine Gedanken sind bei Marlene, die ich jetzt regelmäßig besuche.

Wenn der Therapeut nicht zu Hause ist, ruft die schöne Marlene mich an. Auf seiner großen Flokatiwiese erzählt sie mir von ihrer harten Drogenvergangenheit. Dass sie sich mit dreizehn prostituieren musste, um das viele Heroin bezahlen zu können. Beim letzten Absturz habe der Lockenkopf sie aufgefangen. Ob das so gut war, bezweifelt sie.
Der auf jung machende Vierziger leidet öfter an Depressionen. Seine trübe Stimmung zieht dann durch die ganze Wohnung und infiziert uns. Ich fahre meist sofort weg. Nach einem mehrtägigen Tief geht es ihm dann wieder gut.

Fast schon zu gut. Dann dreht er seine Musik auf und tanzt durch die Räume. Alle sollen glücklich sein.

Die von mir angebetete Marlene ist ebenfalls ein wechselhaftes Wesen. Wenn ihr Heiler außer Haus ist, verhält sie sich mir gegenüber aufgeschlossen und warmherzig. Manchmal wirkt sie sogar fröhlich und lustig. Ist er da, klebt sie ihm steif an den Hacken und wiegt jedes ihrer jetzt hochtrabenden Worte genau ab, als wolle sie sich mit ihm auf eine Ebene begeben. Mich sieht sie dann nicht mehr.

Der Lockenkopf mietet den Bauernhof, obwohl er weiß, dass Marlene wieder rückfällig geworden ist. Doch bevor wir da einziehen können, muss noch einiges daran gearbeitet werden. Während dieser Zeit wohne ich schon bei den beiden, in deren Drei-Zimmer-Wohnung, denn mein braunes Zimmer in der WG ist bereits weitervermietet.
Ich wünsche mir, bei Marlene Dietrich im Bett schlafen zu dürfen.
Wenn nicht gerade der Therapeut zu ihr will, lässt sie mich auch. Doch meistens weile ich allein in der kleinen Dachkammer und glaube genau zu wissen, wie sich eine Depression anfühlt.
Der Lockenkopf renoviert den Hof so ziemlich allein und nimmt sich auch die schönsten Zimmer. Ich bekomme zwei kleine, aneinandergrenzende Räume mit Schräge, die weiß bleiben, weil der Therapeut keinen anderen Farbton zulässt.
Nachts krabbeln Mäuse im dunkelbraun gestrichenen

Türrahmen und unter den Dielen. Sie hinterlassen ihre Machenschaften auf dem braunen Teppich, fast unsichtbar.
Die Zimmer sind viel zu klein für das mittlerweile arg lädierte französische Bett. Und für die kühlschrankgroßen Lautsprecherboxen vom Bruder mit der Brille, die er mir für ein Heidengeld aufgeschwatzt hat, findet sich auch kein optimaler Standort. Ins vordere Zimmer passt gerade mal der wurmstichige Kleiderschrank vom Trödler, dem ich die Löcher mit brauner Farbe zuschmiere.
Zum Einzug schenkt der Indianer mir ein kleines Katzenbaby, das gleich die großen Kübel mit den riesigen Fächerpalmen meines Vermieters als Klo benutzt und es nicht lange dauert und diese üble Anzeichen des Sterbens zeigen.
Um meinem kleinen Tiger eins auszuwischen, oder um sich selbst einen Kindheitstraum zu erfüllen, kauft der angehende Therapeut sich einen jungen Hund, reinrassig und nicht billig. Einige Tage später schleppt Marlene Dietrich, sichtlich vollgedröhnt, einen schwarzen Mischlingswelpen an. Die drei jungen Tiere vertragen sich bestens. Mein kleiner Kater nuckelt stundenlang an deren kleinen Genitalien, im Glauben, es seien die Zitzen seiner Mutter, bis die Bäuche rot und wund sind und der Therapeut seinem Hund Pampers anlegt.

Wir zwei Frauen sitzen in der Küche, als der Postbote klingelt. Der uniformierte Mann heult fast, denn seine Ehefrau hat ihn vor die Wahl gestellt: „Entweder der Schäferhund kommt weg, oder ich lasse mich scheiden!" Marlene Dietrich meint mit ihrer verschlafenen, tiefen

Stimme: „Bring den Hund doch zu uns, hier auf dem Hof ist Platz genug!" Ich habe Bedenken wegen meines Schichtdienstes und außerdem will ich mich nicht noch mehr abhängig machen; der kleine Kater verlangt schon Anwesenheit genug. Nach langem Hin und Her entscheiden wir uns aber doch für den Hund. Um keinen Ärger mit dem Lockenkopf zu bekommen, soll ich sagen, dass es mein Hund ist. Der Postbote zieht überglücklich ab und bringt kurze Zeit später den Hund. Das nervöse, immerzu hechelnde Tier sitzt mit gespitzten Ohren neben mir und schielt unentwegt zum kleinen Kater. Der kann sich, Gott sei Dank, immer rechtzeitig in Sicherheit bringen, doch die beiden Hundewelpen haben es da schwerer. Wir hören sie draußen auf der Diele quieken; glauben aber, dass eine erwachsene Hündin einem Jungtier nichts antut, wegen des sogenannten „Welpenschutzes".

Was erst spielerisch anmutet, ist bald blutiger Ernst. Nachts sollen alle Tiere auf die Diele, so will es der Lockenkopf, um den Wohnbereich sauber zu halten. Als ich morgens als Erste, noch schlaftrunken, durch die Diele zum Bad schlurfe, sehe ich Blutspritzer auf dem Steinboden. Ein großer Kreis, wie mit einem Zirkel gezogen, und mitten drin Marlenes schwarzer Mischling, auf der Seite liegend, nass von Speichel und eigenem Blut. Totgehetzt.
Der Therapeut nimmt es gelassen hin; vielleicht sogar erleichtert, weil Marlene sich nicht um ihren Hund gekümmert hat.

Zwei Wochen später liegt sein Welpe in der Diele. Die Bestie hat das gleiche Spiel mit ihm getrieben. Sein Besitzer weint und brüllt den großen Hund an, möchte ihn am liebsten erschlagen, doch das macht den Kleinen nicht wieder lebendig.
Ich fühle mich schuldig und hoffe sehr, dass der Lockenkopf eine Lösung findet. Doch wider Erwarten gibt er dem großen Hund noch eine Chance.
Marlene Dietrich interessiert das alles herzlich wenig, die Drogen haben ihren Kopf wieder vollends eingenommen.
Auch als eine verheerende Schneekatastrophe das normale Leben in unserer Provinzstadt lahmlegt, wir drei schon bald nichts mehr im Kühlschrank haben, weigert sich Marlene vehement, mit uns zum nächstliegenden Supermarkt zu marschieren. Als Begründung gibt sie an: „Ich habe ja eh keine Kohle." Der verärgerte Therapeut und ich staksen mit geschulterten Rucksäcken durch die hohen Schneedünen zum nächsten Einkaufszentrum. Den Weg zurück glaube ich nicht zu schaffen.
Die beiden Hebammen, die in dieser Zeit in der Klinik Dienst schieben, können wegen des Wetters von keiner Kollegin abgelöst werden und beklagen sich über allgemeine Erschöpfung.
Die kleine Straße und der lange Zufahrtsweg zu unserem Hof sind vor lauter Schnee nicht zu erkennen und werden vom Straßendienst auch nicht geräumt. Nach einer Woche beruflicher Zwangspause und engstem Zusammensein mit meinen Mitbewohnern klingelt das Telefon - ausnahmsweise

liegt der Apparat mal nicht zwischen zwei Kissen in der Mülltonne, wie der Therapeut es wünscht, um nicht gestört zu werden -. Die Oberin des Krankenhauses ist dran. Ich möchte doch bitte meine Sachen packen und mich auf einige Tage einstellen. Kurze Zeit später arbeitet sich das Technische Hilfswerk in Form eines riesigen Kettenfahrzeuges zu uns durch und holt mich weg aus dieser immer angespannteren Stimmung.


Nach langer Zeit besucht mich der lange Schlaksige, mein ehemaliger Freund, wieder. Mit üppiger Dauerwelle über breiter gewordenen Schultern. Jonas hat er nicht dabei. „Der ist bei meinen Eltern auf dem Dachboden." Dafür überreicht er mir eine kleine, nett verzierte Haschpraline. Wir versöhnen uns und tauschen unsere Erlebnisse aus. Beim Abschiednehmen ermahnt er mich noch einmal: „Das kleine Prachtstück hat es in sich!"

Ich muss noch arbeiten, deswegen verstecke ich die Kostbarkeit unter meinem französischen Ehebett hinter der lockeren Fußleiste, damit Marlene sie nicht findet. Seitdem sie wieder „drauf" ist, weiß man nie.

Als ich am nächsten Morgen fröhlich das Haus betrete, kommt sie mir grinsend und mit knallroten Schlafzimmerblick-Augen entgegen.

„Du weißt doch, nichts ist vor mir sicher!", gurrt sie mir mit erotisch tiefer Stimme ins Ohr und tätschelt dabei meine Wange, was mich augenblicklich milde stimmt.

Es gibt Zeiten, in denen Marlene gute Vorsätze hat.
Dann will sie unabhängig werden, arbeiten, einen Führerschein machen.
„Für den Führerschein kann ich ja schon mal üben", sagt sie am Frühstückstisch. „Kannst du mir das nicht beibringen?"
Wir fahren mit meinem VW-Käfer an eine einsame Stelle und wechseln die Plätze. Ich brauche ihr gar nichts zu erklären, sie weiß alles besser und fährt die Feldstraße auch ganz normal. Ich passe nicht auf, als vor uns eine schmale Brücke auftaucht und dahinter ein Traktor. Es geht alles ganz schnell. Anstatt anzuhalten und das entgegenkommende Fahrzeug durchzulassen, gibt meine Freundin Gas. Zwei Verkehrsschilder knicken nacheinander zur Seite. Das erste trägt den Hinweis auf eine verengte Fahrbahn, das zweite den Namen des kleinen Flusses. Auch eine Stange des Brückengeländers hält der Wucht des Wagens nicht stand und bricht weg, lässt uns quasi passieren. Erst nach dem Aufprall aufs Wasser kommt der Wagen notgedrungen zum Stillstand, obwohl Marlene immer noch Gas gibt. Auf der Seite liegend gluckern wir langsam immer tiefer in die grün-braune Brühe. Nachdem wir unsere Lage begriffen haben, stoßen wir die nach oben führende Fahrertür auf. Ich krabbele ordnungshalber zuerst hinaus. Das Wasser ist kalt und reicht mir bis zur Brust. Um wenigstens meinen Tabak zu retten, wate ich mit erhobenen Händen ans Ufer, wo der Treckerfahrer im Gras hockt und immerzu den Kopf schüttelt.
„Wie konnte das nur passieren? Wie konnte das nur

passieren?"
Der Bauer ist so durcheinander, dass er uns erst einmal mit zu sich nach Hause nimmt. Von dort aus rufe ich meinen jetzt ältesten Bruder an, den Autoschlosser.
Bauer und Bruder müssen, um das Auto wieder auf die Räder zu stellen, in das kalte, stinkende Flusswasser steigen. Mit mehreren „Hau Rucks" schaffen sie es dann, den Wagen zu kippen. Mein Bruder taucht mit dem Kopf unter, um das Abschleppseil irgendwo unter der Stoßstange anzubringen. Obwohl die Situation nicht gerade lustig ist, müssen wir Mädchen oben am Ufer lachen. Der Bauer zieht mit seinem starken Traktor das verbeulte und vollgelaufene Auto die Böschung hoch, wo der klitschnass fluchende Bruder mit einem Stecheisen ein Loch in den Wagenboden schlägt, damit die Brühe ablaufen kann. Beim dritten Versuch springt der Motor an.
„Das Auto kannst du nicht behalten. Den Gestank wirst du nie mehr los," sagt der Bruder.
Ich denke an ein neues Auto. Marlene lacht ihre tiefe Lache. Von ihr ist natürlich kein Geld zu erwarten. Auch kein „Tut mir leid". Ihre schadenfrohe Mine sagt eher: „Hast ja selbst Schuld!" Auch, als ich ihr später die Rechnung der Straßenmeisterei zeige. Es ist aus mit Marlene. Ihr verführerisches Lachen, die melodische, einlullende Stimme, ihre unwillkürlichen Neckereien, die mich immer alles gleich vergessen ließen, lassen mich kalt.

Mit meinem neuen Auto, einem alten, ölfressenden Mercedes

vom langen Schlaksigen treffe ich zufällig den netten jungen Mann wieder, mit dem ich wochenlang mein Zimmer in der WG geteilt habe. Er ist in Eile, muss unbedingt zu seiner Verflossenen. Geld oder zumindest eine kleine Anzahlung hat er nicht für mich, dafür eine Bitte: „Kannst du mich nicht hinfahren?"
Bei dieser Gelegenheit lerne ich die Anruferin persönlich kennen. Der junge Mann darf gleich wieder gehen, denn die schöne, rothaarige Riesin hat ihm nichts mehr zu sagen. Wie zuvor am Telefon herrscht zwischen uns beiden Frauen gleich eine warme Vertrautheit, was zur Folge hat, dass wir uns auf der Stelle ineinander verlieben.
Sie verdient ihr Geld mit Prostitution. Entweder bietet sie sich den betuchten Herren in ihrer schnieken Wohnung an, oder sie arbeitet auf Abruf in einem bestimmten Hotel unserer Stadt.

Mein Kopf ruht entspannt auf ihrer weichen Brust, als das Telefon klingelt und sie leider aufstehen muss. Ein Kunde, irgendein Geschäftsmann, will noch vorbeikommen. Ich darf nebenan warten oder auch gehen, wie ich möchte. Ich gehe.

Eigentlich will ich nicht zu dieser Abschiedsfete unserer Medizinstudenten. Doch jetzt, wo der schöne Abend mit der Rothaarigen vorbei ist, überlege ich es mir anders und fahre doch noch hin.
Es ist nicht mehr viel los. Die vier Gastgeber und eine Handvoll Leute klatschen in die Hände, als ich hereinkomme.

Ein Student, der mich fast schon zu sehr mag, drückt mir ein Glas Sekt in die Hand und versucht eine Konversation. Doch bevor ich etwas sagen kann, wird er von seinem Freund weggerufen, ein neues Bierfass anzuzapfen.
Ich gehe mit meinem Glas in der Hand weiter zum Tresen und setze mich auf einen Barhocker. Gerade denke ich, warum bist du überhaupt hier, als neben mir ein grauhaariger Herr aufsteht und sich mir vorstellt.
„Ich bin der Chefarzt der Augenabteilung."
„Ich bin die Hebamme."
Der große Mann ist leicht beschwipst und bestellt für uns beide gleich einen Sekt, obwohl mein Glas noch voll ist. Fast flüsternd meint er: „Die Party hier ist gähnend langweilig! Aber jetzt, wo Sie gekommen sind, bin ich doch froh, noch hier zu sitzen."
Er glaubt, ich sei eine Tochter „höheren Hauses", fragt mich aus, woher ich stamme. Als ich ihm sage, dass ich das fünfte Kind einer stinknormalen Bundeswehrfamilie sei, ist er irgendwie erleichtert.
Er erzählt von seiner Frau und seinen Kindern. Die Erstere sei glücklich und zufrieden in ihrer Arztgattin-Rolle und die Söhne gingen ihre eigenen Wege.
„Ich bin der Familiensklave und muss wie ein Hamster jeden Tag ins „Rad", für die verwöhnte Bande das Geld ranschaffen. Wenn ich frei wäre, würde ich nach Griechenland auswandern und meine Füße ins Mittelmeer halten!"
Er lacht: „Ich bin so froh, einmal einem „normalen"

Menschen zu begegnen!", und fordert mich zum Tanzen auf.

Wir sind die einzigen auf der improvisierten Tanzfläche. Nach dem Sekt und überhaupt, macht es mir nichts aus, mit einem Mann zu tanzen, der fast dreimal so alt ist wie ich.
Erst versuchen wir auseinander zu tanzen, was er nicht kann oder nicht will. Dann schwofen wir eng umschlungen und fangen an zu knutschen. So lange, bis die letzten Gläser abgeräumt sind. Er bestellt ein Taxi und fragt: „Darf ich noch mitkommen?"

In der Diele kommt uns der Schäferhund laut bellend entgegen. Ich beruhige ihn, damit er die anderen nicht weckt und meinem Gast nicht zu sehr zu Leibe rückt mit seiner tierischen Freude.

Der Doktor schaut sich in meinen Räumen um, sieht meine Schallplatten und fragt nach Musik.
Als er sich auf mein französisches Ehebett setzt, kracht es laut zusammen. Den kurzen Rest der Nacht verbringen wir in einer tiefen Mulde. Mit den ersten Sonnenstrahlen schleicht er sich davon.

Wach in der Kuhle liegend, gehen mir der letzte Abend und die Nacht durch den Kopf.
Ich schäme mich bis auf die Knochen und gebe dem Alkohol die Schuld. „Hoffentlich vergisst der gute, alte Doktor alles ganz schnell."

Beim Einsammeln meiner Anziehsachen finde ich sein Portemonnaie.
Mein Herz schlägt bis zum Hals, denn ich weiß, dass das, was ich jetzt mache, absolut unanständig ist. Ich öffne die Börse und finde zwei Fotos seiner Söhne. Von seiner Ehefrau ist kein Bild dabei.
„Wie hat der Mann nur sein Taxi bezahlt?"
Vor dem Spätdienst schiebe ich die krumm gesessene Lederbörse der Dame hinter der Glasscheibe zu. „Das lag hinten auf dem Parkplatz."

Während der Arbeit muss ich immer wieder an den alten Mann denken.
Auch nach dem Dienst, auf meinem mit Kaminholz abgestützten Bett.
Das Telefon klingelt leise in der Mülltonne. Der Lockenkopf geht dran. Nach einem kurzen Wortwechsel klopft er an meine Tür und bringt den Apparat. Es ist der Doktor.
„Darf ich noch vorbeikommen?"
Er hat eine Flasche Rotwein dabei und bleibt die ganze Nacht.
„Merkt denn deine Frau nichts?"
„Die denkt, dass ich tief und fest schlafe. Wir haben getrennte Schlafzimmer, immer schon. Und ich bin ein Frühaufsteher. Wenn sie mich gleich sieht, bin ich halt schon auf den Beinen.

Marlene Dietrich und der Lockenkopf haben sein nächtliches Kommen bemerkt und raten mir beim Frühstück freundschaftlich von ihm ab. „Der ist viel zu alt für dich und

außerdem eine Nummer zu groß."
Abends ruft der Doktor wieder an, fragt, ob ich ihn abholen könnte, ein paar Nebenstraßen weiter. „Mein jüngster Sohn samt Freundin sind zu Besuch. Die fragen garantiert, wo ich des Nachts noch hin will." Er beschreibt mir die Stelle, wo ich warten soll und sagt die ungefähre Uhrzeit. Dann verabschieden wir uns mit vielen Küsschen.

Ich warte am vereinbarten Platz. Draußen regnet es in Strömen und immer wieder huschen dunkle Gestalten an meinem Auto vorbei.
Nach ungefähr einer Stunde werde ich langsam unsicher, ob die Stelle, wo ich warte, überhaupt die richtige ist. Da klopft es auf dem Dach und ein triefend nasser Doktor steht da. „Fahr bloß schnell los, meine Familie schläft immer noch nicht!"

Der Lockenkopf, der mir irgendwie aus dem Wege geht, seitdem der Doktor in mein Leben getreten ist, wagt es noch einmal und kauft sich wieder einen Welpen, dieselbe Rasse, und nennt ihn auch wie den ersten. Nachts kommt der süße Wuschel mit in seine Zimmer. Der große Hund lässt ihn in Ruhe, wenn wir dabei sind.
Nach ein paar Wochen werden wir leichtsinnig, lassen die beiden Hunde nachts wieder zusammen auf die Diele. Dieses Mal ist es der Therapeut, der ihn findet, mitten im Blutkreis.
„Ich schlage dich tot! Ich bringe dich um!" Rennt mit einem Spaten in den Fäusten hinter dem Schäferhund her. Packt ihn

am Halsband und zerrt ihn durch die Gartenpforte hinaus, hinter die grünen Büsche, wo ich es nicht weiter verfolgen kann. Nach etwa zwei Stunden kommt er zurück, ohne Hund. Keiner verliert ein Wort über die Tat. Auch der Postbote fragt nicht nach seiner alten Hündin, obwohl er jeden Tag kommt und gleich mehrere Briefe vom Doktor bringt.

Der schöne alte Mann schreibt gerne und gut. Er hat nach dem Krieg sogar Krimis geschrieben. Die meisten Briefe an mich sind, wohl aus Zeitmangel, in ein Diktiergerät gesprochen und von seiner Sekretärin getippt. Er fügt noch ein paar handgeschriebene Sätze hinzu, die ich kaum entziffern kann. Wir telefonieren mehrmals am Tag und sehen uns fast jede Nacht. Manchmal träumt er neben mir vom 2. Weltkrieg.
„Ich hocke verdreckt und verlaust im Schützengraben. Russische Musik schallt herüber. Dann eine freundliche Stimme auf Deutsch: Jetzt kommt der neueste Dixie-Jazz! Und danach Musik aus allen Rohren!"
Der Doktor erzählt, im Gegensatz zu meinem Vater, viel vom Krieg. Dass flüchtige Offiziere ihre Abzeichen von den Schultern gerissen oder toten rangniedrigeren Soldaten die Uniformen ausgezogen hätten. Dass eine russische Bäuerin, weinend und mit zittrigen Händen, den verwundeten deutschen Soldaten ihre letzte Schafsmilch mit einer Suppenkelle an die Lippen gereicht habe.

Bald sind der Doktor und ich völlig übermüdet von unseren nächtlichen Treffen. Wir stellen den Wecker auf halb fünf

morgens und schlafen nach inniger Begrüßung sofort ein.
In die Disco gehe ich nicht mehr. Die wenigen Freunde, die von meiner neuen Beziehung wissen, zeigen kaum Verständnis. Sie finden den gewaltigen Altersunterschied zu krass und den Ehebruch, den wir beide begehen, erst recht. Sie geben gute Ratschläge, die mir wie Wind durch die Ohren gehen. Auch für die rothaarige Riesin ist meine Affäre ein Schock. „Ich verstehe dich ja, aber dass ich dich so schnell wieder verliere!", weint sie ins Telefon. Wir sehen uns nie wieder.


Es stört den Doktor sehr, dass jedes Mal wenn er anruft, der Lockenkopf am Apparat ist. Und wenn er mich besuchen kommt, ihm garantiert Marlene Dietrich über den Weg läuft.
„Den Psychologen finde ich ja nicht ganz so schlimm, aber das Mädchen, das benimmt sich irgendwie unheimlich. Die tut dir bestimmt nicht gut. Die macht mir richtig Angst! Willst du dir nicht eine eigene kleine Wohnung nehmen?"
Daran habe ich auch schon gedacht; mochte nur den Lockenkopf nicht mit der ganzen Miete allein lassen.
„Auf die brauchst du keine Rücksicht nehmen", sagt der alte, weise Mann und steckt mir ein Bündel Geldscheine zu: „Such dir etwas Schönes und richte es dir nett ein."
Ein paar Tage später finde ich ein kleines Appartement in Innenstadtnähe. Es liegt separat in einem Einfamilienhaus. Die Vermieter, ein Ehepaar mit zwei pubertierenden Kindern, sind sehr freundlich und zuvorkommend. Gegen eine Katze

haben sie nichts. Auch über den riesigen Ölfleck, den mein alter Benz auf dem Parkplatz hinterlässt, sagen sie nichts.
Als die Vermieterin meinen Doktor sieht, lauert sie mir hinterher auf und erzählt, dass er ihr Augenarzt sei. „Ich sag auch keinem was."


An einem Wochenende fahren der Doktor und ich nach Hamburg, als erstes in ein Antik-Center.
Die alten Sachen sind in riesigen Baracken untergebracht, alles nach Gegenständen sortiert. Eine Halle nur mit Schränken. Ich bekomme einen alten, englischen Kleiderschrank.
Die kleineren Dinge, wie Taschenuhren und Schmuck, befinden sich in einer Extrahalle und liegen in aneinandergereihten Glasvitrinen aus. Um dieses und jenes genauer zu betrachten, öffne ich die Türen und nehme die Kostbarkeiten heraus. Dabei kommt mir wiederholt der Gedanke: „Wie unbeaufsichtigt hier doch alles herumliegt!"
Und dann die Idee, wie ich mich bei meinem Doktor für den schönen Schrank revanchieren kann.
In einer der Glasschränke entdecke ich ein Lorgnon - dass das Ding so heißt, erfahre ich erst später. Eine Brille ohne Bügel, dafür mit langem, dünnem Handgriff.
Ich weiß, dass der Doktor Brillen liebt und sammelt. „Die werde ich alle irgendwann und irgendwo einmal spenden."
An dem verschnörkelten Silbergriff befindet sich an einem dünnen roten Bändchen ein Zettel, worauf säuberlich geschrieben steht, „sechshundertachtzig Mark".

Plötzlich von einem mächtigen Verlangen gepackt, das Prachtstück unbedingt haben zu müssen, öffne ich die Glastür. Mir hämmert das Herz im Kopf. Nur für Bruchteile einer Sekunde liegt das polierte Exemplar in meiner feuchten Hand, dann verschwindet es im Ärmel meines Mantels. Jetzt bemüht gelassen auszuschauen, bewundere ich die anderen, daneben liegenden Gegenstände noch eine ganze Weile, ziehe erst dann langsam meinen Arm zurück und schließe die Tür.
Stundenlang durchqueren wir noch weitere Hallen, was mir vor lauter Angst keinen Spaß macht.
Wieder im Auto, wage ich es endlich und überreiche dem Doktor meine Beute. Der ist wegen zwiespältiger Gefühle hin- und hergerissen. Einerseits freut er sich über das Geschenk, andererseits ist er schockiert, sogar empört, was ich da geleistet habe. Doch je weiter wir uns dem Tatort entfernen, desto mehr freut er sich. „Meine Frau hätte das nie für mich getan."

Mittags essen wir in einem feudalen Restaurant in Altona. Der Doktor muss reserviert haben, denn wir zwei sitzen in einem separaten Zimmer. Die Atmosphäre in dem sogenannten Herrenzimmer ist widerlich muffig und erdrückend. Der kleine Raum dunkel, gestreift tapeziert und mit einem samtenen Sofa mit hoher Lehne und drei ebenso gepolsterten Stühlen, die um einen runden Tisch platziert sind, einem Bücherschrank mit vielen echten, alten Büchern und einer Standuhr, die geräuschvoll tickt und alle

Viertelstunde erschreckend laut die Zeit verkündet, eingerichtet.
Die abgetretenen Holzdielen draußen im Flur knarren bei jeder Bewegung der anderen Gäste und der Bedienung.
Unsere beiden Kellner in Frack, die leise anklopfen, wenn sie hereinmöchten, sehen altmodisch und ernst in ihrer steifen Wäsche aus, wie Schauspieler in einem alten Schwarz-Weiß-Film. Bei jedem Gang unseres Menüs erklärt der Doktor mir, mit welchem der vielen Bestecke ich essen muss.

Müde vom Essen und vom vielen, starken Wein schlendern wir bis zum Abend durch die Straßen. Der Doktor kauft mir alles, was ich länger als einen Wimpernschlag anschaue. Zwischendurch tragen wir die vollen Tüten zum Auto, um die Hände für den nächsten Einkauf wieder frei zu haben.

Die Nacht will der Doktor mit mir auf der Reeperbahn verbringen und am Morgen soll der Fischmarkt dran sein. In einem kleinen Kino schauen wir uns einen Sexfilm an.
Drei Männer treiben es mit einem Mädchen, das bis zum Ende des ellenlangen Streifens Jungfrau bleibt. Mich widert das an. Am liebsten möchte ich rauslaufen.
„Das ist ein Edelporno!", sagt der Doktor.
Ich halte mir bis zum Schluss Augen und Ohren zu.

Eigentlich habe ich genug gesehen und will nur noch nach Hause, doch der Doktor möchte mir noch unbedingt eine Transvestiten-Show zeigen.

Bevor es da richtig losgeht, werden immer mehr Gäste hineingelassen, viel mehr, als überhaupt hineinpassen. Ich muss bei meinem alten Freund auf dem Schoß sitzen. Alles stinkt nach Schweiß und Alkohol und es ist scheußlich schwül in dem dunklen Saal. Die Luft ist noch von der vorherigen Show verbraucht. Die anderen Besucher sitzen ebenfalls schon übereinander.

Der Vorhang fällt und ein schöner älterer, asiatisch ausschauender Herr in rosafarbenen Glitteranzug und schwarzen Lackschuhen betritt die Bühne. Nach einigen höflichen Begrüßungsworten, halb auf Französisch, halb auf schlechtem Deutsch, wandert sein Blick über das Publikum und macht direkt bei mir und dem Doktor halt. Der Mann oder die Frau mit den stark geschminkten Augen und dem Mikrofon in der Hand zeigt mit dem Finger auf uns. Das grelle, kegelförmige Rampenlicht folgt. Alles schaut auf uns. Dann kommt irgendeine nett verpackte, obszöne Bemerkung von dem schönen Wesen, die ich nicht verstehe, die aber das Publikum belustigt.

Zum Glück wandern Finger und Scheinwerfer weiter zum nächsten auffälligen Paar.

Im Krankenhaus scheint jeder über uns Bescheid zu wissen, nur spricht es keiner aus. Ich habe das Gefühl, dass Kolleginnen und Ärzte sich mir gegenüber höflicher und respektvoller verhalten.

Wir verbringen unseren ersten gemeinsamen Urlaub. Der Doktor mietet für zehn Tage ein kleines Ferienhaus auf einer Nordseeinsel und bringt die Bücher, die ich „unbedingt lesen muss", mit.
Den Nachbarn dort erzählen wir beim Gespräch über den Zaun, dass wir Vater und Tochter seien, und sie stellen tatsächlich eine verblüffende Ähnlichkeit zwischen uns fest.

Meine Eltern besuche ich nur noch an Geburts- und Feiertagen. Ich versuche es jedes Mal zu vermeiden, mit meinem Vater allein zu sein. Doch einmal lässt es sich nicht verhindern.
„Wann gedenkst du eigentlich, mir meinen Schwiegersohn einmal vorzustellen?" Er kommt näher, streicht mein Haar hinters Ohr, dass die altbekannte Angst hochkriecht und ich angewidert den Kopf zur Seite drehe.
„Da kannst du lange warten."
Er grinst sein widerliches Grinsen und kommt noch näher, packt mich mit Daumen und Zeigefinger am Ohrläppchen, hält fest und zieht es an seine schmalen Lippen. „Du kannst dir wohl deine jugendliche Geilheit durch die Rippen schwitzen, was? Du verheimlichst mir doch was! Ich sag dir, komm mir ja nicht mit einem Schwarzen an!" Dann lässt er mich los und läuft nervös, wie ein hungriger Tiger im Käfig, immer wieder um den Tisch herum.

Mein Freund muss unbedingt mit seiner Familie in Urlaub

fahren.
„Damit die keinen Verdacht schöpfen."
Es fahren seine Frau, der Hund und ein Sohn mit Freundin mit. Es geht nach Österreich in die alljährlichen Skiferien. Für den Doktor, mehr als für mich, ein Horror.
„Zwei Wochen! Das halte ich nicht aus!" Er bucht ein Zimmer für mich im selben Hotel.

Er holt mich nicht vom Bahnhof ab, weil er mit seiner Familie auf der Piste ist. Gegen Abend kommt er nur kurz in mein Hotelzimmer. Wir haben uns drei Tage nicht gesehen und er ist genervt.
„Ich muss mir mit meiner Frau ein Zimmer teilen, sogar das Bett. Das ist nicht auszuhalten! Ich fühle mich richtig ausgeliefert!"
Am nächsten Morgen sehe ich ihn zufällig von meinem Frühstückstisch aus, wie er mit seiner Familie in das Hotelfoyer kommt. Er hält seiner Frau, die den Hund an der Leine führt, die Tür auf. Es sieht aus, als ließe er die englische Königin persönlich herein.
Sein Sohn macht es mit seiner Freundin ganz anders. Er geht ebenfalls voraus, lässt die Tür aber sausen, sodass sie dem Mädchen an die Nase knallt. Ich bleibe sitzen und trinke noch einen Kaffee.
Sie ist mindestens so groß wie ich, aber blond. Dass sie Mitte fünfzig ist, sieht man ihr nicht an. Sie ist schön. Doch ihre hellen Augen wirken etwas kalt und ihre Bewegungen irgendwie steif. Noch einen Kaffee kann ich nicht trinken.

Für den nächsten Tag nimmt der Doktor sich von seiner Familie frei.
Wir treffen uns früh, weit hinten auf dem Parkplatz. Der Hund ist dabei und bellt. Er bellt während der ganzen Fahrt durch die zauberhafte Landschaft.
Wir parken vor einer kleinen, uralten Kapelle, lassen den Hund im Auto und legen uns zwischen die verschnörkelten Sitzbänke.

Zwei Abende später schafft er es noch einmal, sich von seiner Familie wegzustehlen.
Wir fahren eine Ortschaft weiter und setzen uns in eine Bar. Trinken so viele verschiedene Cocktails, dass wir danach betrunken im Auto liegen und einschlafen. Und verschlafen. Morgens gegen sechs weckt uns ein gewaltiges Getöse. Es ist eiskalt und meine Blase ist voll. Wir können nichts sehen, draußen hat es geschneit und die Fensterscheiben sind beschlagen. Meine Wagentür lässt sich nur schwer öffnen. Der Schneepflug hat das Auto zugeschoben. Ich zwänge mich durch den schmalen Spalt, um meinem dringenden Bedürfnis nachzugehen, was bei dieser enormen Schneehöhe fast ein Akt der Unmöglichkeit ist.
Mit bloßen Händen schaufeln wir den frischen Pulverschnee unter dem Auto weg. Ich muss lachen. Dem Doktor ist nicht zum Lachen zumute.
Er lässt mich fünfhundert Meter vor dem Hotel aussteigen. Am Abend sehen wir uns nur kurz.

„Meine Frau ist misstrauisch geworden, sie lässt mich nicht mehr aus den Augen."
Einmal sehen wir uns noch in der Hotelhalle, wie Fremde, grüßen uns nicht.

Der Postbote bringt weiter Briefe, die ich nicht alle lesen kann, weil der Tag nicht lang genug ist.

Als die Frau meines Doktors für drei Tage verreist, nimmt er mich mit in deren Haus. Wir schlafen in seinem schmalen Bett, ohne Sex, damit wir uns nicht noch schuldiger fühlen müssen.
Am Morgen frühstücken wir zusammen wie verheiratete Eheleute. Er fährt zur Arbeit wie ein alter Ehemann. Und ich verstecke mich mit einem Buch auf dem Dachboden, damit die „Aufwartung", die gleich kommt, mich nicht findet.

Wir schaffen es wieder, heimlich in die Ferien zu fahren. Dieses Mal nach Italien. Fahren Tag und Nacht durch, bis zu einer Stadt am Meer. Dort parkt der Doktor das Auto direkt vor einer Polizeistation. „Hier wird es wenigstens nicht geklaut." Wir fahren mit dem Zug weiter, bis an den Sporn des Stiefels, wo es bereits sommerlich warm ist und wir baden können.

Ein neugieriger Italiener, ungepflegt, mit fettig rotem Haar und schorfigen Pickeln unter einem Dreitagebart, beobachtete uns aus der Nähe beim Sonnenbad. Auf dem

Weg zum Hotel schleicht er uns hinterher, ganz ungeniert. Dann ist er verschwunden. Wir sind müde von der Fahrt und vom Schwimmen und kriechen in unsere Hotelbetten. Just eingeschlafen, weckt uns eine fürchterlich schräg klingende Gitarrenmusik, begleitet von einem noch scheußlicheren Männergesang. Die schnulzige Musik spielt sich direkt unter unserem Balkon ab.
Erst genervt, dann doch belustigt, werfen wir dem Sänger ein paar Lira hinunter. Es ist der schmuddelige Rothaarige. Der hebt das Geld nicht auf, schaut nur schmachtend zu mir hoch und fasst sich dabei ans Herz. Abends lassen wir das Zimmerlicht brennen und schleichen uns aus dem Hotel, damit der Sänger uns nicht verfolgt.

Wir haben ihn den ganzen Abend nicht gesehen und gehen erleichtert in unser Hotel.
Dort hängen wegen des grellen Lichts hunderte von Stechmücken an der Zimmerdecke, wie kriegerische Starfighter, die nur auf ihren Einsatz warten. Am frühen Morgen singt der Romeo wieder unterm Fenster.
Ich fühle mich krank, meine Augen sind geschwollen, mein ganzes Gesicht ist dick von unzähligen Mückenstichen.
Drei Tage hören wir uns diese schleimigen Konzerte noch an, dann haben wir die Nase voll und packen unsere Rucksäcke.

Er steht bereits am Bahnhof, als hätte er es geahnt. Ich denke noch, vielleicht will er ja nur „Tschüss" sagen oder winken. Doch da kommt er schon und packt mich am Arm, schleudert mich herum und nimmt meinen Kopf zwischen seine trockenen Hände. Presst mir seine rissigen Lippen auf den Mund, um anschließend seine unrasierte Wange, und das gleich mehrmals, über mein zerstochenes Gesicht zu schleifen. Dabei weint er.

Während der langen Zugfahrt auf schmierig harten Holzbänken träumen wir nur noch von einer erfrischenden Dusche und einem sauberen Bett.
Gegen Abend kommen wir in der großen Hafenstadt an.
Mit unseren schweren Rucksäcken beladen, schleppen wir uns müde und kaputt zur Polizeistation, wo unser Auto steht. Da steht es aber nicht mehr. Geschockt gehen wir in das Betongebäude.
Dort sitzen mehrere Polizisten rauchend auf ihren Tischen und fühlen sich spürbar in ihrer Dienstruhe gestört.
„Wo ist denn der weiße Mercedes, den wir hier letzte Woche abgestellt haben? versuchen wir mit Händen und Füßen und einigen Bröckchen italienisch, die der Doktor weiß, zu fragen.
Einer der Beamten zuckt mit den Schultern und rollt seine Augen gen Bürodecke. Ein anderer sagt etwas auf italienisch, was wir nicht verstehen, und schaut ebenfalls mit verdrehten Augen nach oben; dabei mit Daumen und Zeigefinger eine Geste vollführend, die jeder versteht.
Mein alter Freund lässt sich die geforderte Summe auf ein Blatt Papier schreiben und nach Einstecken der Scheine schreibt der Polizist eine Adresse auf.

Ein Taxifahrer empfängt uns lächelnd, als kenne er solche Situationen genau. Fröhlich tänzelnd umkreist er seinen Wagen, öffnet den Kofferraum und schmeißt unser Gepäck hinein. Wir beide sollen hinten Platz nehmen. Mir öffnet er die Tür, als sei ich eine Prominente.
Wir fahren aus der Stadt, über Landstraßen, durch etliche Dörfer, immer weiter und weiter, glauben schon an eine Entführung, als endlich ein riesiger Autofriedhof auftaucht.
Der schweigsame Taxifahrer verlangt für den Transfer eine unglaubliche Summe, die der Doktor aber erst zahlen will, wenn er sein Auto wiederhat.
Da steht es, mit aufgebrochener Fahrertür und leerem Tank.
Um weitere, viele tausend Lira erleichtert und uns schwer betrogen fühlend, fahren wir mit einer kleinen Kanister-Füllung Benzin, die ein Vermögen gekostet hat, deprimiert los.
Weit und breit ist kein Hotel zu sehen, nur ein einfaches kahles Restaurant neben einer von uns heiß ersehnten Tankstelle. Die Einheimischen im Lokal beäugen uns misstrauisch, als seien wir von einem anderen Planeten. Das Essen ist wirklich gut und der schwere Rotwein noch besser. Wir müssen uns bis zum Auto gegenseitig stützen.
Nach einem achtstündigen Koma im Sitzen, geht es ungewaschen weiter Richtung Deutschland.


Der dicke Ordner mit seinen vielen Liebesbriefen liegt unter

dem Tischchen, als unangemeldet eine Schwestern-Schülerin bei mir vorbeischaut und auf dem einzigen Stuhl daneben Platz nimmt.
„Des Doktors Briefe" steht fett mit Filzstift darauf.
„Wer ist denn dieser Doktor?", fragt sie nach einer Weile und schielt nach unten. „Ein Verehrer?"
„Nein, nur ein alter Freund, sonst nichts", ich schiebe vom Bett aus mit dem Fuß den schweren Hefter noch ein Stück weiter unter den Tisch.
Als ich uns Tee kochen will, überlege ich noch, ob ich ihn nicht lieber mitnehme. Mache es aber nicht.
Als ich zurückkomme, liegen die Briefe auf ihrem Schoß. Die Kapellengeschichte aus dem Skiurlaub obenauf. Ich bin entsetzt, schreie sie an, was ihr da einfällt und will sie auf der Stelle rausschmeißen.
„Ist doch gut! Bleib doch ruhig!", und: „Ich weiß doch, dass du was mit dem Chef von der Augenabteilung hast!
Ich versuche mich herauszuwinden. „Es ist nicht so wie du denkst, wir sind wirklich nur gute Freunde."
„Wie lange geht das denn schon?" bohrt sie.
„Anderthalb Jahre", gestehe ich kapitulierend.
Wir trinken unseren Tee und reden über andere Dinge.
Beim Verabschieden spricht das Mädchen noch einmal die Sache mit dem Doktor an.
„Ich finde das irre und mutig von euch! Ich schweige wie ein Grab!"

Abends erwähne ich den Besuch der jungen Schwester dem

Doktor gegenüber nicht. Morgens sind wir spät dran. Ich muss ihn schnell fahren. Am nächsten Tag höre ich das erste Mal, seitdem wir uns kennen, nichts von ihm. Den darauffolgenden Tag auch nichts. Ungewissheit und Angst, wir könnten vielleicht aufgeflogen sein oder dem Doktor könnte etwas passiert sein, wachsen und zerren in mir, zermürben mich langsam, sodass ich Mühe habe, in Gedanken bei meinen Schwangeren zu sein und nicht neben ihnen die Hände reibe, was so lange nicht geschehen ist.

Mitternacht klingelt das Telefon.
„Du hast mich verraten! Du hast uns beide verraten! Du hast unsere Liebe verraten!"
Was ist passiert?
Die Krankenschwestern-Schülerin hat am selben Tag noch alles brühwarm ihrer Mutter erzählt und die ihrer Schwester, ausgerechnet der besten Freundin der Ehefrau meines Doktors.
„Meine Frau hat die letzten Tage und Nächte nicht geschlafen, nur geweint. Ich habe ihr versprochen, dass ich unsere Beziehung beende. Ich brauche jetzt Zeit und möchte dich erst einmal nicht mehr sehen."
„Warum konntest du unser Geheimnis nicht für dich behalten?"
Er legt auf.

Wie festbetoniert sitze ich auf der Bettkante und starre ins Leere. Stundenlang.

Irgendwann glaube ich auch, dass ich schlecht bin. Weil ich es nicht verhindert habe, dass unser Geheimnis, das der dunkle Ordner verbarg, ans Licht kam. Ich schäme mich dafür, überlege ernsthaft, wie ich mir das Leben nehmen kann und nehme die Markise in Augenschein, an der ich mich aufhängen könnte, was für ein Seil oder Kabel ich nehmen muss. Allein die Vorstellung lässt mich schaudern. Eleganter und schmerzloser muss es sein. Eine Überdosis Morphium oder Heroin wäre besser, zumindest vertrauter. Oder einfach nur Luft in die Vene spritzen? Das soll schnell gehen.
Ich rauche einen Joint und meine Gedanken schweben durch die schöne Zeit mit dem Doktor. Der Kater, mittlerweile ein stattliches Riesenexemplar, streift schnurrend um meine Waden. Ich bin zu feige mich umzubringen.

Die Tage vergehen. In der Klinik konzentriere ich mich auf die Arbeit und versuche, den Mitarbeitern ganz normal zu erscheinen, obwohl ich spüre, dass alle Bescheid wissen.
Immer öfter sage ich mir: „Es ist besser so. Du kannst jetzt was Neues anfangen." Ich wünsche mir fast schon, dass die alten Eheleute wieder zusammenfinden.

Nach einer langen Woche steht der Doktor plötzlich vor meiner Tür und nimmt mich in die Arme, als sei nichts geschehen.
„Vergiss deinen Kummer! Alles wird gut! Ich mache jetzt Nägel mit Köpfen!"

Seine Umarmung tut gut. Verwirrt, aber auch erleichtert, frage ich: „Was für Nägel mit Köpfen?"
„Wir ziehen zusammen!"
Seine Frau mit Freundinnen und deren Doktorgatten, also der gesamte Freundeskreis, darunter auch ein Psychiater, haben nach langem Beratschlagen beschlossen, dass es das Beste sei, wenn wir beide zusammenzögen.
„Wenn der erst einmal von morgens bis abends mit einem so jungen Ding zusammen ist, wird er bald die Nase voll haben und reumütig zurückkehren", prophezeit der Psychiater.
„Du musst dir allerdings eine neue Arbeitsstelle suchen. Weiter weg, damit das Gerede aufhört. Das musste ich versprechen."

Wir müssen uns nicht mehr verstecken. Er besucht mich jetzt ganz offiziell an den Nachmittagen. Nachts schläft er bei seiner Frau.
„Ich will sie nicht unnötig kränken", sagt er.

Der Doktor mietet eine zweihundert Quadratmeter große Penthouse-Wohnung in der Innenstadt, als wolle er es allen zeigen. Die Möbel, Teppiche und das gesamte Kochgeschirr kauft er. Ich darf die Wohnung damit einrichten. Der Kater wird kastriert, in der Hoffnung, hormonvermindert das Hochhausleben leichter ertragen zu können.

In der Hebammen-Zeitschrift lese ich, dass eine Stelle, fünfzig Kilometer entfernt, frei wird. Ich bewerbe mich und

bekomme sofort eine Zusage.
Noch vor der Kündigung will mich mein ansonsten gutmütiger Chef und Freund meines Doktors, wegen „der Affäre" sprechen. Er hat es von seiner Frau erfahren, die ebenfalls zur Arztfrauen-Runde gehört.
„Lassen Sie gefälligst die Finger von meinem Kollegen und besten Freund! Denken Sie an seine Frau und an die beiden Kinder! Sie sind eine gute Hebamme und ich verzichte nicht gerne auf sie, aber wenn das nicht aufhört, bin ich gezwungen sie zu entlassen!"
Auch die Oberin des Hauses beordert mich zu sich. Redet auf mich ein.
„Unsere Klinik ist ein christliches Haus und das, was ich da gehört habe, ist alles andere als christlich!" Womit sie ganz sicher die Kapellengeschichte meint. „Lassen Sie unseren Doktor in Ruhe!"
Am nächsten Tag lege ich ihr meine Kündigung auf den polierten Teakholz-Schreibtisch, die der Doktor mir diktiert hat.

Seine Frau scheint mit der Trennung zurechtzukommen. Auf den Rat des Psychiaters hin will sie mich jetzt sogar kennenlernen.
„Wärest du damit einverstanden?", fragt mein Doktor.
„Na klar!" Insgeheim wünsche ich mir immer noch, dass die beiden wieder zusammenkommen. Dass wir es irgendwie schaffen.
Am nächsten Abend fahren wir hin. Er in seinem Auto. Ich in

meinem leckenden Mercedes.
Es ist nicht leicht so zu tun, als wäre ich das erste Mal in deren Haus. Höflich bewundere ich die alten Uhren und Bilder an den Wänden. Der Tisch im Kaminzimmer ist gedeckt. Wir trinken Tee. Es wird kaum gesprochen.
Irgendwann steht der Doktor auf und lässt uns Frauen allein.
„Ihr habt euch bestimmt was zu erzählen."
Sie wirkt noch eisiger. Nach endloser Stille sagt sie endlich:
„Wir haben nach dem Krieg, so jung wie wir waren, unter schwierigsten Bedingungen zusammengelebt. Ich habe meine berufliche Karriere geopfert, damit er studieren konnte …"
Ich will das alles nicht hören, der Doktor hat es mir anders erzählt. Ich würde mit ihr lieber über unsere Zukunft reden, wie ihr Mann und ich Freunde bleiben könnten. Eine Lösung. Aber das scheint sie nicht zu wollen. Ich stelle meine Ohren auf Durchzug; will nur noch weg und sage nichts, bis beide mich höflich entlassen. Der Doktor bleibt die Nacht bei seiner Frau.
Nach diesem Abend besucht er seine Frau kaum noch und erwähnt sie nur selten.

Kurz darauf fahren wir zwei nach Venedig.
Einige Kilometer entfernt von der zauberhaften Lagunenstadt bauen wir neben hunderten von anderen Zelten unser eigenes kleines Aldi-Zelt auf. Obwohl wir auf harten Isomatten schlafen und unsere Knochen morgens wehtun, fühlen wir uns lebendig und frei, als könne man nur unter solchen Umständen glücklich sein. Der Doktor fotografiert mich in

einer Tour. Wenn ich von ihm Bilder machen will, darf auf keinen Fall auch nur ein Kleidungsstück oder irgendetwas anderes von mir zu sehen sein.
„Weiß sie überhaupt, dass wir zusammen hier sind?"
Er druckst vor sich hin.
„Mit ihr war ich schließlich nicht in Venedig."

Zum Geburtstag bekomme ich einen Pelzmantel von ihm. Wie viele kleine Tiere dafür ihr Leben lassen mussten, versuche ich zu schätzen und kann mich gar nicht freuen. Das bemerkt der Doktor sofort.
„Es ist halt nicht einfach, eine Dame der Gesellschaft zu sein. Du wirst es schon noch lernen."
Ich ziehe das teure Stück nur zuhause an, wenn wir draußen auf dem Balkon sitzen und rauchen und dabei über Gott und die Welt philosophieren. Um ihm eine Freude zu machen, trage ich das Monstrum ein Mal in der Öffentlichkeit. Zwei junge Männer überholen uns schnellen Schrittes.
„Ganz schön kalt heute, was?"
Wir haben Spätsommer.


Es ist Urlaubszeit. Eigentlich haben wir vor nach Griechenland zu reisen, in das Land unserer Träume, doch mein Doktor wird krank. Um meine Ferien nicht verstreichen zu lassen, beschließen wir, dass ich allein fahren soll. Aber nicht nach Griechenland, das wollen wir gemeinsam entdecken.

Ich gehe in ein Reisebüro und eine nette Dame empfiehlt mir Tunesien.
Hauptsache Sonne und Meer.

Gleich nach dem ersten Tag am Pool bekomme ich eine schlimme Sonnenallergie. Etwas anderes zu tun als sich sonnen ist schwierig, denn die Hotelgäste sollen aus Sicherheitsgründen die Anlage nicht ohne ortskundigen Begleiter verlassen.
Im Hotelrestaurant lerne ich einige Touristen kennen, die genug Mut haben, die Gegend auf eigene Faust zu erkunden. Denen schließe ich mich an.
Kaum sind wir aus unseren Taxis gestiegen, stürmt eine große Schar Kinder, ausschließlich Jungen, auf uns zu. Sie umkreisen uns und betteln mit ausgestreckten Armen um Geld und Zigaretten. Als ich einem etwa Zwölfjährigen leichtsinnigerweise meine fast volle Zigarettenschachtel hinhalte, damit er sich eine oder meinetwegen auch zwei herausnehmen kann, reißt er mir frech die ganze Packung aus der Hand und verschwindet damit. Ein zweites Kind kommt und will Geld, ein anderes mein Feuerzeug.
Ein erfahrener Herr aus unserer Gruppe meint: „Die Bande gar nicht beachten!"
Das ist nicht so einfach, die Kinder verfolgen uns auf Schritt und Tritt.
Mir vergeht bald die Lust an weiteren Ausflügen. In die Sonne darf ich nicht, also vertreibe ich mir die Zeit mit Lesen oder Durchstöbern der orientalischen Souvenirs im

Hotelbasar.
Dort arbeitet ein junger Tunesier. Wir kommen trotz sprachlicher Barrieren ins Gespräch und stellen fest, dass wir beide gerne kiffen. Wir verqualmen gemeinsam mein mitgebrachtes Stück.

Die letzten Urlaubstage verbringe ich am Pool unterm Sonnenschirm. Vor mir wälzt sich immer noch derselbe anfangs so bleiche und jetzt so braune Familienvater auf der Liege.
Jeden Abend gehe ich kurz in den Basar und unterhalte mich mit dem hellhäutigen Afrikaner.
Am letzten Abend fragt er mich: „Hast du Lust, mit mir Essen zu gehen? Ich lade dich ein. Dann kann ich dir einmal das richtige Tunesien zeigen."
Der junge Mann hat sich in den drei Wochen mir gegenüber korrekt verhalten. Ich nehme die Einladung an.

Er schließt den Bazar ab und bestellt ein Taxi. Beim Einsteigen sagt er, er müsse vorher noch kurz in seine Wohnung, sich umziehen, und zeigt auf sein Hotelhemd.
Als wir durch die vollen, hell erleuchteten Straßen fahren, immer weiter hinein in den brodelnden Moloch, wird mir klar, dass ich noch nicht einmal den Stadtteil meines Hotels weiß. Doch ich vertraue dem schmächtigen Souvenirverkäufer vor mir auf dem Beifahrersitz. Bis auf wenige verschleierte Ausnahmen befinden sich nur Männer und Knaben auf den Straßen. Nach geraumer Zeit biegt das

Taxi in einen großen dunklen Innenhof ab. Ringsherum ragen sechs bis achtstöckige Betonbauten in den Himmel, dazwischen Autogaragen und Müllberge, hinter denen im Nu mindestens ein Dutzend Burschen, zwischen zwölf und zweiundzwanzig auftauchen und uns durch die Scheiben angaffen.

Der Basarangestellte dreht sich zu mir um und sagt: „Allein kannst du hier nicht warten. Am besten kommst du mit nach oben. Das Taxi wartet, und wenn nicht, bestelle ich ein neues."

Dass er mich an die Hand nimmt, lasse ich mir aus Sicherheitsgründen gefallen. Die Jugendlichen scherzen mit meinem Begleiter und laufen bis zum Hauseingang mit. Nach den vielen schmutzigen Stufen durch das übel riechende Treppenhaus kommen wir, völlig aus der Puste, oben auf dem Flachdach des Betonklotzes an. Dort steht ein kleines Häuschen aus Zementsteinen, mit einem Wellblechdach darauf und einer miserabel grün gestrichenen Holztür. Kein Fenster. Noch merkwürdiger finde ich das Klohäuschen gegenüber, dass überhaupt keine Tür aufweist und freien Einblick auf die total verdreckte Kloschüssel bietet.

Der junge Mann steckt einen langen, alten Schlüssel in das verrostete Türschloss. Mir fällt auf, dass er dabei heftig zittert. Sein Atem geht schwer.

Ich will ihn vorgehen lassen, nach westlichem Benimm, doch da packt er mich schon an den Armen und schubst mich hinein. Öffnet gierig seinen Hosenschlitz und drängt mich weiter, Richtung Bett. Ich halte ihn fest und bitte auf Deutsch, er möge doch vernünftig sein. Aber er ist wie von Sinnen; will mir die Hose vom Leib reißen und mich gleichzeitig aufs Bett drücken. Sein steifes Glied voran. Im Gerangel entsteht Hautkontakt unter meinem T-Shirt. Der junge Mann ejakuliert augenblicklich, und das mit flackernden Lidern und nicht enden wollenden Zuckungen. Jetzt, wo der Druck von ihm ist, schämt er sich, sitzt auf der Bettkante und heult. Erleichtert, dass mir nichts Schlimmeres passiert ist, empfinde ich fast schon Mitleid mit ihm und verspreche, keinem etwas zu sagen.

Draußen wartet noch das Taxi. Es stehen jetzt doppelt so viele Heranwachsende drumherum. Alle grölen vor Freude und rennen auf uns zu. Stumm begleitet der schmächtige junge Mann mich bis zur Wagentür und wartet, bis ich sitze. Dann spricht er noch kurz mit dem Fahrer und wendet sich ab, zur Horde hin, ohne mich noch einmal anzusehen. Streckt die geballte Faust johlend gen Himmel.


Mein Doktor ist von seiner Krankheit genesen und freut sich, dass ich wieder da bin.

Nach der Wiedersehenszeremonie sagt er: „Ich war in den letzten Wochen oft bei meiner Frau. Es geht ihr nicht gut. Sie leidet sehr darunter, dass wir drei so nah an einem Ort leben. Die Leute reden zu viel. Da musste eine Lösung her und wir haben eine gefunden! Wir beide dürfen uns Zeit lassen. Sie will gar nicht, dass ich gleich wieder nach Hause komme. Ich soll mir erst einmal eine eigene Wohnung nehmen. Und du

auch. Gut wäre auch eine Tätigkeit noch weiter weg. Dann würden wir uns nicht mehr so oft sehen, aber Freunde bleiben."
Langsam voneinander weg wachsen, denke ich.
Nach dem dreiwöchigen Urlaub und Alleinsein, finde ich es gar nicht so abwegig oder schlimm, woanders zu leben und zu arbeiten.
Der Gedanke, meinen Freund zu verlieren, macht mich traurig.
Dass die beiden das in meiner Abwesenheit einfach so beschlossen haben, aber auch wütend. Mit dieser Gefühlsmischung beschließe ich, von nun an meine eigenen „Nägel mit Köpfen" zu machen.
Erst erwäge ich, nach Süddeutschland zu gehen, schreibe an ein Krankenhaus und werde genommen. Doch die Entfernung, der Abstand ist vielleicht nicht groß genug.
Parallel bewerbe ich mich beim „Deutschen Entwicklungsdienst" und erhalte eine Einladung nach Berlin. Nach dreitägigem „Kennenlernen und Erfahren", auch von der Stadt Berlin selbst, erhalte ich eine Zusage und soll spätestens in sechs Monaten in den Nordjemen.
Wir lösen unsere Penthouse-Wohnung auf und verschenken viele Möbel und Teppiche. Der Doktor mietet sich ein kleines Appartement in Kliniknähe, und ich ein Zimmer in einer WG, außerhalb der Stadt mit komischen Leuten, die ich selten sehe, weil ich fast nur bei ihm bin.

Der Termin für die Abreise steht fest und eine Aufforderung,

mein jetziges Arbeitsverhältnis zu kündigen, liegt dem Schreiben bei, das ich dem Doktor ganz aufgeregt zeige.
Augenblicklich wird er ernst. „Willst du das wirklich?", er starrt auf das Blatt Papier, das unsere Zukunft entscheiden soll. Ich bin schon ganz und gar auf den Jemen eingestellt, habe meiner Familie und Kollegen erzählt, dass ich bald weg bin. Dann entscheide ich mich zu bleiben.
Er will nicht zurück zu seiner Frau, möchte meine Eltern kennenlernen.

Sie wissen nichts von meinem Freund. Alles haben sie von mir erwartet, nur das nicht. Keinen alten Mann. Sie stehen völlig irritiert in der Eingangstür. Mein Vater wippt nervös von einem Bein auf's andere und weiß nicht, was er sagen soll, stammelt endlich aber doch ein leises „Herzlich Willkommen", geht einen Schritt zurück und lässt den Doktor eintreten. Meiner Mutter fallen keine Worte ein. Ich höre nur ein helles, hysterisches Lachen.
Beim Tee ist die Atmosphäre schon entspannter. Die Männer versuchen ein Gespräch über Politik. Der jüngere Vater hängt dem Älteren an den Lippen. Willi Brandt ist plötzlich kein Vaterlandsverräter mehr, die Gewerkschaften sind wichtig und Ausländer bereichern unser Land. Ich bin ein gutes Mädchen, manchmal etwas schwierig, habe aber das Herz auf dem rechten Fleck.
Der große Altersunterschied zwischen Tochter und zukünftigem Schwiegersohn ist kein Thema.
„Deine Eltern sind doch harmlos! Was du nur hast! Die

Wohnungseinrichtung finde ich viel schlimmer!"

Wir verbringen unsere ersten Ferien in Griechenland und sind begeistert von der Schönheit der Inseln und den gastfreundlichen Bewohnern. Der Doktor kauft gleich ein kleines Haus.

Der lange Schlaksige, mein ehemaliger Freund, fährt Jonas im Glas schon seit Tagen im Auto herum. Endlich hat er mich „erwischt" und stellt ihn mir, in ein Tuch gewickelt, auf den Tisch.
„Mein Vater hat ihn gefunden und denkt, dass es unser Kind ist! Was soll mit ihm geschehen?"
Er wäre jetzt neun, fast zehn.
So lange hat er keine richtige Ruhe gehabt! Schweigend laufen wir beide durch die Straßen Richtung Wald und begraben ihn an einer schönen Stelle, ohne Formalin und ohne Kaffeeglas.

Der Doktor bekommt die Gelegenheit zwei Jahre früher in den Ruhestand zu gehen. Es ist soweit. Unser Traum vom Auswandern soll Wirklichkeit werden. Ich kündige Zimmer und Arbeitsstelle und bereite mich auf unsere große Reise vor.
Auto und Anhänger sind vollgepackt. Drei Pampers-Kartons mit alten Brillengestellen warten auf ihre zukünftigen Träger. Nur unter dem Beifahrersitz ist noch Platz für den Kater.

Nachts auf der Fähre. Wir stehen an der Reling und suchen den Horizont nach unserer kleinen Insel ab, mit ihren vielen kleinen Lichtern, wie Diamanten, da ist mir, als riefen sie mir zu: „Komm, hier fängt ein neues Leben an!"

Ich danke Frau Liane Hadjeres aus der Oldenburger Schreibwerkstatt für die Korrektur- und Lektoratsarbeit und meinem Sohn Ilias für die zuverlässige Unterstützung bei der technischen Umsetzung dieses Buches.